U0022592

台灣的
能源災難

一本書讀懂能源謎團

陳立誠 著

自序

　　因為對能源的錯誤認知，蔡政府正帶領台灣全速奔向極嚴重的能源災難。但對能源的錯誤認知，並非蔡政府所獨有，而是台灣社會普遍現象。

　　本書目的在於提供正確能源知識。台灣電力只有四種選擇，以發電成本由低至高排序為：核電、煤電、氣電、綠電，此本應為能源配比選擇之優先順序。但今日蔡政府及社會偏好正好完全顛倒，其喜惡排序為綠電、氣電、煤電、核電。因環保掛帥，完全拋棄經濟成本考量。

　　落實目前蔡政府「能源轉型」政策，台灣每年發電成本將增加 2500億元，這種恐怖現實將於七年後之 2025 年實現。因能源基礎建設使用年限極長，有所謂鎖定（Lock in）現象，錯誤政策一旦落實，至少要痛苦一個世代才能回頭，對台灣的長期衝擊超過七兆元。這豈不是最嚴重的能源災難？最令人痛心的是這種災難完全是自找的，完全可以避免。

　　蔡政府對其能源政策將對發電成本造成的衝擊也心知肚明，在其新頒布的能源綱領 4 大目標（能源安全、綠色經濟、環境永續、社會公平）中，完全沒有成本考量，因其能源政策完全經不起成本的檢視。成本考量正是其能源政策的照妖鏡。

　　蔡政府能源轉型政策說穿了就是兩句話：以綠電取代核電，以氣電取代煤電。但此二政策都是基於恐懼，前者懼怕核災與核廢，後者懼怕暖化與空污。十分不幸，這些恐懼都是基於錯誤認知。另一方面，大力擁抱綠電與氣電也是因為能源知識貧乏。

　　本書分三層次討論我國能源議題。

　　因社會人士大多知道蔡政府以綠電取代核電的政策，綠電與核電兩者又是社會上最為關注的能源議題，本書第一篇綠電與核電即討論此二重大議題。第一章討論綠電，詳細解釋為何以臺灣的地理條件，綠電根本不可行。第二章討論核電，解釋核電對台灣的重要及無謂的恐核心理。第八章全面討論我國能源政策，只對綠電、核電及能源政策有興趣的讀者，

可先閱讀此三章，對我國能源未來應採取的方向即應有所認識與了解。

但近年全球暖化、氣候變遷影響了全球各國能源政策。蔡政府也不例外，減碳也是其能源政策中除了廢核外的另一目標。但國人真了解氣候科學與衝擊嗎？臺灣是暖化議題的沙漠，並不是說台灣缺少討論暖化議題的書籍，而是汗牛充棟的暖化書籍立論大多極為偏頗，不但誤導了民眾也影響了政府的能源政策。

本書第二篇。即依正確暖化科學與數據較詳細的討論此一影響我國能源政策致鉅的議題。第三章討論聯合國氣候變遷報告，第四章討論全球溫昇目標，第五章討論暖化衝擊。

但無論廢核還是減碳都與能源政策密不可分，一般民眾對能源的了解又極為膚淺，極易為環保思潮所蠱惑，完全不知能源政策與環保政策應保持平衡，可嘆今日許多人一面倒偏袒環保政策，忽略了能源對社會的重要。這已是思想層次的重大議題。

本書第三篇「能源與環保」即較深入的討論此二議題。第六章解釋能源對人類文明進展的重大貢獻及提醒讀者能源轉型是極緩慢的過程。第七章環保運動由 200 年前馬爾薩斯的人口論談起，討論 200 年來環保思維的各種末日論無一成真，200 年來人類以科技的進步一一解決末日論者擔憂的各項危機，今日人類應記取歷史發展的教訓。

期盼本書三層次的討論可為臺灣能源政策對話提供較堅實的基礎。能源應回歸為民生議題，不應成為政治議題。錯誤之能源政策受害者是不分政治傾向的全國民眾。蔡政府應懸崖勒馬，修正其能源政策，則國家幸甚，全民幸甚。

目　次

圖目錄

表目錄

彩圖目錄

第 1 章

再生能源

1.1 能源簡介

本書討論能源、暖化及環保。能源分成電力及石油兩大區塊。本書能源討論集中於電力區塊，分別討論再生能源（綠電）、核能發電（核電），火力發電（煤電、氣電）並進一步討論能源發展。

第一章先討論綠電，也就是以再生能源所發的電。綠電是目前全球最「熱門」的能源，如果綠電果真突破各種技術限制，在全球大行其道，可一舉解決了人類面臨的能源及暖化兩大難題。

本人在《能源與氣候的迷思》一書中，曾較詳細的討論了太陽能、風能、生質能等再生能源的技術問題，本書不擬重複。本章將由台灣角度討論綠電，並將時程限制於 2025 年。因為 2025 年為新修訂的電業法中明訂達成「非核家園」時程，也是蔡政府規劃以綠電取代核電的目標年。在進一步討論綠電前，有一點要特別注意。媒體常報導世界許多國家綠電占比極高，但進一步檢視將發現這些國家綠電的主力都是水力發電，而非近年興起的風力、太陽能等「新型」綠電。許多環保人士常以這些水力發電為主國家的綠電占比作為標杆，以為「有為者亦若是」，台灣也可達到這種占比，是極大的誤解，宜先予澄清。綠電如此受人青睞，其來有自。早期綠電受重視的主因是人類擔心地球「資源枯竭」，不論煤碳、石油、天然氣、鈾礦，地球蘊藏量總歸有限。人類不免擔心有「山窮水盡」的一天，

或因產量減少，供需不平衡，造成礦物價格高漲，則人類也無福消受。

　　綠電靠的不是礦藏而是無需開採，大自然源源不絕供應的水力，陽光及風力等。今日綠電受青睞有一個更重要的原因：全球暖化。目前全球能量來源八成仍依賴煤、油、氣這三種化石能源。但使用化石能源會造成碳排，碳排又會造成暖化。綠能與化石能源不同，綠能沒有碳排，如果全球全部使用綠能，暖化問題自然迎刃而解。

　　綠電有這許多優點，陽光、風力、潮汐、海浪又是「免費」，為何此類綠能在全球能源占比不到 2%？

　　綠能有許多優點，但也有許多缺點，以台灣而言，使用綠能較其他國家更有許多不利之處，國人應有所了解。

1.2　綠能能量密度低

　　綠能的第一個缺點是「能量密度」太低。能量密度就是單位面積所能產生的能量，以電力而言就是發電度數。

核電、火電能量密度

　　先解釋單位，一個 100 萬瓩（1000MW, 1GW）的機組，每小時可發電100 萬度。以台中燃煤電廠為例，全廠面積約 300 公頃，目前有 10 部 55萬瓩（550MW）機組，全廠裝置容量為 550 萬瓩（5.5GW）。每年 365 天，每天 24 小時，每年共 8760 小時，火力電廠只要不在大修期間，設備沒有故障，每年容量因數（Capacity Factor）超過 85%，每年可發電時數約 7600小時。台中電廠 10 部機每年發電約 420 億度（占全國用電 20%），所以台中電廠每公頃每年可發電 1.4 億度。

　　核四廠兩部機占地約 200 公頃，兩部機裝置容量 2700MW（2.7GW），核電廠容量因數都超過 90%，所以核四廠兩部機每年可發電 200 億度，平均每公頃可發電 1 億度。

太陽能、風能能量密度

太陽能面板功率約為 100W/m²，每公頃（10000m²）可舖設 1,000,000W（1,000kW）的太陽能板。

但太陽能在夜間無法發電，在陰雨天也無法發電。台灣南部日照條件較佳，每年平均可發電 1250 小時，北部冬天陰雨多，每年平均發電 950 小時。所以即使在南部太陽能每公頃每年發電 125 萬度。但大量太陽能板舖設需要道路及維修空間，所以每公頃每年發電不到 100 萬度，與火力電廠及核能電廠每公頃每年發電 1.4 億度及 1 億度相較，1/100 都不到。所以以條件最佳的台灣南部的日照條件，發同樣度數的電，太陽能發電占地較火力電廠及核能電廠要多百倍的土地。

以用地而言風力發電較太陽能尤差，以功率密度（單位面積裝置產量）而言，風力發電約只有太陽能 1/10，只有火力及核能的 1/1000。但太陽能容量因數只有 14%（每年發電 1250 小時計）。風力發電容量因數較高，以台灣而言，陸上風電有太陽能 2 倍（28%），每年可發電 2400 小時，離岸風電有太陽能 3 倍（42%），每年可發電 3600 小時，所以在考慮風電的容量因數後，陸上風能及離岸風能的能量因數約各為核能及火力的 1/500 及 1/300。

綠電取代核四面積

核四廠兩部機占地 200 公頃（2 平方公里），每年可發電 200 億度，太陽能要發電 200 億度，占地至少 200 平方公里。台北市面積約 270 平方公里，表示太陽能需要台北市 3/4 面積才能取代核四。

以風力而言，取代核四廠 2 部機 200 億度電需要 1000 平方公里的土地來設置陸上風機。新北市面積約 2000 平方公里，表示風機要占新北市一半面積才能取代核四 2 平方公里的發電量。

圖 1-1 為以太陽能與風能取代核四所需面積。

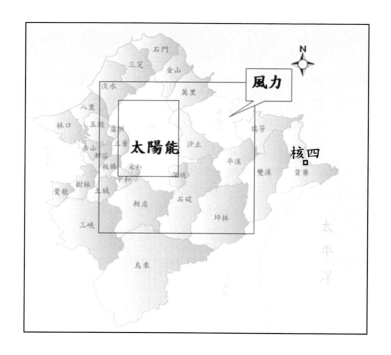

圖 1-1　以綠電取代核四所需面積

　　因為綠能容量因數（每年可發電時數占比）太低，所以裝置容量相同的綠能與核電、火電相較每年發電度數少了太多。個人每看到太陽能裝置容量就先除以 6，以得出同樣發電量的核電及火電裝置容量。以政府 2025 太陽能裝置 2000 萬瓩（20GW）為例，以每年發電時數 1250 小時計算，每年可發電 250 億度。若將 20GW 除 6，得到相當於核電及火電裝置容量 3.33GW，乘上每年 7500 小時發電時數，每年約可發電 250 億度。表示要發同樣度數的電，太陽能裝置容量要較核電、火電高上 6 倍，這也就是為何雖然看起來太陽能裝置容量很高，但真正發電量都極有限的原因。但可嘆多數人不了解這一點，以為不同發電方式裝置容量相同，發電量就相同。

　　2017 年 3 月小英總統到桃園市新屋區視察埤塘光電發電規劃。鄭文燦市長指出桃園計劃於 3 年內完成 160 個埤塘光電工程，合計裝置容量 66 萬瓩（660MW）相當於核一廠一部機裝置容量（核一廠一部機裝置容量為 636MW）。

小英總統致辭指出 66 萬瓩埤塘發電量相當然核一廠一部機「發電量」。

但桃園市太陽能每年發電時數 850 小時，660MW 每年可發 5.6 億度電，核一廠一部機每年發電 8000 小時，每年可發電 50 億度電。兩者相差 9 倍，並不是同樣裝置容量的太陽能，每年發電量就與同樣裝置容量的核電與火電相當。這是許多政治人物與環保人士常犯的錯誤。

2017 年 10 月，政府曾有意補助民眾 40%屋頂型太陽能裝置費用。經濟部長指出，百萬屋頂共可裝設 300 萬瓩太陽能，「相當於」六部台中燃煤機組。不錯，台中電廠每部機組裝置容量 55 萬瓩，6 部機共 330 萬瓩，與在全台 1/3 屋頂裝置太陽能 300 萬瓩相當。但台中燃煤機組每年可發電 7600 小時，每部機每年發電 42 億度。太陽能全台每年平均發電 1100 小時，300 萬瓩共可發電 33 億度。經濟部長似乎不了解裝置容量與發電量是兩碼子事，不知道百萬屋頂太陽能年發電量比不上台中電廠一部機之年發電量。

台灣太小不合適發展綠電

因為綠能的能量密度太低，需要廣大土地才能勉強提供夠多的能量（度數）。在土地資源豐富的國家，不虞找不到無人煙的土地設置綠能。中國、美國都有廣大沙漠，地廣人稀，很合適設置太陽能，中國內蒙及美國加州、德州土地面積都很大，風力條件也遠比台灣為強，所以設置了許多陸上風機。

台灣是個小島，人口 2300 萬，人口密度全球第二（僅次於孟加拉），島上 2/3 又是不合適設置太陽能及風力發電的山地。目前陸上風機設置已趨飽和，風機被趕到海上，政府目前大力推動的是「離岸」風電。在海上設離岸風機工程浩大，裝置成本為陸上風機 2～3 倍。表示每度電發電成本也是陸上風電的 2 倍。許多人宣稱國外風電價格可與火電競爭，殊不知都是陸上風電。台灣大力規劃的是離岸風電，如何能和價格低廉的火力發電（特別是煤電）競爭？

1.3　太陽能用地、環保與日照

太陽能用地問題

目前政府規劃在 2025 年設置 2000 萬瓩（20GW）的太陽能，提供 250 億度電。吾人不妨由政府資料檢視土地限制。

依政府規劃，到 2020 年，太陽能裝置容量將達 6.5GW。最終目標是在 2025 年達到 20GW 的裝置容量，其中屋頂型 3GW，地面型 17GW。

因太陽能的能源密度極低，只有核電及火電的百分之一，要發同樣度數電力，太陽能較核電或火電要多百倍土地，對地狹人稠的台灣造成極大的壓力。17GW 的地面型太陽能需要 255 平方公里的土地，相當於台北市面積，約全台平地面積的 2.5%。

新政府上任後，針對推廣太陽能發電，當務之急就是盤點可能設置太陽能地點。

依政府盤點，屋頂型四大主軸為中央公有屋頂，工廠屋頂，農業設施及其他屋頂，總裝置容量為 744MW，不到 1GW，所以太陽能重頭戲是地面型太陽能。

依政府盤點，地面型四大主軸為鹽業用地，掩埋場及受污染土地，嚴重地層下陷地區及水域空間，總裝置容量為 5783MW。依經濟部盤點，全台可裝置地面型太陽能發電總面積約 87 平方公里，其中水域空間還占了 27 平方公里（詳圖 1-2）。

屋頂型及地面型兩者相加為 6527MW（6.5GW）。因為上窮碧落下黃泉硬擠出來的屋頂及土地也只能裝置 6.5GW，經濟部已悄悄下修 2020 年太陽能裝置目標，由選前的 8.8GW 降為 6.5GW。

先不談電網及調度等問題，單單由土地限制，即可看出 20GW 的目標幾近天方夜譚。依目前盤點結果，6.5GW 可能是因土地限制，台灣太陽能裝置上限。土地天生就是台灣推廣太陽能的一大罩門。

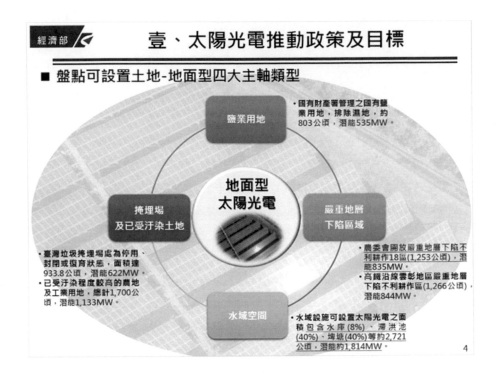

圖 1-2　可設置地面型太陽光電面積

資料來源：105 年 9 月 8 日行政院第 3514 次會議「太陽光電 2 年推動計畫」投影片
彩圖詳見 P277

　　2017 年 11 月，行政院賴院長在「產業穩定供電策略」記者會中，宣布將擴大徵用農委會及財政部國有財產局等之土地，以湊足 250 平方公里，設置地面型太陽能。

　　當然一朝權在手，便把令來行。政府有權強行推動任何「既定」政策。但有必要如此橫行霸道嗎？吾人試將政府野心與其他國家情況作一比較。

　　表 1-1 為 2015 年全球裝設太陽能前十名國家及台灣的比較。台灣部分並細分為 2015/2020/2025 裝置容量。

表 1-1　各國太陽能裝置比較表（2015 年）

	太陽能 GW（百萬瓩）	土地（千平方公里）	人口（百萬人）	人口密度（人／平方公里）	太陽能密度（瓩／平方公里）
中國	43.5	9573	1380	144	45
德國	39.7	357	82	230	1112
日本	34.4	377	126	334	912
美國	25.6	9525	325	34	27
義大利	18.9	301	60	199	628
英國	8.7	343	65	190	254
法國	6.6	675	67	99	98
西班牙	5.4	504	46	91	107
澳洲	5	7692	24	3	7
印度	5	3287	1309	398	15
台灣 2015	0.8	36	23	639	222
台灣 2020	6.5	36	23	639	1806
台灣 2025	20	36	23	639	5556

　　由表 1-1 可看出台灣人口密度較歐洲國家高出 3-6 倍。即以每單位太陽能密度，台灣目前已是全球第五。2020 年 6.5GW 的裝置容量以裝置密度而言將為全球第一，超過為今日裝置密度最高的德國及日本的 2 倍。德國今日太陽能已有後繼無力之勢。政府 2025 年 20GW 裝置密度將為今日德、日兩國 5 倍，在地狹人稠的台灣，強行徵用寸土寸金之土地來硬行推動太陽能是否合宜，還真值得好好思考。

農地種電法律問題

　　發展太陽能除土地面積受限外，還面臨許多法律問題。據報載，一位農民配合政府再生能源政策，設置地面型太陽光電設施，卻喪失農保資格，真是欲哭無淚。

　　政府大力推展太陽能光電，預計 2025 年達到太陽能設置量 20GW。其中

屋頂型占 3GW（約占總設置量 15%），地面型則占 17GW（約占總設置量 85%）。然而目前地面型太陽能光電發展，卻面臨以下六個問題，而停滯不前。

一、申請人於農地設置地面型太陽光電設施，倘無其他農地符合農保資格，將喪失農保資格。

二、地面型的太陽光電設施，所坐落基地，因非屬農業使用，須課徵地價稅。

三、除非地面型太陽光電設施位於嚴重地層下陷區或中央主管機關所定偏遠、離島地區，否則須繳交一筆金額龐大的回饋金。

四、台灣的土地繼承制度，造成土地共有人數不斷攀升，部分共有地動輒共有人數十人，甚至上百人以上，能源商要整合所有地主意見，並簽訂合作契約，並不容易。

五、太陽光電設施，因非屬農業設施，無法取得農用證明，未來移轉時，須課徵土地增值稅、遺產稅、贈與稅。

六、政府已公告嚴重地層下陷且不利農業經營的雲嘉彰地區範圍內，許多土地位屬偏遠區域，少有台電饋線，即使興建電站也無法與台電併網。

水域太陽能環保問題

以上政府盤點可設置太陽能的土地中有 27 平方公里是水域空間，含水庫、滯洪池及埤塘，裝置潛能占 1.8GW。政府提出在利用水域空間設置太陽能板後群情嘩然。

高雄地區立委就質疑政府是否要在澄清湖設置太陽能，政府官員急忙否認。

桃園埤塘也是政府「水域」太陽能目標，桃園埤塘為台灣先民為灌溉農田所開發的特殊水利建設，極具地方風土及歷史意義，學者指出在埤塘種電有如在美少女臉上貼膏藥。

但在水域空間種電還有很嚴重的生態衝擊。

已退休台灣大學海洋研究所洪楚璋教授就期期以為不可。洪教授在報端投書提出數點建議：

　　洪教授希望此危及民生賴以生存的飲用水重大議案，應慎重評估。洪教授指出因為水庫水必須要有陽光才能維持正常的水生態系與清澈的水資源，如果在水庫興建漂浮式太陽能板發電，阻礙陽光、破壞水生態系，在可預見的未來，水庫必然會毒藻繁生，使居民無水飲用，失去水庫水資源功能。

　　洪教授進一步說明：所謂水生態系包括水中浮游植物、浮游動物、魚類及底棲生物。影響水生態系（水庫水生物生存與生長）的因子包括：一、物理性因子，如水溫度、溶氧量、鹽度（導電度）、透光度等；二、化學性因子，如耗氧性與生物累積性汙染物質；三、生物累積性因子，如病毒。

　　在正常水生態系環境下，首先浮游植物必須在水質清澈之透光度（即太陽光）下進行光合作用而生存生長；浮游植物供給浮游動物、魚類及底棲生物食用（即食物鏈）。死亡的各類生物體在水溫下、消耗水中溶氧量而破壞分解，再產生營養鹽（如硝酸鹽、磷酸鹽、矽酸鹽等）繼續供浮游植物進行光合作用。

　　洪教授結論為：如果水庫興建漂浮式太陽能板發電，阻礙太陽光進入水庫水中、使浮游植物無法進行光合作用，必然中斷正常食物鏈；浮游植物及各種生物死亡也必然消耗水中溶氧而破壞分解。導致水庫水溶氧量減少（甚至缺氧），有益的浮游植物率先淘汰死亡，留存的是在溶氧量減少或缺氧環境下繁生的有毒浮游植物與藻類（如世界各地河川與湖泊發生的赤藻事件），導致魚貝類中毒。

　　再者大量繁殖的藻類等生物死亡必繼續消耗水中溶氧，致使水中魚貝類加速死亡而破壞分解，產生水中看不見的各種毒素；試問此時誰敢再飲用水庫的水？

　　為避免台灣未來的嚴重水資源浩劫，洪教授希望台水與台電慎重評估水庫興建漂浮式太陽能板發電計畫。

台灣日照條件不佳

　　台灣不合適推廣太陽能發電除台灣面積太小，土地太過珍貴外，還有日照條件不佳的劣勢。

　　許多人有錯覺，以為台灣很熱，溫度很高，又跨越北迴歸線，有很好的條件發展太陽能，這是極大的誤解。

　　太陽能發電靠的是陽光而不是溫度。台灣是個海島，雨量豐沛，一年中陰雨的日子很多，每年可供太陽能發電的有效日照時數很低。圖 1-3 為全球太陽日照強度圖。

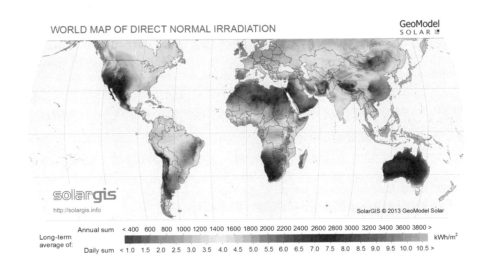

圖 1-3　全球太陽日照強度

資料來源：solargis
彩圖詳見 P278

　　圖 1-3 中紫色與紅色區域每年日照強度最高，是最適合發展太陽能的地區。若仔細檢視將可發現全球大沙漠都是裝置太陽能最佳地點，如蒙古戈壁沙漠、美國西部各州、非洲撒哈拉沙漠及南非、南美安底斯山及澳洲。這也不足為奇，沙漠本來就是年雨量極少，終年陽光普照，當然最適合發展太陽能。地圖上標示紫色或紅色地區，每年日照強度都超過 2500 度／平方米，甚至超過 3000 度／平方米。台灣平均日照強度約 1000 度／平方米。有一點要特別注意，以上數字為日照強度，轉換為電能要依光電板效率折減。因光電板全球價格相同，若裝置同樣的太陽能設備因日照強度高，表

示每度電發電成本低，在日照強度較台灣高出一倍的地區，其太陽能發電成本只有台灣一半，所以國外太陽能發電便宜並不表示台灣太陽能發電也便宜。因為氣候條件，台灣並不是如許多人誤以為是合適發展太陽能的地區。

1.4　離岸風電台灣不宜

再生能源與地理條件

　　每個國家地理條件都不同，各國也依各自地理條件發展再生能源。巴西、挪威水力資源豐富，當然大力發展水力發電。冰島、菲律賓、紐西蘭等火山活動頻繁國家，地熱資源豐富，當然大力發展地熱發電。台灣沒有這些地理條件，就不合適發展這類較傳統的再生能源。

　　如前述，最流行的新型再生能源如太陽能、風力因能量密度低，需要大面積土地，適合於土地面積較大，人口密度相對較小的國家。台灣人口密度全球第二，面積狹小，三分之二又是山地，平地面積更小。以美國對都市的人口密度定義，全台灣就是一個大都市。台灣因為面積小，人口多，基本上不合適發展需要大面積的風力及太陽能等再生能源，但再生能源又是很流行的新名詞，是環保人士的最愛，對能源沒什麼觀念的蔡政府竟然也大力擁抱再生能源。

　　上節提及太陽能時指出政府不顧台灣地狹人稠，強行要以相當於台北市面積之土地裝置太陽能，有識者無不搖頭。

　　以風力發電而言。全球 95% 風力發電為陸上風電，許多地區如美國德州、中國內蒙風力條件都遠較台灣為佳，風力發電成本低廉，自然合適發展風力發電。

　　因土地狹小，台灣陸上風能有其天然限制，因多種環境因素，目前已遭附近居民強烈反對，發展潛力實為有限，所以蔡政府目前規劃風力發電是以離岸風電為主。但離岸風電海事工程施工困難，經費高昂，每度電發電成本高於陸上風電 2 倍以上。全球發展風電國家多以陸上風電為主，離岸風電為輔，像台灣因土地面積狹小，離岸風電喧賓奪主的國家，可謂絕

無僅有。大力推動離岸風電,原本就沒什麼道理。其實以台灣地理條件,
原本就並不合適發展風電,更不用說發展成本高昂的離岸風電。

風電夏日毫無功能

　　台灣地處亞熱帶,用電尖峰在夏天。近年因電力裝置容量不足,缺電
限電是夏天的夢魘。但台灣夏天沒什麼風,因東北季風盛行,秋天、冬天
倒是風力強勁。台灣風力發電主要發電時段都在秋、冬兩季,正是台灣最
不缺電的季節。

　　圖1-4為2016年5月20日到31日,12天之風電供電占比圖。

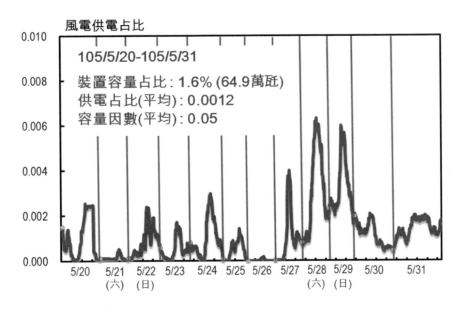

圖1-4　夏日風電供電占比

　　圖1-4顯示當時風力發電裝置容量64.9萬瓩(649MW),占全台裝置
容量1.6%,但12天供電占比平均只有0.12%,平均容量因數更只有5%。
相對而言,核電及火電(煤電／氣電)容量因數分別可達90%及85%以上。
夏天是台灣用電最殷切的季節,但台灣風力最強偏偏是在秋冬東北季風

時。在夏季風力季最弱，容量因數 5%的意思是裝了 100 個風機，平均只有 5 座風機發電，這就是為何台電在夏日尖峰時只取全國風力總裝置容量 6%作為風力發電尖峰能力。

目前政府規劃由民間投資 6000 億元設置的 600 部離岸風機，裝置容量共 300 萬瓩。因風電夏日實在靠不住，台電假設在夏日風電可以提供 6%裝置容量的電力，300 萬瓩的 6%是 18 萬瓩。為了救急，2017 年在大潭緊急加裝的 2 部共 60 萬瓩的氣渦輪機組工程經費計 66 億元，依此價碼估計，30 億元必可採購一部 20 萬瓩的氣渦輪機組在夏天保證供電 20 萬瓩，在夏日供電功率大於花 6000 億元裝置的離岸風機。換句話說花 200 倍經費建設的離岸風機在夏日尖峰時段幾乎毫無作用，為什麼非要建設離岸風電？有人說離岸風電雖然對提供夏天急需的尖峰能力毫無幫助，但全年（主要在秋、冬季）可提供約 110 億度無碳電力。但台灣冬日用電尖峰很低，如電力系統裝置容量可渡過夏日尖峰，應付冬日尖峰必然游刃有餘。何必非用風電不可？核一、二廠大修後叫停的兩部機組每年可發 130 億度無碳電力，每度電成本 1 元，又為何要發展每電成本 6 元的離岸風電呢？

離岸風電割地賠款

近日離岸風電計劃正在進行環境影響評估，目前申請環評備查 24 案，9 成為國外開發商。看來未來離岸風電這塊肥肉可要落入外國廠商口中。離岸風電每年發電 110 億度，每度 6 元表示未來國人每年要貢獻 660 億元給得標之外國廠商。核電 110 億度每年成本 110 億元是由國營企業的台電提供，屬全民所有。為何要花 6 倍的錢給外國公司而不用自產的核電？

離岸風電合約一簽就是 20 年，每年 660 億元，20 年超過 1 兆 3000 億元，這是毫無腦袋最大的一筆割地賠款醜聞，好像知道的人不多。

2017 年造成社會動盪不安之「年金改革」，蔡總統引為重要政績。總統指出，落實年金改革，在未來 30 年，可為國庫省下 1 兆 4000 億元。此數字與離岸風電 20 年電費相當。單一離岸風電政策就使此重要政績歸零。但年金好歹還是發給國人，可增加民間消費，離岸風電電費絕大部份則為進貢外國。

　　鼓吹再生能源人士每每宣傳再生能源科技發展迅速，再生能源發電成本年年降低，越來越有「競爭性」。但細查能源局這幾年核定的離岸風電躉購費率將發現在 2013、2014、2015、2016、2017 五年費率分別為 5.56 元、5.61 元、5.74 元、5.74 元及 6.04 元，價碼是年年昇高，實令人大惑不解。較國外離岸風電競標價格高出一倍以上，無怪乎國外廠商趨之若鶩，爭相申請。

　　2017 年 7 月國外離岸風機大廠高階主管來台，蔡總統在總統府隆重接見並期望雙方可「共同合作」開發離岸風電。有句俗語：被賣了還幫著數鈔票。以這句話形容蔡總統接見一事是再貼切不過了。

離岸風機破壞景觀

　　台灣目前居民反對陸上風機的主要原因是「低頻干擾」，但國外許多人反對離岸風機的主要原因是其極為礙眼，破壞景觀。每部裝置容量 5 千瓩（5MW）的離岸風機高約 200 公尺，是紐約自由神像的 2 倍高。未來台灣沿岸要裝設 600 部離岸風機，主要集中在彰化沿岸，對美麗海洋景觀可說的破壞無遺。

　　美國甘迺迪家族一向是環保團體盟友，大力鼓吹再生能源。但當風電公司要在麻州鱈魚角設置離岸風機時，第一個跳出來與環保團體共同反對的就是甘迺迪家族。原因非常簡單；海外風機太醜陋，破壞了甘家在鱈魚角夏日別墅的海洋景觀。

　　台灣社會好像處於一種集體催眠狀態，似乎無人關心離岸風機對海洋景觀造成的巨大衝擊。

　　所謂「割地賠款」之割地是指海域任由外人插旗圈地，賠款是指冤大頭花大錢孝敬國外廠商。

彭博融資評估

　　在國際頗負盛名的彭博能源財經研究團隊曾指出：台灣政府再生能源目標訂得太高「遙不可及」。

　　彭博主要是由「融資」面認為蔡政府綠能目標無法達成。

　　彭博認為蔡政府 7 年內希望吸引台幣 2 兆元民間投資建設綠能，但彭博認為這目標訂得太高，最終可能只吸引到 6400 億元投資，約占官方預估的 35%。

　　彭博認為 6400 億元相當於 2016 年台灣全體銀行業貸款餘額增額之 3/4 及 2010 年公司債及金融債發行總額的 2.2 倍，如此鉅額貸款還需外資配合，有很大的不確定性。

　　業者也知道離岸風電融資極為困難，在某次研討會中，業者要求融資由政府擔保。意思為賺錢歸業者，賠錢歸政府（全民買單），也未免太聰明，太會做生意了。

　　如前述，土地是太陽能發展的罩門，表面上看來風力可佈建於外海，避免太陽能的窘境。但離岸風力建置成本太高（為陸上風電 2～3 倍）又有太多不確定因素，「融資」是否會成為離岸風力的罩門，吾人可拭目以待。

1.5　綠電調度與備用機組

綠電不穩特性

　　能量密度低，需要大面積土地是地狹人稠的台灣發展綠能極為不利的最大因素。

　　但綠能（太陽能、風能）還另有一個令全球電力公司頭痛的特性，綠能不聽人類使喚。前一分鐘陽光普照，太陽能充分發揮功能，下一分鐘一朵烏雲飄來，太陽能立即偃兵息武。前一分鐘一陣強風，風力發電大顯神威，下一分鐘風平浪靜，風力發電完全無用武之地。天有不測風雲，何時出太陽，何時陰雨，何時風大，何時風小，還真不是人類可以控制的。

　　圖 1-4 顯示風電容量因數低，但圖 1-4 更重要的訊息是「發電不穩」。有些日子風力充足供電占比可達 0.6%以上，在無風的日子，供電占比連 0.1%都不到。

　　以上僅以風力為例，太陽能的不穩定及不可預測與風力未遑多讓。綠能的不穩定是電力公司電力調度人員的惡夢。

台灣為獨立電網

綠能如此不穩定就衍生備用機組問題。在討論備用機組前宜先討論「獨立電網」議題。台灣是一個海島，島內發電自給自足。電力無法以輪船輸入輸出，電力要靠輸電系統輸送，除非在台灣海峽舖設電纜與大陸電網相連接，否則台灣電網永遠是獨立電網。但要特別注意，台灣電力頻率為 60Hz（赫茲），大陸為 50Hz（赫茲），台灣與大陸聯網也極為困難。獨立電網對再生能源發展極為不利。

以歐洲為例，每個國家電網都與鄰國「接網」，電力可以互通有無。如果前一分鐘綠能大量供電，下一分鐘忽然停擺，歐洲國家完全可以由鄰國輸入電力調節不穩定的綠電。

許多環保人士常以丹麥為例，指出一年中許多時段丹麥全國電力100%由綠電供應。但丹麥小國寡民，電力系統很小（只有台灣 1/4），電網又與北歐國家相連。北歐國家水力發電充沛，水力機組最容易調度起降，丹麥即使百分之百綠電，在北歐大電網而言，還是只占一小部分，丹麥完全可以依賴鄰國電力調度支援，大力發展綠電。台灣有這種條件嗎？

綠電需要備用機組

回頭討論備用機組問題。因為綠電不穩定，無法保證供電，在獨立電網的國家，當綠電裝置容量達到一定比例，為防止綠電突然中斷，就要加建火力機組「備用」。在綠電充分發揮功能時，這些備用機組保持「熱待機」狀態，以防綠電中斷時，可以立即啟動填補供電缺口。因核電、煤電都不易立即起降，備用機組只好使用容易昇降載但最昂貴的氣電。如前述，備用機組又要處於「熱待機」狀態，備用機組之日常維護，運轉人員都與一般機組無異，但因不能全時發電，單位發電成本必然極高。另外機組若穩定運轉效率最高，備用機組升升降降效率定然大幅降低，機組也較易出狀況，影響機組壽命。如果綠電占比大，必須要加建備用機組，全系統備用容量率必然大幅上升。以德國為例，德國電力尖峰負載為 8300 萬瓩

（83GW），但電力總裝置容量為 204GW，其中再生能源 97GW，傳統電力 107GW，備用容量率超過 140%，德國電費較台灣高 4 倍不是沒有原因的，備用容量高低與綠能多寡勢成正比。但蔡政府一方面大力推動綠能，一方面還宣稱要將系統備用容量率由 15% 降為 10%，毫無章法。

目前政府計算風力、太陽能發電成本都只計其本身裝置成本及維護成本，完全不計加建備用機組成本。這些增建備用機組因未能充份發運其功能，每度電費勢必極高，這筆帳又算為火力發電成本。一方面墊高火電單位發電成本，一方面又聲稱綠電與火電發電成本差距下降，一筆胡塗帳，不知在騙誰。應將為了綠電增加而增設之備用機組成本加計於綠能成本才能反映綠電的真正成本。

劍橋大學物理教授，2009～2014 五年間擔任英國環境與能源部（DECC）首席科學家的馬楷教授（David Mackay）就曾指出：花大錢裝設了許多綠電設備，同時又花大錢裝置了許多火電備用機組，是極為不智的投資浪費。馬楷指出許多英國人還真以為英國可以完全依賴綠能是一種令人震驚的錯覺（Appalling Delusion）。

儲能科技

再生能源是否能提供人類大量電力，其實要看儲能科技（如電池等）的發展。

儲能科技一方面可解決再生能源不穩定問題，另一方面，如儲能成本大幅降低，再生能裝置容量甚至可超過尖峰負載，因超過尖峰負載之電力，可以儲存後再使用。

儲能科技進步到以低成本儲存電廠級大量電力，仍要克服極多技術難關。即使成功，也不是十年內可大量應用。蔡政府為了在 2025 年達到廢核目標，急於在 7 年內建設如此大規模之不穩定再生能源，嚴重違反市場規則與經濟定律。

1.6　再生能源與電網

上節討論了因綠電不穩定而導致大幅增建備用機組的成本問題。但綠電衍生的另一個巨大挑戰也很少人知曉：電網問題。因為電網是極為專業的領域，除直接參與調度的專業人士，一般人難以窺其堂奧。數年前個人之「台灣能源」部落格有一位電網專家 Richard Liu 留言，個人轉貼於部落格，茲引用其全文供各界參考：

「我發現很多反核者的論述都犯相同的毛病：只看電廠不看電網。包括很多掛教授頭銜的人，只要不是在這個領域，對於電力系統到底是怎樣運作，全部都是一知半解。而且很多人想當然耳的「常識」，其實根本只是「想像」。這種傾向尤其是在反核者講「電力缺口」與「再生能源」這兩件事的時候特別明顯。

講白了就是三個盲點：

電力不是「夠用」就好

很多反核人士在講到這個議題時，都喜歡把發電量、用電量「加起來比較」。實際上「加起來比較」這種作法只能當做是長期（以十年為單位的長期）整體電力發展的指標，而真實世界的電力系統不可能像這樣運作：你不能把兩小桶電混在一起變成一大桶，然後擺到明天早上再用。

電力系統的邏輯說穿了其實很簡單：負載大於供應，就會跳電。而且電力系統的崩潰是連鎖反應，一個小區域的電力供應系統跳電，負載就會轉移到其他饋線，如果這個「其他饋線」也沒有足夠的電力供應，就會被拖下水。然後受影響區域就會持續擴大。

電力系統任何的負載反應變化都是瞬間發生，2003 年的美東大停電，從紐約到底特律、多倫多到渥太華，就是因為緬因州一個發電廠跳電（業界內幕傳聞說起因是一根樹枝壓倒高壓電纜線…不過官方調查報告並沒有提到這些細節），在短短十秒內，電力網路全面崩潰。而且跳電之後引發的各種問題，花了美國佬花了快一個星期，才完全復電。

要避免這種現象，除了電網設計要能即時反應以防止連鎖崩潰（講白了就是讓部分區域斷電）以外，就是要有足夠的備用容量。目前台灣的備用容量，除了排定的歲修外，還可以忍受兩組火力發電機組在運作時臨時跳離。如果核四不商轉，核一、核二、協和電廠依照表定計畫陸續除役，台灣必定會回到民國 70、80 年代，經常發生計畫與非計畫限電的狀況。

而這個電力缺口，不是靠「冷氣開到 28 度」這種程度就能補足的。當然，以「愛護地球」的角度來看，節省用電永遠是好的而且應該鼓勵；但是以電力系統的角度，完全是杯水車薪。

不能直接套用國外狀況

很多擁核／反核者都喜歡講德國，講當地的再生能源發展、備用容量計畫云云。但是很少人想到這個問題：歐洲的電網基本上都是相連的，而且每家電力公司也都會互相買賣電力，但是台灣只有台電這唯一一個主要電網。

講難聽點，就是別人能以鄰為壑，我們卻不行。

當然，如果台灣願意接受向大陸買電，把大陸這個鄰當成壑，那就另當別論了。不過，這已經不再是技術或政治經濟問題，而是宗教問題，所以就不用多講了。

再生能源輸配電系統成本才恐怖

再生能源現行科技最大的問題，就是單位面積的發電量，也就是發電密度太低。先不管「比利時太陽能公路」這類的理盲臉書笑話；很多「理性」的反核者喜歡用日本、美國的太陽能電廠來質疑國內的再生能源發展政策。但問題是，我不曉得有沒有人真的去算過，他們自己舉例的太陽能電廠，效率到底如何。

而向反核人士指出這一點時，話題通常就會神奇的被轉到風力、小型太陽能板等民間設置。但是這些人還是有意無意忽略最重要的事：這些東西發出來的電，到底是怎樣進到你家的？

現在的電力系統中，火力、核能產生的電壓是 345KV，經過超高壓變電所、一次變電所、二次變電所轉成 22KV 的中壓，送到架設在大樓地下室、電線杆、路旁的低壓變電箱，轉成 220V，再送進一般民宅。而超高壓變電所產生的 161KV、一次變電所產生的 61KV，部分也直接供應工業用戶使用。然後也有部分配電變電站是直接接受超高壓變電站的161KV。

現在問題來了：如果蓋不了 100MW 等級的再生能源電廠，那蓋一堆中小型的再生能源電廠如何？確實可行，但是這些中小型的再生能源電廠發電容量與電壓都低，現行技術下最適合的就是併入 22KV 的配電電網系統。

22KV 中壓配電系統相當於電力網路的微血管，而且再生能源發出來的電，不是說拿兩條電線和主幹線絞在一起就好；同樣需要經過逆變、切換等電網處理程序，而且當 22KV 主饋線斷電時，要避免再生能源往源頭反饋，同時也需要避免發生電力孤島現象。更重要的是：再生能源的發電量需要更即時的監測，不能像水力這樣只靠每日的負載預測，使用再生能源的微電網系統，需要以每 15 分鐘為單位進行調節。

換句話說，原本電力系統的 SCADA 資訊系統只需要蓋到二次變電所，要納入分散式再生能源，就必須要延伸到每個用戶的配電變電箱。當然，這要花錢，很多錢，很多、很多、很多錢。

現在台電光是要搞個智慧電錶前後就搞了快十年，技術也不曉得換新多少代；先是卡法令、再來卡採購法（該死的『圖利』兩個字至少卡死台灣三十年競爭力）、卡標準，搞到現在，則是最現實的問題：沒錢繼續搞。現在要搞再生能源微電網，要花多少時間多少錢，抱歉，我完全無法想像。

總之，電力網路是一個極度複雜的系統，不是你想怎樣他就能怎樣。如果反核人士聽不進去「核能是安全的」這樣的科學論述，卻一味相信「缺電不會發生」「全台蓋太陽能加起來超過核四」這種完全不考慮電力系統的錯誤論述，恐怕也不是什麼正確的態度。

Richard Liu 另一篇留言也極為精闢，也全文引用如下：

防止「電力孤島」現象

事情不是像你想的那麼簡單。

太陽能面板發出來的電是高壓直流電，你不能直接把它接到你的冰箱冷氣電腦，必須要經過一個逆變器轉成交流，然後併入市電。逆變器必須配合市電的相位與電壓以免電力逆流，除此之外還有一個更重要的工作：當外部無供電時，逆變器必須截斷太陽能系統的供電。沒錯，這和一般人所想的相反，市電停電時，你家的太陽能系統也必須停止，以免造成所謂「電力孤島」現象。

為何要這樣做？這要從電力系統的源頭說起。拉到你家的 110V 市電源頭是一台 11KV 轉 110V 變壓器，一台變壓器的輸出會分接到好幾戶，亦即你和你鄰居的市電，在電表之前是連在一起的。了解這一點之後的就很簡單：如果今天市電停電，然後只有你家有電，你家的電就會逆向從你家的電表流出去，然後你鄰居的電變成也從你家來供應。肥水不落外人田還算小事，重點是這樣會造成一個局部區域的電力不平衡。一旦市電恢復供電，市電不可能專門為你家的太陽能系統來調整相位，直接通電上去的結果，就是設備損壞。

換句話說，如果在每戶人家屋頂上裝設太陽能面板，包括逆變器在內的設備是不可少的，都必須算入架設與維護成本的一部分。如果你不考慮太陽能系統的維修，只計算發電量，以嘉義等全台日照量最充足的地方，大約是 8 年回本。問題是太陽能面板的「壽命」不是說用一段時間啪躂一聲壞掉不能用，而是發電效率會遞減；國外現在的標準雖然號稱是 20 年衰減 20%，但是台灣地區酸雨煙塵，任何國外設備過來架設壽命先除以三（個人經驗）。然後逆變器等設備的一般壽命，大約也只有 5 年。通通算下來，架設一套太陽能系統到底能不能回本，這是個大哉問。

不只是太陽能，其他再生能源基本上都是一樣的問題。分散式的再生能源是一個很好的理想，但是除非再生能源能夠持久提供穩定電力，不然必然需要將再生能源併入現行電網。而再生能源的發電密度太低，每單位面積的發電量太少，只能併接入電網末端。再加上前述防止電力孤島的必

要設備，以及能即時反應各地區發電量與需量，以便電力系統調節其他發電廠的量測設備與通訊設備，這些東西通通合在一起，就稱為「微電網」，這是發展再生能源所不可少的必要基礎建設。實際上，以微電網設備的數量、安裝與維護人力，粗估下來足夠蓋好幾座核四了。

電力系統就是這麼麻煩的東西，一般非本業的人就算再聰明也想不到，牆壁上 110V 的電力背後牽涉的建設居然這麼複雜。

1.7　再生能源發展上限

台灣綠能最多能提供多少電力是一個很有趣並很值得探討的議題。

許多人舉丹麥為例，認為丹麥綠電占比已達 50%，台灣應向其學習，丹麥能台灣能嗎？個人就曾遇到過以為太陽能可提供台電全部電力的人士。

太陽能提供全部電力？

在個人參加的某研討會中，有一位太陽能業者提出：全台休耕農地約 15 萬公頃（1500 平方公里，約全台平地面積 15%），若全部裝設太陽能，其裝置容量可達 150GW，每年可發電 1900 億度，約達全台用電 2200 億度 9 成。不但可以廢核，連燃煤、燃氣等火力發電也可一併廢除，台灣電力幾乎百分之百可由無碳的太陽能提供，足為全球表率。在 10 年內發展太陽能到 150GW 的前提下，該業者描繪太陽能產業創造的產值（7 兆台幣）、就業（20 萬人）及農村復興更是一片光明。

太陽能幾可提供台灣 100%電力，大家聽起來是不是不太對勁？請問太陽下山後，電從哪裡來？這種說法問題在哪裡？

1GW（100 萬瓩）約為核能電廠一部機，或火力電廠兩部機的裝置容量。全台目前電力系統總裝置容量約 42GW，這可是全國努力四十年才達到的成果，勉強應付近年夏天最高負載 36GW。

回頭來檢視太陽能裝置150GW的漏洞在哪裡？150GW（1 億 5 千萬瓩）表示每小時可發電 1 億 5 千萬度，但如前所述，近年尖峰負載為 36GW（3600 萬瓩），表示全台夏天用電最高的那一小時用電需求為 3600 萬度。電力無

法儲存，基本上是要即發即用，試問若全台用電最高單一小時需求只有 3600 萬度，裝置 150GW 後太陽能發電的 1 億 5000 萬度多出部分（1 億 1400 萬度）要輸往何處？

依以上分析可明顯看出太陽能裝置 150GW 的漏洞：太陽能並不是想裝多少就裝多少，尖峰用電需求限制了其裝置上限。但每年尖峰 36GW 就是太陽能裝置容量上限嗎？這也太樂觀了。每年尖峰負載為當年夏天最高單一小時用電需求，如果太陽能裝置為 36GW 表示有些太陽能板在每年 8760 小時中只有 1 小時用得上，因為其他 8759 小時用電都未達 36GW。如果太陽能要想全年發電則要看冬天電力需求為何，而非夏日尖峰需求。目前全台冬日白天尖峰為 27GW（冬日全天平均用電需求為 22GW）。這就是再生能源裝置上限嗎？如果冬日用電 100%由風力及太陽能提供，萬一某一小時又下雨又沒風豈不是全台大停電？電力系統能應付嗎？所以再生能源裝置上限宜由電力系統調度能力決定，也非冬日電力需求決定。

電力調度的挑戰

在 2016 年 12 月在台北舉辦了一場「台德能源論壇」，大會中也討論了綠能裝置容量上限的問題。當時在場的台電董事長說明：台電目前上午 6 時至 8 時，電力需求由 25GW 提昇為 32GW，2 小時內增加 7GW 調度上都十分辛苦。

今日政府預計在 2025 將太陽能裝置目標達到 20GW。若下午 4 時陽光普照，太陽能提供 14GW 電力（假定七成可用），下午 6 時太陽下山後，太陽能無法提供任何電力，表示火力機組要在 2 小時內補上 14GW 電力，目前每天上午 2 小時增加 7GW 都十分辛苦，要 2 小時調度 14GW 電力可說是不可能的任務，只好將太陽能發電解聯，就是所謂「棄電」。

表 1-2 及表 1-3 為政府規劃 2015 年至 2025 年再生能源裝置容量及發電量。

表 1-2　再生能源各目標年裝置容量（MW）

能源別	104 年	109 年	114 年
太陽光電	842	6500	20000
陸域風電	647	814	1200
離岸風電	0	520	3000
地熱能	0	150	200
生質能	741	768	813
水力	2089	2100	2150
燃料電池	0	22.5	60
合計	4319	10875	27423

資料來源：能源局「風力發電 4 年推動計劃」（核定本）106 年 8 月

表 1-3　再生能源各目標年發電度數（億度）

能源別	104 年	109 年	114 年
太陽光電	9	81	250
陸域風電	15	19	29
離岸風電	0	19	111
地熱能	0	10	13
生質能	36	56	59
水力	45	47	48
燃料電池	0	2	5
合計	105	234	515

資料來源：能源局「風力發電 4 年推動計劃」（核定本）106 年 8 月

　　政府規劃 2025 年太陽能及風力裝置容量達 20GW 及 4.2GW（其中 1.2GW 為陸上風機，3GW 為離岸風機），表示不穩定的電力總裝置容量為 24.2GW，假設太陽能七成發電，加上風力則供電能力為 18.2GW。

　　假設夏日尖峰負載由目前的 36GW 在 2025 年升為 40GW，冬日尖峰也同步成長為 30GW。則再生能源約占夏日尖峰 50%，占冬日尖峰 60%。在此種裝置容量下，太陽能供電 250 億度，風力供電 140 億度。假設 2025 年總電力需求為 2500 億度，則太陽能及風力之發電占比將達 10%及 6.4%，共計 16.4%加上現有水力發電等，再生能源在 2025 年總共供電 515 億度，

供電 20%。

　　在獨立電網的台灣，不穩定電力在夏日尖峰占比 50%，冬日尖峰占比 60%。根本不可行。

日本再生能源規劃

　　日本與台灣相同，也是獨立電網，在某次日本電力團訪台演說中，日方展示日本 2030 年電力規劃中各種發電方式占比目標如圖 1-5。

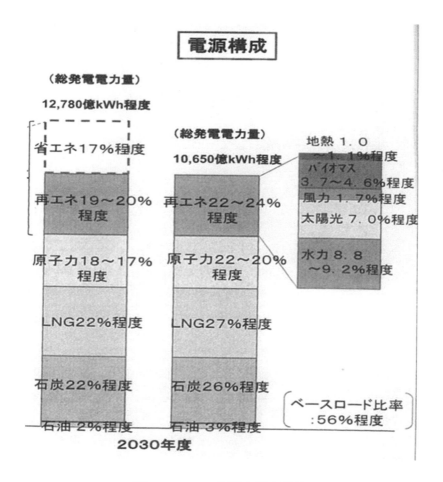

圖 1-5　2030 年日本電力配比

　　由圖中可見日本規劃 2030 年發電度數中核電占比仍將占 22~24%，與福島事故前之占比（28.6%）降低有限。再生能源占比將達 22~24%，但其中最主要的還是水力（8.8~9.2%），風力占 1.7%，太陽能占 7%（兩者總計 8.7%）。在演說後，與會者有人質疑目前日本、太陽能發電度數占比只有 3.2%，電力公司調度已感吃力，2030 年占比將增為 8.7%是否可以達成？日本演講者答覆為這是努力目標，是否真能達成並無十足把握。

　　日本規劃 2030 年太陽能、風能總發電量占 8.7%，約為目前蔡政府規劃 16.4%之半。顯示不穩定電力總裝置容量占比目標至少要打對折。

　　考量台灣土地狹小，面積中 2/3 為山地，人口密度約日本 2 倍，7 成風力已被趕到海外，發展再生能源條件比日本差得多，也不宜以日本綠電占比為標杆。

1.8　再生能源成本

　　本章到目前為止討論的都是再生能源技術問題。尚未討論更為重要的成本議題。

綠能很便宜？

　　許多民眾熱烈擁抱綠能的主因竟然是以為綠能很便宜。大家都知道火力發電的燃料如煤、油、氣都是要花大錢進口，核電燃料鈾燃料棒也是要由國外進口，可不是免費贈送。但相對而言，陽光和風力可都免費。有一本書的書名就是《太陽公公不會向你收電費》，這種標題的唯一目的就是誤導民眾以為綠能很便宜。

　　這種誤解倒非台灣所獨有。哈佛大學安教授（Ansolabehere）在其著作《便宜又乾淨》（Cheap and Clean）中討論了許多民調。如其書名，許多美國民眾也以為綠能是「便宜又乾淨」，也是基於這種誤解，大力支持綠能。但一旦在民調前先告知各種方式發電成本，民調支持綠能民眾即大幅下降。

　　許多人還真不懂為什麼陽光、風力顯然是免費供應，為何綠能成本會高於核電及火電？

綠電躉購費率

　　任何型式的發電，最主要的成本就是建置之固定成本及運轉時的燃料成本。一般而言，運轉維護成本占比都很小。民眾的誤解就是只知燃料成本而忽略了建置成本。不同發電方式的設備運轉年限都不同，所以建置成本就以折舊方式每年平均攤提於每度發電成本中。因為建置完工後，這一部分成本不會變動，這一部分稱之為固定成本。任何形式的發電成本不但要考慮燃料成本也要考慮固定成本。

　　綠能每度電發電成本高於核能及火電的原因就是雖然其「燃料」免費，但每度電攤提的建置成本（固定成本）遠高於核電及火電。

　　表 1-3 及表 1-4 為能源局公布之 106 年度太陽光電及風力的躉購費率。

表 1-4　106 年度太陽光電躉購費率

分類	裝置容量級距	第一期及第二期 上限費率	高效能加成
屋頂型	1 瓩以上不及 20 瓩	6.1033	6.4695
	20 瓩以上不及 100 瓩	4.9772	5.2758
	100 瓩以上不及 500 瓩	4.5388	4.8111
	500 瓩以上	4.4098	4.6744
地面型	1 瓩以上	4.5467	4.8195
水面型 （浮力式）	1 瓩以上	4.9403	5.2367

資料來源：106 年度再生能源電能躉購費率審定會第 3 次會議紀錄

表 1-5　106 年度離岸風電躉購費率

再生能源類別	分類	裝置容量級距	躉購費率（元／度）		
風力	陸域	瓩以上不及 20 瓩	8.9716		
		20 瓩以上	有無安裝或具備 LVRT 者		2.8776
			無安裝或具備 LVRT 者		2.8395
	離岸	無區分	固定 20 年躉購費率[註 1]		6.0437
			階梯式躉購費率[註 2]	前 10 年	7.4034
				後 10 年	3.5948

註1： 屬離岸型風力發電設備，選擇適用固定 20 年躉購費率者，為 6.0437 元／度
註2： 屬離岸型風力發電設備，選擇適用階梯式躉購費率者，前 10 年適用費率為 7.4034
　　　元／度，後 10 年起適用費率為 3.5948 元／度
資料來源：106 年度再生能源電能躉購費率審定會第 3 次會議紀錄

　　由表 1-3 及表 1-4 可知政府大力推動的地面型太陽光電，其平均費率每度 4.5 元，離岸風力每度費率 6 元。

綠電取代核電代價

　　2012～2016 五年間核電、煤電及氣電的每度電平均成本分別為 0.9 元、1.3 元及 3.2 元。加上上述太陽能及離岸風電費率，這五種發電方式成本如圖 1-6。

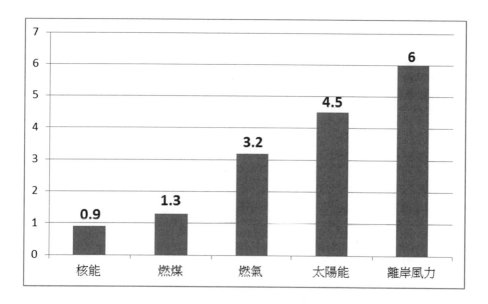

圖 1-6　2012~2016 年發電成本

註：太陽能與離岸風力為 2017 年資料

　　不要小看每度發電成本差價只有 2～3 元，我國目前每年電力系統發電度數約 2200 億度，發電成本差 1 元，每年發電成本就將增加 2200 億元。

　　現有三座核電廠 6 部機每年可發電 400 億度，保守假設綠電（太陽光電及離岸風力）與核能每度電差價 4 元。目前政府以綠電取代核電每年發電成本將增加 1600 億元，電費將漲 30%。這三座核電廠若延役 20 年，以綠電代核電成本超過 3 兆台幣，大力擁抱綠電的許多民眾知道嗎？蔡政府常宣稱民眾願意為了推動綠電而多付電費，但從來不提民眾願多付多少電費。在 2015 年第四次全國能源會議前，世新大學教授在立法院舉辦的「台灣新藍海高峰論壇」中曾公開了一個民調結果。根據該民調，推行綠電帶來的成本提昇，民眾願意接受電費漲幅只有 7.7%。民眾如果知道以綠電代核電每度電費要增加 30%，到底還有多少民眾支持政府的綠能政策？

固定成本與容量因數

　　因為一般民眾不了解，發電成本需考量固定成本與燃料成本，鼓吹綠能環保人士或無知或有意，以「綠能較核能便宜」大肆宣傳。

　　546 期天下雜誌（4/30/2014）有一系列討論核能及再生能源的文章。

　　該期有一篇討論德國，標題為「德國電費大漲，民眾仍支持廢核」，並訪問了柏林能源智庫研究員史泰博。本篇內容與標題其實充滿了矛盾。標題明白指出德國廢核後電價大漲，但內容通篇鼓吹「再生能源比核電便宜」。

　　文中史泰博指出：興建太陽光電及岸上風力每兆瓦（1GW）成本比核電分別低了 34% 及 50%，所以再生能源比核能便宜。興建成本低就代表發電成本低？這可是兩碼子事。

　　目前太陽能發電每瓦裝置成本已可壓低到美金 2 元左右（US$2/W）。核能發電以核四為例，每瓦建造成本接近美金 4 元（US$4/W），這是否表示太陽能發電比核四發電便宜？大多數人很容易陷入這種迷思。但史泰博為能源專業人員，自然知道這種論述有問題，但仍然以此數據誤導大眾，令人不齒。

　　問題在哪裡？太陽能夜晚或陰雨天無法發電，在台灣其容量因數為 16%，每年發電時數最多 1250 小時。核能發電除了 18 個月一次的大修外可全力運轉，容量因數為 90%，每年可發電 8000 小時。太陽能板使用壽命樂觀估計為 20 年，核電至少 40 年，若延役可達 60 年甚至 80 年。以太陽能每年發電 1250 小時，發電 20 年計算可發電 25000 小時。核電廠每年發電 8000 小時，以 40 年計，可發電 320000 小時。換句話說，同樣裝置容量，核能可較太陽能多發 13 倍的電力。以太陽能 US$2/W 及核電 US$4/W 計算，每度電攤的建造成本太陽能是核電的 6 倍。當然太陽能燃料不用錢，但核電燃料費占比也極低，這就是為何能源局收購地面型太陽能每度 4.5 元，較核四每度電成本 2 元（含折舊費用），高上 2 倍，較現有核電（核一、二、三）成本高上 4 倍的原因。

再生能源每單位裝置成本低於核能，並不表示每度電發電成本就比核能低，這是電力成本基本觀念。

再生能源劫貧濟富

經上節解說對於推廣綠電，電價必然上漲大家應有初步認識。但除電價上漲外，綠電還會造成劫貧濟富的後果。

德國再生能源政策是蔡政府模仿的對象，德國大力推廣綠電造成劫貧濟富，造成社會上三十萬「能源貧戶」。

德國鼓勵民眾裝設再生能源的方法與大多數國家相同，就是保證 20 年收購價格，為推動綠電巧立各種名目由全體用戶「補貼」。這種政策造成了什麼後果？

風機太貴，不是私人負擔得起的，所以裝置太陽能就成了一般人投資再生能源的首選。但太陽能板的成本也不便宜，只有「有錢人」才有閒錢（至少上萬美金）來裝置太陽能板。當然裝了之後，政府就以高價保證收購 20 年，屋主大賺其錢。這也正是德國太陽能迅速發展的主因。但有人賺錢總要有人出錢，如前所述，高價購買再生能源的費用與售價的差額，將附加在電費上。這就發生了一個很奇特的現象：劫貧濟富。窮人沒有閒錢來裝設太陽能板，但窮人也要用電。其結果是因鼓勵再生能源，電費高漲，窮人以付高電價的方式來補貼有閒錢投資太陽能的富人。

德國住宅用電每度電費為台灣 4 倍，節約用電就成了全民運動，但富人和窮人節約用電的方法不同。住宅要省電最主要的方法就是購買高效率的節能家電。不論冰箱、冷氣、洗衣機都有高效率的機型，但其價格也較昂貴。但以生命週期而言，開頭花較高的價格購買的家電最終總會由節省的電費賺回來。富人花錢不手軟，紛紛採買高效率家電。

貧困家庭家電通常是購買最便宜的機型，但這些機型效率都較差。窮人就算知道以全生命週期而言效率高的省電家電是正確的選擇，但就是沒有財力在開頭就購買較貴的家電。貧困家庭家電汰舊換新也慢，其結果是富人使用效率高的家電來節能，窮人已到了「用不起電」的地步，採取的是「不用電」的方式來節能。2013 年德國已有 30 萬家庭因繳不起電費而被斷電。

各國都一樣，富有家庭電費都高於貧困家庭，但以電費占家庭總支出的比例而言，情況正好相反。這就是為什麼貧困家庭對電費／能源漲價遠為敏感的原因，也是油電雙漲在社會引起這麼大反彈的主因。

大家都應高度重視推廣綠能將造成劫貧濟富的嚴重社會不公，這也完全違反蔡政府能源綱領中自訂之社會公平目標。

1.9　再生能源誤導

自己用電自己發？環團誤導

「自己用電自己發」是一個容易上口的好口號，336 期遠見雜誌（2014年6月）也以之作為一篇〈一人一千瓦〉公民運動文章的副標題。不論「一人一千瓦」還是「自己用電自己發」都是易懂好記，容易上口的口號，但可行嗎？

該文討論的是太陽能發電，文中指出 30 坪的屋頂可裝 10KW 太陽能板就頗有問題。在第三次全國能源會議中能源局針對太陽能在每個屋頂的裝置容量是以 3KW 為基準，與 10KW 有很大的差異。能源局認為屋頂不可能「滿佈」太陽能板。因為屋頂有其他用途，不但有樓梯、電梯間，還有水塔、抽水幫浦等設備，屋頂也是晒衣服的主要場所，更有很多人在屋頂上種植花草。所以能源局很務實的假設每個屋頂有 30%的面積可用來裝設太陽能板，每戶約 3KW，這是比較務實的數字。本文僅以比較合乎常理的 3KW 作為討論基準。

每屋頂裝設 3KW 太陽能板，若以太陽能容量因數 12%計算，每年可發電 3300 度，每月可發電 275 度。約為目前全國每戶平均每月用電 360 度的 75%，看來太陽能真能勉強達到「自己用電自己發」的理想。

先別太興奮。台灣是都市化程度很高的國家，都市中大家住的都是公寓或大廈。以台北最常見的 7 樓公寓為例，7 家人共用一個屋頂，太陽能板每月發電 300 度只夠一家使用，其他 6 家怎麼辦？「自己用電自己發」是很理想，但由實務面來檢視，完全行不通。

以台北市為例，全市住宅屋頂佈滿太陽能板也只夠提供 1/7 市民的家

庭用電，根本達不該文所謂「有錢出錢，有力出力」。有錢人在「閒置」屋頂投資提供太陽能發電的「理想」。

　　進一步檢視，就算屋頂使用權屬於頂樓住戶，這家人可達自己用電自己發的理想嗎？這家人晚上不用電嗎？陰天、雨天不用電嗎？晚上及陰雨天不是還是要由台電的火力及核電電廠供電嗎？何能達到「自己用電自己發」的目標？

　　以上由能量（度、瓩小時）檢視，發現「自己用電自己發」實不可行，本文再由功率（瓩）角度來檢視此一口號的可行性。

　　目前一般家庭使用極多電器產品，功率在 1000W（1kW）左右的極多，其中廚房用品最多，凡舉電鍋、微波爐、電烤箱、電磁爐、開飲機、電熱水瓶功率都在 800W 到 1200W 之間，此外，冷氣機、洗衣機、乾衣機、吹風機、電熨斗功率也與上述電器用品相當。

　　當然一般家庭不會「同時」使用這些高耗電的產品，但同時使用 3 個這種高功率產品的機會很高，功率要求即為 3kW。夏日午間只要同時開 3 個冷氣機，用電就達 3kW（每小時 3 度電）。上篇提到 30 坪的屋頂，大約只能安裝 3kW 的太陽能板，要應付一個家庭的「尖峰」用電都有困難，更不可能應付同一個屋頂下，7 個家庭的「尖峰」用電需求了。

　　另外還有一點也要特別指出的：大家可別誤以為每個屋頂裝 3kW 也可供應全台 1/7 的電力需求，聽起來太陽能的幫助也很大。要知台灣用電大戶是工業及商業用電，家庭用電約 20%，所以就算「百萬屋頂」裝置太陽能，發電量也只占全國用電的零頭。

　　每個屋頂裝置 3kW 的太陽能板，每年最多可發電 3300 度，依政府的雄心，要在 2025 年前在全台 1/3 的屋頂（100 萬屋頂）裝置太陽能，則每年可發電 33 億度，不到 2025 年全台電力系統總發電量 2500 億度的 1.3%，實在幫不上大忙。

　　「每人 1 千瓦」，「自己用電自己發」的口號雖然響亮，但在實務上並不可行，有責任心的媒體在報導時自己應先做功課搞清楚。過度強調「再生能源」的功能，忽略了提供全民用電真正的幕後英雄——火力及核能發電。

　　環團各類論述原本就充滿錯誤並極為誇張。政府單位不應如此。但

2017 年 10 月在南港展覽館舉行一個綠能產業展，個人前往參觀，發現能源局在展場也闢一專區推動綠能。

個人十分驚訝的發現能源局推廣太陽光電的宣傳標題為〈自己的電自己發〉。這種聳動標題民間採用不必負什麼責任，但由官方背書就另當別論。這種誤導口做得到嗎？如這口號正確，表示裝了太陽能板後，民眾就可以將台電電錶拆了，因為〈自己的電自己發〉。如果能源局認為做得到，請先以身作則將自身電錶拆除再說。

歐洲商會誤導

上節討論了許多國內媒體對綠能的誤解及誤導。但奇特的是許多外國人對台灣綠能政策也不吝發表高見，可惜錯誤極多，不幸的是許多人以為「遠來的和尚會念經」，也有不少國人有崇洋心態，對這些意見照單全收，這些高見也應予以澄清。

歐盟是全球最為熱衷於節能減碳的地區，對推動綠能不遺餘力，也喜歡指點台灣能源政策。以下僅舉出歐洲商會及德國駐台外交官的一些高論。

歐洲商會（European Chamber of Commerce Taiwan, ECCT）是歐洲公司在台灣的商會，有不少重量級會員。歐洲商會每年提出 Positon Paper（立場說明書）向政府提出建言。2015 年立場說明書中有一章為「能源與環境」，針對政府能源政策提出不少建言。

1.歐洲商會指出台灣風力發電價格已達與電網價格相當（Grid Parity），其成本可與火力發電成本相抗衡。

風力發電分為兩種，一為陸域風電、一為離岸風電。2014 年前者每度電收購價為 2.6 元，後者為 6 元。火力發電也有兩種，一為燃煤發電、一為燃氣發電。2014 年每度電發電成本燃煤為 1.3 元，燃氣為 3.9 元。陸域風電收購成本低於燃氣發電成本但為燃煤發電成本 2 倍。但重點不在於此，台灣地狹人稠，陸域風電設置地點極為有限，政府千架風機大計的重點是離岸風電。離岸風電收購成本遠高於火力發電成本（不論燃煤或燃氣）。歐洲商會刻意以陸域風電成本與火電中成本最高的燃氣發電成本比較，聲稱風力發電價格與電網電價相當，實為選擇性比較。

2.歐洲商會指出台灣民眾購買綠電價格太高

目前台電推出用戶可自願以較高價格購買「綠電」（風力或太陽能）政策。但歐洲商會指出台灣購買綠電價格較一般電價高出 40%，價差幾為全球最高，使許多想買綠電的民眾或企業都打退堂鼓。這一番說辭的問題在哪裡？在於台灣電價很低，歐洲各國電價均較台灣貴上了 3、4 倍，所以台電綠電價格即使較一般電價高 40%，仍遠低於歐洲綠電價格。歐洲商會故意不提此一事實，反而對台灣綠電價格說三道四。

3.歐洲商會指出台灣政府 2030 年再生能量發電目標只有 13%（馬政府目標），遠低於許多已開發國家，鼓吹台灣應大力發展再生能源。

再生能源是能量密度極低的發電方式，換句話說，再生能源需要廣大的土地面積。與核能及火力發電相較，發同樣度數的電，太陽能發電要 100倍左右的土地，風力更要 500 倍左右的土地，所以再生能源較適合在土地廣大的國家（如中國、美國）推展。台灣人口密度在全球數一數二，土地面積中山地又占 2/3，平地面積極為狹小，有何多餘土地來大力發展再生能源？再生能源發電在 2030 要達到 13%都十分困難，何能奢求提高其比例？

德國外交官誤導

在今日台灣能源領域，德國是極為走紅的國家。各種能源論壇中，德國企業、學者、官員受邀比例極高。原因十分簡單，今日全球國家中，德國是唯一能源政策與民進黨政府能源政策極為類似的國家，德國廢核而擁抱綠能的政策正是蔡政府師法的對象。

2017 年 3 月台大社科院風險社會與政策研究中心舉辦了一場討論台灣能源轉型的研討會，會中邀請了德國在台協會副代表擔任與談人。副代表30 分鐘演講中，自然大力吹噓德國能源轉型之成功。其演說紕漏百出，但因時間限制，在 Q&A 時段，個人僅簡短提出兩個問題：

1.副代表演講中指出德國要在 2020 年達到其減碳承諾的手段之一就是關閉全部燃煤電廠。但在無風的夜晚，無核又廢煤，試問德國電從哪裡來？

2.德國能源轉型的後果是電價超過台灣 3 倍（台灣每度電不到 3 元，德國 10 元），台灣真應向德國學習「能源轉型」嗎？

　　副代表回答有如天馬行空長達 10 分鐘，針對個人問題沒有具體答覆，只有進一步誤導。其後主席隨即宣布散會，無法進一步請教，僅在此提出進一步質疑。

　　針對個人第一個問題，副代表首先指出德國可由法國進口核電，由捷克進口煤電。但隨即強調這不是德國的目標，德國的目標是以電池儲存綠電以取代煤電及核電。

　　吾人可先檢視德國綠電供應現狀。德國目前綠電已發展到極致，綠電裝置容量（97GW）已超過全國尖峰負載（83GW），目前綠電已提供德國近 30%電力，並有大量綠電輸往鄰國。但重點是德國是貼錢將綠電輸往鄰國，如果電池儲能在經濟上可行，德國何需貼錢輸出綠電？在今日即可將綠電儲存自用。

　　要取代核電及煤電（總供電量超過 50%），再生能源裝置容量較今日要至少倍增。因目前綠電裝置容量已超過尖峰負載，表示新增之再生能源產生的綠電要全部「儲存」。2020 距今不過 2 年，要將今日「儲能」幾乎為零的電池增加到可儲存取代核電及煤電電能的電池簡直天方夜譚。這種回答是極為不負責任的信口開河。實際上因核電減少，德國在過去幾年大量增建燃煤機組。燃煤機組運轉壽命 40 年，務實的德國人會在機組運轉 10 年內將其除役的說法也是不切實際。

　　我們聽聽真正主管經濟及能源兩大部會的德國副總理葛布利（Sigmar Gabriel）怎麼說。經濟學人報導葛氏說「我們要認清同時要廢核和廢煤是不可能的」。葛氏還說「很明顯 2020 年的減碳目標是達不到的」。兩年並不長，兩年後吾人不妨驗證副代表的電池說是否實現。

　　針對個人第二個電價問題，副代表首先指出台灣電價太便宜是因為政府「補貼」之故。補助的定義是售價低於成本，其差價由政府補貼。但台電過去兩年都有數百億元的盈餘，何來政府補貼？台灣電價與美國相近，是德國電價太貴，不是台灣電價太便宜。

　　副代表也指出綠電裝置成本很高，所以開頭價格很貴，但因為陽光及風力都免費，所以運轉數年後綠電會越來越便宜。個人實在震驚副代表竟出此言。副代表難道不知台灣綠電售電合約一簽就是 20 年，合約規定依固定電價保證收購 20 年嗎？何來「越來越便宜」？

副代表還強調德國電力為自由市場，自由競爭，用戶可買較便宜的電。不錯，自由市場競爭結果最便宜的價格就是每度 10 元，因為還有更貴的電。副代表強調高電價對德國工業競爭沒有影響，但紐約時報曾報導德國工業界對高電價憂心忡忡。報導中引用西門子電力部門執行長 Mr. Udo Niehage 指出「電價實在太貴了，德國工業界將喪失全球競爭力」。

德國能源轉型政策的惡果已成為各國「反面教材」，華爾街日報就曾以「德國製造的能源危機」（Energy Crisis -- Made in Germany）為社論標題取笑德國。

曾任英國環境與能源部首席科學家的馬楷教授也嘲諷德國的能源政策：「德國人可能有不同的價值觀，他們不計成本，我們英國人對能源成本倒是很在乎的」。

2016 年 12 月在台北辦了一場台德能源轉型論壇，台方學者對德方學者齊辛博士的說辭也一面倒的提出嚴厲質疑，各大報都曾詳細報導。

個人參加不少此類論壇，眼見許多德國講者大言不慚，夸夸其詞，但問題是聽眾中有幾人能聽出其為強辯？副代表長回答時，主席台上及聽眾中點頭如搗蒜者不在少數。

今日政府對德國「專家」極有問題的能源建言毫無判斷能力的照單全收，正是一個願打一個願挨。

1.10　地熱與氫能

本章到目前為止討論的綠能都集中於太陽能及風能。因為這是蔡政府綠電的主力。但細察蔡政府到 2025 年的綠電目標。除以太陽能及風能還有水力、生質能、地熱能及燃料電池（氫能）四者。水力及生質（垃圾發電）為目前台灣綠電主力，未來擴展空間有限，不是蔡政府的重點。地熱能及氫能目前發電量都是零，倒是除太陽能及風能外，蔡政府十分青睞的兩種綠能，本章最後將討論這兩種再生能源。

日本地熱發電

　　地熱是國內環保及反核人士極為熱衷的能源，因為風力及太陽能都有不穩定的特性（無風無日照即無法發電），無法承擔基載發電大任。地熱則無此問題，理論上可以穩定供電，顯然是取代核能及燃煤作為基載電廠的極佳選擇，無怪乎環保人士大力鼓吹。

　　環保人士也常以日本地熱發電為例，認為台灣應師法日本，大力發展地熱發電。某次研討會，日本地熱裝置容量最大的九州電力公司人士現身說法，提供許多第一手資訊。

　　日本全國地熱裝置容量為 515MW，其中九州電力裝置容量為 212MW，占了全國 4 成。515MW 約為 0.5GW，日本今日全國裝置容量為 280GW，地熱發電占不到 0.2%。日本火山地熱資源占全球 10%，但總裝置容量不值一提，顯然日本並未將地熱當作主要基載電力來源，台灣政府也應引為參考。

　　以 2011 年為例，地熱總共發電 26 億度，九州電力占了一半。日本全年發電超過 1 兆度，地熱發電度數約占 0.26%。若全國裝置容量為 515MW，則 26 億度表示容量因素約為 58%，遠遜台灣核電（90%）及燃煤（85%）等基載電廠。

　　更值得注意的是在 17 年前（1996 年），九州電力地熱發電 16 億度，其他公司地熱發電 22 億度，共發電 38 億度。當時九州電力及其他公司地熱發電之容量因素分別為 86% 及 82%。

　　今日容量因素遠低於當年有兩種原因：

一、地熱發電並非永續能源，如果每年蒸汽使用量高於地熱所產生的蒸汽，則地底蒸汽會日益枯竭，這是在許多國家地熱電廠都發生的現象。

二、電廠設備老化，效率降低，或維修時數增加都會影響電廠可用率。台灣早年的宜蘭清水地熱電廠甚至因蒸汽井壁結垢而落得不得不關廠的命運。

日本地熱資源遠勝台灣，但真正開發的地熱電廠也極有限。建議台灣環保及反核人士要認清事實，宣稱地熱發電可取代核能及燃煤等基載電廠所言論，只能譁眾取寵，經不起事實考驗。

蘭陽地熱發電

2017 年 4 月國內首座民營地熱電廠環評過關。依負責籌劃的蘭陽地熱資源公司預估 2017 年可完成第一口試驗井。

但報載該公司針對該計劃提出的一些數據，與能源局數字不符。

報載該公司目標在 4 年內完成十口井，每口井 1 萬瓩（10MW），十口井共 10 萬瓩（100MW），完工後每年可供電 8 億度，相當核二廠一部機十分之一發電量。該公司指出該地熱計劃總經費約 100 億元，希望透過公民募資，兩年內募集 10 億元資金。

該公司也將地熱成本與離岸風力成本相較，指出地熱每 1000 瓩（1MW）成本為 1 億元，離岸風力每 1000 瓩（1MW）成本為 1.5 億元。

這些數字與能源局公布數字都不相符。

表 1-6 為能源局公布數字：

表 1-6　106 年地熱與離岸風電參數

	設置成本（元／瓩）	運維比例（%）	年售電量（度／瓩）	躉購費率（元／度）
地熱	256,600	4.07	6400	4.9428
離岸風力	181,600	3.22	3600	6.0437

資料來源：能源局「風力發電 4 年推動計劃」（核定本）106 年 8 月

該公司發言與該表相異之處有二：

1. 依該表地熱發電每瓩每年可發電 6400 度，則該公司 10 口井共 10 萬瓩（100MW），每年可發電 6.4 億度，不是 8 億度。
2. 能源局表格顯示離岸風機每 1000 瓩（1MW）成本為 1.6 億元，但地熱每 1000 瓩（1MW）成本為 2.6 億元，不是該公司所說 1 億元。

第二點極為重要，能源局是依地熱每 1000 瓩（1MW）設置成本為 2.6

億元核定躉購費率為每度 5 元。如果每 1000 瓩（1MW）設置成本為 1 億元，躉購費率應降為每度 2 元。

此外依能源局而數字，10 口井 10 萬瓩（100MW）的總設置成本應為 260 億元而不是該公司所稱 100 億元。

與核四建廠成本相較，核四完工約需 3000 億元，每年可發電 200 億度。地熱投資 260 億元，每年可發電 6.4 億度，難怪地熱電費如此「高貴」，為核四每度電的 2.5 倍。

該公司聲稱計劃總經費約 100 億元，所以 2 年內集資目標訂為 10 億元。但實際計劃總經費約 260 億元，則向銀行貸款將高達 250 億元，自籌資金不到 5%，財務槓桿特高。地熱鑽井有如鑽油井，並非百發百中，失敗率很高，銀行團豈不擔心？

報上也刊載學者指出台灣地熱潛力為 3300 萬瓩（33GW），相當於 11 座核四廠。此點也令人大惑不解。目前全球地熱電廠總裝置容量為 12GW，小小台灣潛力為目前全球裝置容量 3 倍？

目前全球地熱電廠裝置量最大的五個國家為：美國、菲律賓、印尼、墨西哥、紐西蘭，全都是火山活動頻繁國家。台灣並無活火山，台灣地熱資源只宜洗溫泉，要用來發電很拚，更不用說提供 33GW 電力了。

目前政府規劃地熱裝置容量在 2020 年要達 15 萬瓩（150MW），在 2025 年達 20 萬瓩（200MW），在 2030 年更要超過地熱資源極為豐富日本的一倍而達 100 萬瓩（1000MW），看來又是一個勢必跳票的大餅。

蔡政府與氫能

蔡政府能源政策中最令人匪夷所思的就是對燃料電池（氫氣）極為青睞，規劃在 2025 年裝置 6 萬瓩（60MW），在 2030 年更要裝置 2000 萬瓩（2GW）。其實氫能是否能稱之為綠能很有問題。主要取決於氫氣是如何產生。

氫氣不像煤、油、氣，鈾可由自然界採礦而得。世界上沒有氫礦，氫氣是一種工業產品。

世界上目前絕大多數氫氣是以天然氣為原料所製成。在製氫過程中會

產生二氧化碳，所以說不上是無碳能源（綠能）。

　　另外一種方式是以電解水製氫，但問題是電從哪裡來。如果電解水的電是火電或核電，則製成的氫氣顯然說不上是綠能。只有當電解水的電是由綠電（太陽能、風力）供應，製成的氫氣才能稱之為綠能，但以綠能製氫成本太高，以下將進一步解說。

　　2017 年某雜誌刊登了一則「獨家內幕」：「蔡英文祕密推動台日氫能合作開發」文中指出蔡英文在 2016 年 10 月，秘令立委趙天麟前往日本，為「台日氫能合作」進行前置準備。個人讀畢該文後真是嘆為觀止。

　　話說從頭。2016 年 3 月蔡英文參加了在高雄舉辦的「氫能城市論壇」，日方來了四位講者，大力宣揚氫能。能源外行人聽後，不免會以為氫能是海外仙丹，是新生科技。殊不知以氫為燃料的燃料電池在 1838 年已發明，並不是什麼新科技。

　　燃料電池在今日重為世人所重視，是因為以氫氣及氧氣為燃料的化學反應可產生無碳電力驅動馬達，帶動汽車，或可取代目前燃燒汽油有大量碳排的內燃機式汽車。氫氣車是否能與電動車競爭並不樂觀。氫能源對減碳的貢獻主要在交通領域殆無疑問，世界各國無人將氫能源作為重要電力減碳的手段。聯合國 IPCC 報告中，發電端的減碳手段只強調了三種：核能，火電的碳捕捉（CCS）及再生能源，根本未將氫能作為電力減碳選項。

　　但蔡政府獨具慧眼，認為氫能是解決台灣發電困境的利器。蔡英文在高雄氫能論壇開幕致辭說：「為了實踐非核家園，必須推動氫能，推動氫能是台灣能源轉型的戰略計劃」。

　　當天論壇講者之一為日本電源開發株式會社前社長中垣喜彥，在其講演中有張投影片明列日本 2030 年電力配比目標。其中只有火力、核能及再生能源發電配比，氫能發電占比為「零」。日本人很清楚，發展氫能是為了交通減碳而不是為了電力減碳。蔡英文誤會可大了。

　　中垣社長在演說中也說明該公司正在竹原，鹿島，高砂及西之沖山四廠址興建及規劃六部大型燃煤機組。日本人十分務實，深知電力還是得依賴恢復核電及興建煤電，對照今日蔡政府只知大力推動再生能源，真是高下立判。日本樂得有台灣這個小跟班，但如果了解蔡政府的氫能思維，必然會感到匪夷所思。

　　蔡政府並進一步規劃將台灣建設成為「氫燃料輸出國」，作為促進經濟活化的「王牌」。蔡政府的雄圖大計是以太陽能電解製氫外銷日本。自然界沒有氫礦，氫氣是種工業產品。目前全球主要是以天然氣及石油為原料，以蒸氣甲烷重組（SMR）製氫。電解製氫成本太高，很少人採用。要特別注意的是國外以價格低廉的煤電電解製氫都無法與以化學製氫競爭，蔡政府竟然規畫以發電成本高於煤電 3 倍的太陽能電力電解製氫，之後還要花大成本將其降溫至-253°C 製成液態氫輸日，其對成本缺乏基本概念，令人扼腕。

　　蔡政府今日能源政策荒腔走板最大原因在於其能源幕僚毫無實務經驗，太過天真，大力推動氫能即為顯例。可悲的是台灣就在這種盲人騎瞎馬的情勢下，步步逼進萬丈深淵。

第2章

核能發電

2.1　核能安全

非核家園政策

上章討論了再生能源之根本問題與限制，在地窄人稠又是獨立電網的台灣，並不合適推廣綠電。

但為何蔡政府非要硬著頭皮大力發展綠能？因為政府一方面信誓旦旦要落實民進黨二十年來的非核家園黨綱，但另一方面對國際社會又有減碳承諾，不得已只好以雖然發電成本較核能貴上 5 倍，但同樣沒有碳排的綠電取代核電。說穿了，推動綠能的根本原因是為了達成「非核家園」政策，如果修正該政策，現有三座核電廠予以延役，全國可以省下發展綠電的兩兆元建置經費，及未來 20 年 3 兆元電費，每年同樣可使用由核電廠發出 400 億度的無碳電力。

但社會上為什麼還是有許多民眾支持以綠電取代核電？根本原因還是對核災、核廢及輻射充滿了恐懼與誤解，本章即先針對此三議題作簡要說明。

個人於 2013 年出版之《沒人敢說的事實》一書中第四章「核電解謎」，以 40 頁篇幅詳細解釋核災與核廢，該書之電子版在網路上，有 20 餘國上萬讀者下載，有興趣深入了解此二議題者不妨免費下載。本書將較簡略的討論此二議題。

核電廠不會發生核爆

在討論核災前，先討論一個更重要的題目：核電廠會不會發生「核爆」？回答此一問題前要先了解何謂「核爆」？人類歷史上的核爆只有廣島、長崎的兩次原爆及擁有核武國家的核武試爆，除此之外的地球上的任何爆炸都是「化學爆炸」。化學爆炸是「質量不滅」，沒有「驚動」原子核。核爆就不同了，核爆是質量消滅轉換為能量，核爆的能量是依愛因斯坦的 $E=mC^2$ 質能轉換公式而產生。

核能電廠的能量也是鈾原子分裂後由 $E=mC^2$ 的質能轉換而產生。但世界上目前有近 450 部核能機組運轉數十年，合計超過上萬核能運轉年，原子爐內的質能轉換只產生電力，並未發生任何「核爆」，理由何在？

核電廠和原子彈同樣都是利用核分裂後之「連鎖反應」產生能量，但核電廠鈾燃料中能發生連鎖反應的鈾 235 濃度極低（只占 5%，原子彈占 90%），除非有「緩衝劑」－水，將中子減速否則連鎖反應不能持續。

鈾 235 原子核分裂後產生的二代中子速度很快（快中子），但快中子撞擊鈾 235 後導致其分裂的機率極低，在燃料棒中鈾 235 只占 5% 的環境下連鎖反應無法持續，只有速度慢的慢中子（嚴謹應說熱中子，Thermal Neutron）撞擊鈾 235 後才會導致其分裂，產生中子而使低濃度核燃料棒中連鎖反應持續。

輕水式反應爐中的水有兩個作用，一個是吸收連鎖反應產生的熱量，產生水蒸汽轉動汽輪機發電。另一個作用是使快中子減速成為慢中子使連鎖反應持續。水為何可使中子減速呢？原因很簡單，水分子是由氫原子和氧原子所構成，氫原子的原子核只有一個質子，其質量與中子相同，中子撞擊質量相同的質子後速度大減，快中子與氫原子核（質子）經過多次撞擊後減速為慢中子，夠多的慢中子才足以使反應爐中的連鎖反應持續進行。

核災發生是因為反應爐缺水，無法移除燃料棒中因為衰變（非連鎖反應）產生的熱量，導致燃料棒融毀造成核災。

但反應爐一旦缺水，快中子無法減速成為慢中子，連鎖反應立即自動停止，這是核電廠決不可能發生核爆的根本機制。

即使集合全球諾貝爾物理獎得主到核能電廠，都無法使核能電廠發生核爆。因為核能電廠不會發生核爆是物理事實，核能電廠設計之初就排除了其發生核爆的可能性。

個人看過民意調查，凡知道核電廠不可能發生核爆者，多半擁核。反之，不了解此一事實的民眾多半反核，是否了解核電廠是否會發生核爆的正確答案是擁核反核最準確的試金石。

核能災變

了解核電廠決對不會發生「核爆」後再討論「核災」。世界發生過三次核電事故：三浬島、車諾比及福島。其中三浬島事故雖然核燃料棒因缺水融化造成原子爐報廢，電力公司承受巨大財務損失，但沒有任何放射性物質外洩，廠外居民依然安居樂業。車諾堡及福島都發生了爆炸使廠房損毀導致大量放射性物質釋出廠外釀成巨災，但兩次爆炸都是化學爆炸（氫氣爆炸）而非核爆。試想若發生核爆，以核爆之威力，核電廠必將片瓦不留，但目前車諾堡及福島都是部分廠房損毀，大部分建築仍然矗立，由此可證發生的是化學爆炸而非核爆。但車諾堡及福島事故會不會在台灣發生？

台灣不會發生車諾堡式核災

先談車諾堡事故：

前蘇聯的車諾堡核電廠不是純粹的發電廠，還肩負製造原子彈原料（鈽 239）的重責大任，其電廠設計和西方水冷式的原子爐完全不同。不但沒有封閉式的原子爐（鋼板厚 20 公分），更沒有圍阻體（厚達 1.2 公尺的鋼筋混凝土結構），所以核災一發不可收拾。三浬島核電廠有封閉式的原子爐和圍阻體，雖燃料棒融毀發生核災，但放射性物質全都封閉在原子爐內，未洩於外界。

台灣四座核電廠都是西方國家的輕水式反應爐，與車諾堡石墨反應爐完全不同，車諾堡式的核災決無可能在台灣發生。

台灣不會發生福島式核災

　　日本為台灣鄰國，同處環太平洋地震帶，2011 年 3 月 11 日發生了規模 9 大地震，並發生十幾公尺高的大海嘯，造成福島核電廠全黑事故（全面斷電），引起嚴重核災。但地震規模與斷層長度直接相關，海嘯災害又與海溝與陸地相對平行或垂直密切相關。311 地震發生於日本外海長達 500 公里的斷層，台灣斷層最長 100 公里。921 地震為台灣百年來最大地震，當 100 公里長的車籠埔斷層錯動時地震規模為 7.6。但地震規模之能量以對數表示，換算後其能量不及日本 311 規模 9 地震的百分之一。此外，台灣外海斷層與本島垂直，即使發生海嘯，其前進方向與本島垂直，海嘯不會直擊台灣，造成災難的機會極小。

　　換句話說，雖然台灣與日本同處環太平洋地震帶，但因台灣斷層長度遠短於日本，台灣絕不會發生如 311 般規模 9 的大地震。

　　琉球海溝方向與本島垂直，核電廠所在地的海底地形也與日本完全不同，電廠高程也夠高，台灣核電廠絕不會發生因海嘯引起的核災。

　　真正了解核電廠絕不會發生核爆，了解台灣核電機組與車諾堡完全不同，了解因地理條件不同，台灣絕不會發生如日本 311 般的地震及海嘯的民眾，反核者幾希矣。

斷然處置標準程序

　　其實回頭檢討福島事故，即使發生如此嚴重天災，殃及廠外居民的核災仍然可以避免。因為雖然全廠斷電，抽水機無法抽水冷卻核燃料棒，但福島就在海邊，本可利用消防車注入海水冷卻燃料棒。當然反應爐會因引入含雜質之海水而報廢，但核燃料棒因有海水冷卻不至於融化而造成氫氣爆炸，只要廠房結構保持完整，反射性物質即不會外洩。雖然東京電力公司會有巨大財產損失，但週遭居民不會受到任何影響。但福島電廠員工不敢斷然將海水注入反應爐，因而導致電廠報廢，錯失黃金時機，終於釀成巨災。

　　台電吸取福島核災教訓，建立「斷然處置」標準程序，即使發生類似福島天災（其實根本不會發生）也將斷然將海水注入反應爐，不惜將反應爐報廢也要避免核災擴大到廠外。

　　筆者某次列席立法院公聽會，反核立委出言恐嚇，言道核災損失沒有上限，損失無限大。個人即發言指出，有了「斷然處置」標準程序，核災損失上限就是建廠成本。以核四廠兩部機為例，建廠成本約 3000 億元，若依反核人士意見將其拆毀，則 3000 億元損失將百分之百的立即發生。若准許核四運轉，在未來千萬分之一的機率發生核災再將其「斷然處置」，同樣也是損失了 3000 億元，但機率降為千萬分之一。到底應立即將核四拆廠還是完工運轉，何者為理智的選擇，豈非不辯自明？

翡翠水庫與核能電廠

　　其實社會大眾因誤解而反對重大建設的例子極多，茲以與台北近在咫尺的翡翠水庫為例：

　　翡翠水庫和核電倒有幾點可以互為借鏡。許多台北人害怕核電，反核的主要原因就是怕核電「出事」殃及台北。但實際上，對台北市安全造成最大威脅的其實是翡翠水庫，如果翡翠水庫潰壩，不但大半台北市均將淹沒，更會導致數十萬人喪命。

　　不錯，這就是 30 年前堅決反對興建翡翠水庫人士所持的最主要理由。當年反對興建水庫人士指出翡翠壩體高 120 米，堤頂高程 170 米。台北市平均高程 5~10 米，如果 4 億多噸的水量因「地震」潰壩，台北人的生命財產的確會遭受極大的損失。當時台北市人口年年成長，缺水成了施政的大問題，但反對人士堅持只要大家「省水」就不用花天文數字在地震帶興建極為危險的翡翠水庫。這些論點是否耳熟能詳？只要改幾個字就成了：只要大家「省電」，就不必花天文數字在地震帶興建極為危險的核能電廠。

　　但十分幸運的當時主政的蔣經國雖在強大「民意」、立院、環團、學者及輿論的壓力下，依然堅持興建翡翠水庫。責成林洋港、李登輝兩位市長如期興建。興建水庫和興建核電都是「安全第一」的大工程，這就要談談翡翠和台電的關係了。

　　蔣經國當然知道如果翡翠水庫出事的嚴重後果，他認為台北市政府沒有能力完成這一計劃。蔣經國知道台電兵多將廣，水庫施工經驗豐富，當時就將興建翡翠水庫的大任交給台電辦理，大多數人可能完全不知道這段往事。台電也不辱使命，如期完成此一艱鉅工程，確保大台北地區數百萬人民 30 年來供水無缺。想不到三十年風水輪流轉，大家對主辦捷運的市府工程團隊讚譽有加，工程能力一流的台電反而成了過街老鼠。

中國工程師學會網頁

　　核能安全到底是一門極為專業的學問，可嘆的是社會上有太多冒充專家的外行人散布大量錯誤訊息及各類謠言。

　　有鑑於此，中國工程師學會於 2014 年在其網站首頁特闢「電力及核安」專區（近日改為由首頁之「其他」及「網站導覽」連接），以專業知識深入解釋相關議題。各界不妨參考，網站中指出：

　　　　目前社會對核四續建問題充滿不安與疑惑，主要源於大眾對核能認知不夠深入，各界之溝通平台亦不夠健全。事實上，能源供需及核能安全牽涉問題甚廣，乃跨領域工程專業問題，而與民生息息相關。基於專業及對國家社會之責任，中國工程師學會於 102 年 3 月 1 日第 68 屆第 4 次理監事聯席會議決議通過，成立「電力及核能安全專案小組」。

　　　　本專案小組經理事會授權依據本學會成立之宗旨精神，客觀公正獨立運作，本著客觀、公正、專業、理性的立場，從工程技術、環境保護、核能安全、經濟發展等面向，提供專業、客觀與理性的平台，讓社會大眾瞭解問題的真相，確保國家社會的真正福祉。

　　　　專案小組就電力及核能安全議題邀請專家學者透過各種運作模式，如議題擬定、專業演講、小型座談、大型論壇等，期能提供專業、客觀與理性的溝通平台。

　　　　本專案小組自成立後召開多次委員會議，並實際赴台電龍門核能發電（核四）廠參訪二次，實地了解核四廠興建的必要性及

工程的安全性。專案小組依序討論有關「生水池安全性」及「用過核子燃料乾式貯存場之安全性」等議題，並完成獲得結論。此外，專案小組提出「能源關切之核能議題」中，包括 23 項「整體能源政策議題」、13 項「核能安全議題」，以及 15 項「核四廠議題」；另為促使政府審慎評估能源發展相關政策，專案小組同時討論提出「對政府建議之核能議題」，包括「以工程專業解析核一、核二、核三是否應該延役」、「能源政策應檢討」，以及「社會大眾對於能源政策應有的認知，與生活行動之配合」。

　　本專案小組係以工程師專業立場提供電力及核能相關議題之客觀公正的說明，讓一般民眾對於涉及工程專業的重要議題，有更多的了解。本專區中所提供之議題係彙集專案小組中來自不同工程領域之專家學者們熱心貢獻專業的寶貴意見，固於專案小組為階段性任務之組成，爰不就小組專區所提供資訊之相關回應提出回覆。

2.2　核廢料

　　除了畏懼核災外，反核的另一主因是核廢料。本人在《沒人敢說的事實》一書對核廢料議題有較深入的討論，本書僅予以簡單說明。個人經常受邀到各大學針對能源議題發表演講，發現聽眾多半不知道核廢料分為兩種：低階核廢料及高階核廢料。

低階核廢料

　　所謂「低強度放射性廢料」，顧名思義，就是放射性弱的廢料。這些廢料係在核電廠中因運轉或維護而受到輻射污染的物品，如廢樹脂、過濾器、工具、濃縮廢液、工作服等，這些廢料均經由水泥固化裝桶密封後，並需先在電廠內貯存一些時日，待其放射性經過衰變而減弱後，才送往蘭嶼貯存。

　　而在貯存場場地的選擇上，亦經審慎考慮之後，才決定在蘭嶼最南端之一隅貯放。該處三面背山，一面向海，不僅天然屏障極佳，且人跡罕至。由於這些廢料係屬低強度放射性，又在鋼筋凝土結構中存放，極為安全。

原子能委員會管理人員方能安然工作其間,而當地距離最近的村落則在環山之外 5 公里之遙。

在貯存場啟用前後,原子能委員會均詳細偵測當地之輻射值以做比較。其結果顯示,因屏障得宜,其數值相差極微,貯存場所在地之輻射劑量甚至還低於台灣本島之自然背景輻射劑量。由此可證明蘭嶼住民不會受到低強度放射性廢料的傷害。

世界上有許多國家沒有核電廠但仍有低階核廢料貯存場。原因何在?因為現代社會除了核電廠外,醫院的醫療設備,如 X 光機、放射性治療及農業上殺蟲、滅菌都有所謂低階核廢料。國外民眾擔心的是高階核廢料,無人對低階核廢料過分在意。但台灣反核團體多半不知核廢料分為高階與低階,對蘭嶼貯存的低階核廢料也「誓死反對」,正是所謂庸人自擾。

高階核廢料

所謂「高強度核廢料」就是指核電廠使用過後的核燃料(俗稱「用過燃料」或「乏燃料」),或是其經再處理後所產生的廢料。我國並未採用再處理技術,故高強度核廢料主要是指用過燃料。由於用過燃料內所含部分放射性核種之半衰期長,故其棄置時必須考慮相當長時間的穩定性。所幸這種高強度核廢料僅占電廠放射性廢料很小的一部分(2%),所以並不需要很大的棄置面積。目前用過燃料均暫存於電廠內的用過燃料池,妥善隔絕與貯存,而無安全上的顧慮。至於未來的終極處置,自然更需要格外周詳的規劃,並應用謹慎而安全的方式加以進行,然而基本上並沒有技術上無法克服的困難。國外多考慮深層地質棄置法來處置其高強度核廢料。

核電廠的原子爐每一年半要更換 1/3 核燃料棒,將「用過」燃料棒由原子爐中取出換上「新」燃料棒。剛由原子爐中取出的用過燃料棒輻射很強,衰變熱很高,一般做法就是將其置於電廠內設計極為強固的「用過燃料池」,以水循環方式將其冷卻。在早年電廠設計時認為用過核燃料在池中數年輻射降低後即可取出再利用(Re-process)或置於地底永久貯存,所以燃料池的容量並不很大。但沒想到鄰避效應:Not in My Backyard, NIMBA,永久貯存地點到處碰壁,燃料池容量在電廠除役前即不敷使用。

乾式貯存

目前國際的標準作法是將貯於用過燃料池中數年，輻射已大幅降低的用過燃料棒取出，將其置於鋼桶中，外層再加覆鋼筋混凝土桶阻隔任何輻射，確保萬無一失，這就是乾式貯存。

目前全球已有二十個國家（美、俄、日、加等）有上百個乾式貯存場正在運轉中，證明極為安全。日本福島電廠也有用過燃料乾式貯存場，在311 大地震大海嘯的衝擊下，電廠發生核災，但乾式貯存設施承受了大自然最嚴苛的考驗，安然無恙。美國目前已有近 2000 個乾式貯存桶，分布於34 州近 70 個貯存場，十年內將倍增，在 2050 年會超過 10000 桶。

乾式貯存極為安全，通過日本 311 大地震考驗即為明證，全球用過核燃料乾式貯存正是標準做法，但在台灣就是行不通。台灣核一、核二兩廠用過燃料池均已「滿載」。台電多年前已開始規劃設立乾式貯存場，但十分不幸無法由地方政府（新北市）取得使用執照。台電迫於無奈只好將核一、二廠約 1000 束的燃料棒招國際標送往外國「再處理」。但「再處理」的核廢料除鈾、鈽外將於 20 年後送回台灣永久貯存，並沒有解決永久貯存問題。100 億只能解決 3 年問題，核二廠 2 號機將於 2023 年才除役，所以在北部核電廠除役前，還要再花數百億將用過核燃料運往國外「再處理」。考慮更長遠些，六部核能機組除役後燃料池中的用過燃料不成也要全部送往國外「再處理」？這天文數字叫人頭皮發麻。

用過核燃料乾式貯存是全球趨勢，新北市政府應立即改正在反核壓力下，以水土保持為由拒絕頒發核一廠乾式貯存場運轉執照的大錯。

2.3　輻射

游離與非游離輻射

不論是擔心核災還是核廢，民眾真正害怕的是輻射。人們特別害怕看不到，摸不著但會造成傷害的輻射。

　　與核廢料分為高階與低階兩種，輻射也分為游離輻射與非游離輻射。游離輻射能量高，會將分子之電子擊出其軌道而使分子離子化，有可能造成傷害。非游離輻射能量低，不會將分子離子化。無線電、行動電話、電視傳播都屬於非游離輻射。冬天在火爐邊覺得暖和也就是一種非游離輻射。但就算放射性物質會產生游離輻射也未必一定有害。自然界有許多放射性物質，人類生活其間，對健康並沒有影響，輻射是否有害，最主要是由劑量高低所決定。

　　許多人家中、各辦公室大樓及商場都裝了消防用的煙霧偵測器，煙霧偵測器就是以放射性物質造成游離輻射以偵測煙霧，但其劑量極低，對健康沒有任何影響。

輻射單位與輻射傷害

　　討論輻射要先討論輻射劑量單位。最重要的輻射劑量單位就是西弗（Sievert）。西弗是輻射頗高的劑量。所以一般以千分之一西弗（毫西弗）討論輻射劑量。

　　大自然處處有輻射，全球各地背景輻射未必相同，但平均而言，每人每年接受背景輻射為 2 毫西弗。

　　到底對健康沒有影響的輻射門檻（threshold）是多少？全球最完備現成的數據就來自廣島及長崎的災民。由災民在原子彈爆炸時離原爆點多遠，可計算出其接受多少輻射劑量，由此可得不同劑量造成的傷害。

　　由廣島長崎資料可知，接受 7500 毫西弗將導致死亡，4500 毫西弗有50%機會死亡，2500 毫西弗有顯著後遺症，1000 毫西弗導致血癌機會增加，250 毫西弗造成暫時性白血球減少，250 毫西弗以下臨床數據看不出影響，所以若以 100 毫西弗作為門鑑似為合理，以上數值均為單一集中輻射劑量所造成的後果。

　　醫院中放射性治療建議值為每月 100 毫西弗，其實很保守，但每年累積為 1200 毫西弗。

　　對核電廠工作員工，國內「游離輻射防護安全標準」規定每年不得超過 50 毫西弗，連續五年累積不可超過 100 毫西弗。但一般民眾規定是一年

不得超過 1 毫西弗。目前全球輻射法規是較科學數據嚴格 1000 倍，實在過於嚴格。

輻射傷害門檻

輻射防護有一個很重要的議題：輻射傷害是否有門檻？有門檻表示在某種劑量下的輻射對健康沒有影響，在此劑量以上的傷害則隨著輻射強度而線性增加。

世間多半事物都有門鑑，再好聽的音樂，如果音量放得極大，任何人都受不了，所以音量就有門檻。藥品更是如此，藥可治病，但藥物服用太多可能致命，在某劑量下則有益，所以用藥也有門檻。

但目前全球輻射防護法規都是以最嚴格的線性無門檻（LNT-Linear No-threshold）觀念制定。以一群人總共累積之劑量作為防護標準。

福島事故疏散標準

福島事故後，附近居民疏散標準為每年 2 毫西弗（與自然背景輻射值相同），事後檢討許多人認為太過嚴格，造成不必要的離鄉背井，許多老人甚至因遷徒勞累及心理壓力而過世，規定過份嚴格未必是好事。

國人並不擔心低劑量輻射

其實台灣一般人民也很聰明，對低劑量輻射也「沒在怕」，以下僅舉數例：

1. 大家都知道鉀有反射性同位素，香蕉是富含鉀的水果，一般民眾在吃香蕉時會有絲毫「可能增加輻射量」的顧慮嗎？
2. 台灣一般地區背境輻射每年在 2 毫西弗左右，但北投地熱谷溫泉區每年背境值高一倍而在 5 毫西弗，北投房價有受影響嗎？出售的房子如果有溫泉豈不是還要抬高價錢？
3. 台北紐約一趟飛行約接受 0.05 毫西弗的輻射量，空中小姐每週只要

來回出勤二次，每年就多接受 10 毫西弗的輻射量（背境輻射值的 5 倍）。但每次招考空姐都是盛況空前，百中取一，這些嚮往空姐生涯的漂亮小姐們害怕嗎？美國標準是飛行員每年最高不得超過 50 毫西弗（5 年累計不得超過 100 毫西弗）。

輻射食物？媒體誤導

未來進口日本輻射食物一定會造成很大政治風暴，民眾如此害怕核食很大的原因在於媒體誤導。

數年前，商業週刊有一篇「恐怖！輻射魚早上了你家餐桌」的文章，標題下得實在夠聳動了。

但該文有三點指控已由衛生福利部食品藥物管理署正式澄清與駁斥：

1. 商週說：「我國放射性元素銫污染標準每公斤 370 貝克高於韓國的每公斤 100 貝克。」
   衛福部聲明：「我國標準亦為每公斤 100 貝克，與韓國相同均為全球最嚴格者，美國及歐盟標準分別為每公斤 1200 貝克及 500 貝克。」
2. 商週說：「我國曾驗出日本進口綠茶粉每公斤放射性銫含量高達 321 貝克。」
   衛福部聲明：「日本輸入之食品未有輻射檢測值不符我國標準者（每公斤 100 貝克）。」
3. 商週指出：衛福部的政策是「絕不公開驗出輻射食品名稱、絕不公布廠商名稱、以及絕不說出舖貨通路」。
   衛福部聲明：「我國均將進口食品不合格者之相關資訊（包含產品進口商之商號、商品名稱及違法情節等資料）公布於該署網站」。

對照商週報導及衛福部澄清，真不知為何商週短短兩頁文章會錯得如此離譜？錯誤包括數字上的錯誤及文字上的錯誤。政府法規白紙黑字，清

楚明白，商週是真搞不懂嗎？

　　個人是很關心核能及輻射相關新聞的人，也是「無意間」才看到衛福部的聲明，到底有多少民眾看到？但反過來商週銷路極大（號稱每期 10 萬份以上），因每本雜誌不只一位讀者，錯誤訊息少說影響數十萬人。如果被反核網站引用，影響更大。

　　但自衛福部於發布澄清新聞稿以來，個人未見商週有任何更正及道歉的聲明。

　　媒體為社會公器，責任實為重大，應珍惜聲譽，實事求是。

2.4　核四

　　討論核電怎能不談核四：個人在《沒人敢說的事實》一書第五章專門討論核四相關議題。該書討論了核四爭論中最主要的幾個議題，如統包、設計變更、工期、預算、拚裝車等議題。該書出版於 2013 年，但萬萬沒想到 1 年後核四竟然遭「封存」。花了近 3000 億元，每年可提供 200 億度電力的核四，莫名其妙的就此停擺。

再談拚裝車

　　本書原不擬重複該書已討論之議題，但去年看到《沒人》一書討論過所謂核四是拚裝車議題，又被人拿來炒冷飯，認為有必要補充一些資料。

　　李遠哲在某次唐獎致辭時，強調核四是拚裝車，對其安全有疑慮。

　　個人在《沒人敢說的事實》一書中有一段：「像火力電廠、核能電廠這種極複雜工程，其上百設備由全球不同專業廠商提供，實為常態。這是所謂「專業分工」，也正是全球大型工程營建的常態。」口說無憑，個人僅將核一廠（沸水式反應爐），核三廠（壓水式反應爐）及台中燃煤電廠各選出十餘項重要設備及其製造廠商／生產國家列表於下。

表 2-1　核一廠設備供應廠商

設備	製造廠商	生產國
核反應爐	GE	美國
RCIC 泵	Binham	美國
RCIC 汽輪機	Terry Turbine	德國
包封容器	Hitachi	日本
餘熱移除泵	Ingersoll Rand	美國
餘熱移除熱交換器	Southwestern Engrg.	英國
放射性廢料糟	Alpha Tank	美國
放射性廢料槽除礦器	Illinois Water Treatment	美國
循環水泵	Ingersoll Rand	英國
循環水泵馬達	GE	美國
汽輪機	Westinghouse	美國
冷凝水泵	Nash Engrg.	美國
飼水加熱器	Yuba Heat Transfer	美國
柴油日用槽	Mitsui	日本
氣渦輪機	GE	美國
氣渦輪發電機	Hitachi	日本

表 2-2　核三廠設備供應廠商

設備	製造廠商	生產國
核反應爐	Westinghouse	美國
蒸氣產生器	Westinghouse	美國
蒸氣產生器支柱	IHI	日本
反應器冷卻水泵	Westinghouse	美國
汽輪機	GE	美國
勵磁機／發電機	GE	美國
緊急柴油發電機	Transamerica Delaval	美國
餘熱移除熱交換器	Joseph	美國
用過燃料池熱交換器	PX Engrg.	美國
核機冷卻水熱交換器	Struthers Wells	美國
主變壓器	Hitachi	日本
氣渦輪機	GE	美國
氣渦輪發電機	Hitachi	日本

表 2-3　台中燃煤電廠 9、10 號機設備供應廠商

設備	製造廠商	生產國
汽鼓式鍋爐	Mitsui Babcock	英國
鍋爐飼水泵	Hyundai Heavy Industry	韓國
鍋爐飼水泵趨動汽輪機	Mitsuibishi Heavy Ind.	日本
汽輪機	Toshiba	日本
冷凝器	Thermal Engrg.	美國
高溫高壓管線	Seong Hwa Industry	韓國
燃煤輸送帶	Nippon Conveyor	日本
煤場控制系統	Siemens	澳洲
分散式控制系統	Yokogawa Electric Co.	日本
冷凝水除礦系統	Impiantie Procedimenti	義大利
海水電解系統	Daiki Engrg.	日本
除硫系統	Ishikawajima Harima	日本
靜電集塵系統	Korea Cottrel	韓國
雜項熱交換器	Amer Industry	美國

　　由以上三表可看出不論是現有核能電廠還是火力電廠的重要設備，均由國際上不同專業廠商所提供。該三座電廠自完工以來均運作良好，不知這三座電廠是否也是李遠哲口中的拼裝車？核四廠重要設備也都是由國際上一流專業廠商所提供，硬指其為「拼裝車」，實有失大師風範。

核四與大巨蛋

　　這兩年台北市政府準備與遠雄大巨蛋 BOT 解約一事鬧得沸沸揚揚。報章雜誌都大幅報導。報導中一再強調大巨蛋造價 300 億元，不論未來如何收場，對此一耗費鉅資但完工遙遙無期，甚至可能面臨拆除命運的大巨蛋深表不值與不捨。

　　個人讀後又不免失笑。台北市政記者真是沒見過世面，300 億就不得了了？就值得呼天搶地？難道不知道台灣現在「有錢」了，執行許多「敗家」政策時，臉不紅、氣不喘，還博得熱烈掌聲？

遠的不說，就以「核四封存」為例：2014 年政府在「聖人」絕食，諸候壓力之下，「順應民意」將核四封存，怎麼沒想到核四建廠成本 3000 億元？核四封存的後果也是「完工遙遙無期」許多反核人士甚至也「拆之而後快」，命運豈不是和大巨蛋一樣？

個人為何說市政記者沒見過世面？核四造價 3000 億元可是大巨蛋造價 300 億元的十倍。今日心痛大巨蛋 300 億可能打水漂，而對造價 3000 億核四封存又何以無感呢？很重要的原因可能是「Out of sight, out of mind」，「眼不見為淨」。大巨蛋位於台北精華區忠孝東路，在國父紀念館之側，每天無數市民路過都看到柯政府的「政績」，想忘都忘不了。

核四遠在天邊，除了附近居民，有幾個人還記得封存的核四？封存的核四正是反核團體豐功偉業的紀念碑。核四封存打水漂的何止 3000 億元？核四可提供大量電力，經濟效益極大。核四每年發電 200 億度，即使保守以 40 年運轉年限計算，共可發電 8000 億度。以每度電 3 元計算，產值 2.4 兆元。電力是經濟活動的血液，使用電力造成經濟活動的產值更不知多少倍於電力本身的產值，在執行核四封存時，好像很少人細究這筆經濟帳。

媒體在成篇累牘報導巨蛋成本，痛惜民脂民膏之際，是否也可分些篇幅，對核四投以一些「關愛眼神」？如能因而喚起民眾記憶，促使政府從新考量核能政策則功德無量。

華爾街日報評論核四封存

在核四封存後，華爾街日報發表了一篇社論「Fukushima's Taiwan Fallout」「福島的台灣落塵」，對政府核能政策分析頗為透徹，其主要觀察與論點如下：

1. 台灣目前三座核電廠運作良好卻被迫除役。
2. 核四若就此放棄，不但台灣將喪失花費 100 億美元，可提供全台 10%電力的設施，台電並將破產。
3. 以再生能源取代核能，電價將上漲 40%。
4. 台灣能源供應安全將進一步惡化，天然氣存量只敷使用兩週。
5. 政府之核能政策純為政治考量。

該篇社論實為金石之言。真是當局者迷，旁觀者清。可嘆的是錚錚之言國內極少報導。

核四宜存不宜廢

2014 年核四封存時期約 3 年，2017 年三年期限已滿，核四最終命運到底如何，要繼續封存還是廢廠拆除也引發了熱烈辯論。

以反核團體而言，核四為眼中釘，肉中刺，必除之而後快。提出建議不外將核四廠址改建火力電廠或直接歸還原地主。無論採取何一方案的先決條件都是將核四廠拆了當廢鐵賣。

核能電廠都是量身訂做，建廠很貴，拆了當下腳料賣，1/10 價錢都賣不掉，還要貼上巨額拆廠費用。

台電目前帳上累計虧損 1200 億元，若將核四廢廠，將建廠費用 2800 億元一筆勾消，兩者相加 4000 億元大於台電資本額 3300 億元，台電立刻破產。但台灣又不可能讓台電破產斷電，這筆財務黑洞也只好由全民買單。

反核人士反核最主要理由有二：一為核災，一為核廢。以核災而言，台電在日本福島事件發生後建立「斷然處置」標準程序，即使在台灣發生如福島般的地震海嘯（其實依台灣地質條件兩者皆不可能），台電也不惜引海水注入反應爐，即使因而將反應爐報廢也要確保輻射物質不波及廠外，核災的全部損失就是折舊後的建廠成本。但要動用「斷然處置」手段的機率小於千萬分之一。今日立馬將核四廢廠，則損失全部建廠成本機率為百分之百。

以核廢料而言，核四運轉當然會產生核廢料，但問題是難道廢了核四台灣就無需處理核廢料？現有核一到核三廠運轉三十年的核廢料不用處理嗎？以大家最關心的高階核廢料（用過燃料棒）而言，深層地質處置的主要費用在於挖 500 公尺的深井（貯存現有核廢料），而不在於加大 500 米深處之最終貯藏場所（貯存新增之核四廢料）。核四運轉每度電提撥的後端處理費用也可解決目前因核電提前除役所造成的核廢處理成本缺口。由以上核災及核廢分析，到底應讓核四運轉還是將其拆除豈非不辯自明？

今日蔡政府明訂 2025 年非核家園還將面臨另一巨大挑戰：如何填補現有核電每年 400 億度的無碳電力？如何達到向國際社會承諾的減碳目標？目前蔡政府大計是在 7 年內花 2 兆元設置 2000 萬瓩（20GW）的太陽能及 420 萬瓩（4.2GW）的風能以提供 400 億度的無碳電力。但以目前政府盤點全國可設置太陽能的土地面積，及日前彭博能源財務研究團隊指出離岸風機將面臨融資瓶頸兩項限制，兩者最多可提供 100 億度無碳電力。核四兩部機每年可提供 200 億度無碳電力，加上現有核電廠的 400 億無碳電力，核電共可提供 600 億度無碳電力，豈不遠勝蔡政府焦頭爛額推動，奇貴無比但貢獻有限的無碳綠電？

當然目前蔡政府死鴨子嘴硬，絕不承認達不到其綠電目標。但國際減碳承諾決非兒戲，何不騎驢找馬，一方面維持現有核電廠並繼續封存核四，一方面建設綠電。若 2025 年正如蔡政府規劃，綠電價美物廉，大放異彩，甚至超標，再將現有核電全數除役並將核四廢廠不遲。何必急於現在卸磨殺驢，拆除核四？

保存核四，為台灣未來保留一點彈性，一線生機，豈不是號稱最愛台灣的蔡政府至少可做到的？小英總統到底認為民進黨反核神主牌重要還是台灣前途重要，全民都在看。

2.5　反核與限電

近年瀕臨限電原因

2016／2017 兩年夏天，供電極為吃緊，2016 年 5 月 31 日備轉容量率低到 1.64%，2017 年 8 月 15 日竟然發生了全台 668 萬戶大停電事故。發生大停電後，台灣已被國際社會以懷疑的眼光看待，歸類於一個連供電都搞不定的第三世界國家。今後不但外資將遲疑於來台灣投資，本國企業恐怕都會爭相外移。

台灣為何陷於供電險境，甚至發生大停電，完全是不知其所以然的反核政策所造成，也可說是蔡政府的自作孽。先由北部兩座核電廠四部機談起。核一廠 1 號機在 2014 年底大修時發生燃料棒把手脫落的小瑕疵，在大

修中已予修復。但因社會上反核聲浪強大，立法委員為彰顯反核立場，竟然阻止該機組在大修完成後正常運轉。同樣命運也發生在核二廠 2 號機，該機組在 2016 年 5 月大修時非核能設備也發生小事故，在大修完成後也遭立法院橫加干涉停止運轉。

核一、核二這兩部機裝置容量共 162 萬瓩，若以近年夏季尖峰負載 3600 萬瓩計算，占備轉容量 4.5%，若這兩部機正常運轉，2016、2017 兩年雖然供電仍吃緊，但不至於瀕臨限電邊緣。

避免限電緊急措施

蔡政府當然也急得滿頭大汗，手忙腳亂的祭出許多「非常手段」，避免發生限電。這些非常手段包括提前使用尚未完成驗收程序的新建燃煤機組（大林、林口）先行供電，陷台電於違約險境。又將本該屆齡除役的老舊火力機組（協和、大林、通霄）在被指責違反環保承諾的狀況下予以延退，繼續供電。

另一方面，修改汽電共生管理細則，允許熱效率低於法規的汽電共生機組供電。在中午用電高峰時一方面冒險讓發電機組超過設計值運轉，另一方面又降低電力品質（降頻、降壓）供電，殺手鐧是以高價鼓勵電力大用戶在尖峰時刻減少用電。更荒謬的是在環評大會推翻環評小組不予興建的結論而允許在大潭電廠增設「緊急」單循環燃氣機組。誰說台灣沒有限電？沒有上述任何「非常手段」台灣早已限電。

矛盾的核安標準

行政院長林全當然了解供電情勢危急，在 2016 年即提出恢復核一廠 1 號機運轉之議，但立即遭反核立委及反核團體以安全理由堅決反對。小英總統不敢得罪「反核」鐵票，立即打臉林全，令其撤回原議。

但 2017 年核三 2 號機大修時也發生燃料棒墜落意外，依核一、二廠大修出狀況，為「安全」理由不予啟動先例，該核三機組也應停止運轉。但十分弔詭，在供電極為吃緊的態勢下，反核立委及反核團體配合政府全面

噤聲，以「反核」為天職的蔡政府，竟然不顧「核安」而同意該機組在大修後立刻恢復運轉。政府及反核團體立場前後矛盾的醜態在此一事件中暴露無遺。

和平輸電鐵塔倒塌事故

2017 年 815 大停電震驚社會，但上天實在很眷顧台灣，在 815 大停電前 2 週就先給了台灣警告。但蔡政府就是充耳不聞，掉以輕心，終於導致 815 大停電。在大停電前兩週的 7 月 29 日，位於花蓮的民營和平電廠輸電鐵塔，在尼莎颱風之狂風暴雨侵襲下例塌。和平電廠兩部機裝置容量 130 萬瓩，占全台電力系統裝置容量 3%，台電供電原本就捉襟見肘，少了這 3%立即面臨限電危機。

更要命的是和平電廠屬於北部供電系統，在北部 4 部核電機組有 3 部停機的狀態下，北部原本就十分依賴南電北輸，和平電廠供電中斷更將南電北輸逼入不安全的險境。其實要解決此一問題也不困難，大修後遭立法院叫停的核一、二廠兩部機裝置容量 162 萬瓩，只要這兩部機恢復運轉，立即可解除和平電廠輸電鐵塔倒塌危機。但堅持反核理念的蔡政府說什麼也不肯重啟核電機組，還一再狡辯缺電不是電力不夠而是電網問題。試問如果該兩部機組上線，台電供電不是立即升為較安全的燈號，怎麼不是電力不夠？蔡政府一方面不願重啟核電，一方面又怕限電，使出的招數竟然是命令全國公務機關在大夏天下午最熱的 1～3 點停用冷氣，並鼓勵民眾到賣場吹冷氣，愚蠢政令真令人嘆為觀止。

將帥無能累死台電

蔡政府吃了秤錘鐵了心，不顧全民及全國工商業，就是堅持反核。可憐的是全國公務員，在 38 度高溫下還得配合反核黨綱，乖乖聽命關冷氣，揮汗從公。

其實最慘的是台電員工，政府高官不自我反省，反而多次放話要「懲處失職人員」。

　　為了遵從上級命令，又要維持穩定供電，台電上下可真是拚了老命，使出混身解數才保持勉強不斷電的局勢。台電的「非常」手段包括冒著違約風險，提前使用尚未驗收的林口、大林等新機組發電。延退運轉超過 40 年的協和、通霄及大林（舊）等機組。

　　其實任何新機組都有所謂磨合期，延退機組也因設備老舊運轉風險較高。表面上增加了備用／備轉容量，但增加的是沒有經驗的新兵及本該退伍的老弱殘兵，其實增加了供電風險。為了維持供電，台電還有一招是「超標運轉」，就是使機組在超過原設計值情況下運轉，多擠出一點電力。但超標運轉沒有代價嗎？近日機組接連故障，破管，是否因長時超標運轉所付出的代價？

　　一波未平，一波又起，在和平鐵塔未修復前，台中一號機又破管，台電維修人員在半夜三點鍋爐溫度尚在 50°C 時即穿戴笨重消防衣，冒險進入鍋爐內搶修，創記錄使機組在破管後一天即修復供電。否則供電必亮「黑燈」，全台進入「限電準備」。

　　台電員工如此努力，使命必達，換到的不是嘉獎而是長官放話「嚴懲失職人員」。

　　2016 年一群毫無電力知識的環保人士組成所謂「開放台電團隊」，在政府鼓勵之下，盛氣凌人的質詢台電。台電員工忍氣吞聲，低聲下氣的「配合調查」，專業人士看了無不寒心。

　　該團隊提出不知所云的所謂「缺電九匹狼」報告，還博得林全院長的感謝。

　　所謂「風吹草偃」是說在上位者的一舉一動都會影響人民。今日政府種種打擊專業，聽信外行的舉動對台灣社會已造成極為不良的示範。

　　供電紅燈是一回事，政府如何面對紅燈是另一回事，政府不肯認錯還要硬拗，對台灣社會造成不良示範是更嚴重的二次傷害。

基載電廠不足造成 815 大停電

在和平電塔事故兩週後,台灣終於在 8 月 15 日發生了睽違多年的大停電,815 大停電後,林全院長在立法院說:此次停電是電網問題,再多核電都不能解決停電問題」。果真如此?

815 大停電暴露了台灣電力結構一個最根本的問題,這一根本問題才造成了 815 大停電。

試問為何到了傍晚 5 點,大潭電廠六部燃氣機組還不能「休息」而全力運轉?大潭電廠是燃氣電廠,電力結構中的燃氣電廠是作為中/尖載機組使用,根本不應該如目前般 24 小時發電,當基載電廠使用。但由圖 2-1 中可明顯看出燃氣電廠(黃色部分)24 小時不停發電,當基載電廠使用。

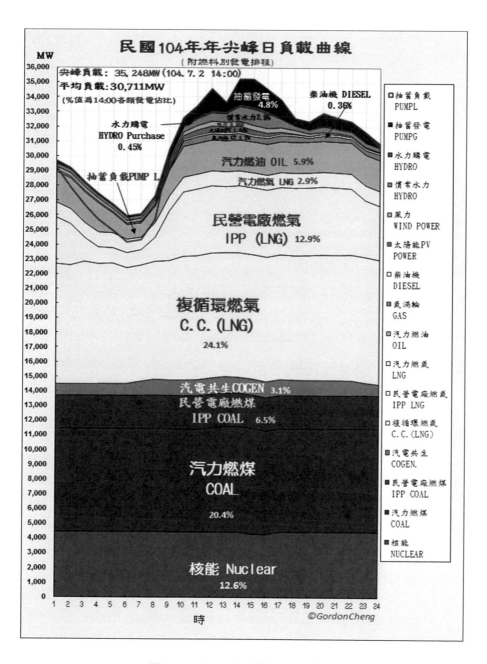

圖 2-1　2015 年尖峰日負載曲線

彩圖詳見 P279

　　許多人可能不了解何謂基載電廠，中／尖載電廠。簡單說，基載電廠就是發電成本低廉但機組昇降載緩慢的電廠，在台灣就是核能及燃煤電廠。中／尖載電廠就是發電成本高昂，但昇降載快速的電廠。在電力結構中，兩種電廠都需要，各司其職。基載電廠提供 24 小時的穩定便宜電力，但白天尖峰用電時段用電量較難預測，所以使用發電成本高昂但可靈活調度的中／尖載（燃氣）電廠快速昇降載，以配合尖峯用電需求。

　　個人多年來一再警告台灣電力系統基載電廠嚴重不足。受環保團體多年洗腦誤導，社會上反核、反煤情結太過嚴重。過去十多年來，不用說沒有新的核能機組完工，也極少新燃煤機組完工。過去十餘年的電力需求成長完全依靠大規模興建燃氣電廠來因應。大潭六部燃氣機組就是在這一時期興建完工。同期成立的九家民廠電廠中，有七家是燃氣電廠。在發電成本低廉的基載電廠極端不足的電力結構下，台灣電價怎能不漲？

　　以 815 大停電而言，當時大潭六部機組共 438 萬瓩全力運轉。若核一、二廠兩部被立法院「叫停」的機組正常運轉（共 162 萬瓩），大潭只要 4 部機組運轉，若核四廠 1 號機（容量 135 萬瓩）未遭封存也正常運轉，大潭只需要 2 部機運轉。大潭 2 部機縱然跳機，也不至於發生低頻跳機，發生大停電事故。增加核電及燃煤電等基載機組並增加備用容量，815 大停電就不會發生。

　　當然電力調度考慮因素極多，以台灣今日電力結構，即使上述核電機組上線，也未必將大潭機組優先下線。但如果電力結構建全，基載電力充足，大潭電廠回歸為中尖載機組，發生 815 大停電事故機會即大幅降低，即使發生後果也不會如此嚴重，則為不爭的事實。

基載電廠有如先發投手

　　如前述，我國電力真正最大問題是基載電廠（核能、燃煤）不足。但蔡政府能源政策完全反其道而行，不但廢核（綠電取代核電），在 2025 年也規劃將發電占比約 50% 的燃煤降為 30%（氣電取代煤電）。不知推動這種無厘頭能源政策的蔡政府是何思維。

　　吾人可將基載電廠比喻為先發投手，以中／尖載電廠比喻為救援投手。

　　先發投手可獨撐六局，救援投手勉強可投一、兩局。但某火星人完全不懂棒球，接手球隊後，提出「新投手政策」。認為不應集中押寶先發投手一人，而應採取「分散式投手政策」，降低風險。九局球賽中，由九位救援投手輪番上場。先發投手不是遭資遣就是坐冷板凳。在某次球賽破記錄的大輸 100：0 後，該隊經理在賽後記者會中還死鴨子嘴硬，重申仍將堅持「新投手政策」，不會動用「先發投手」。

　　這種經理人似乎搞不清楚本身位子可能不保。

815 大停電台灣國際聲響毀於一旦

　　建立好名聲很困難，但好名聲很容易毀於一旦。

　　有些國際媒體的影響力極大，如美國的紐約時報，華爾街日報及英國的經濟學人等都是。

　　很不幸，815 大停電次週 8 月 19 日出版的經濟學人，極詳細的報導了台灣 815 大停電。有道是好事不出門，壞事傳千里，經過經濟學人的報導，台灣數十年來供電無虞的形象，毀於一旦。

　　最糟糕的是經濟學人明確指出 815 大停電是人為因素，是「無能」（result of incompetence）所造成。經濟學人報導，因蔡政府堅持反核黨綱，現有六部核能機組中三部停擺，新建成的核四廠也遭封存。蔡政府寧可命令全國公務人員下午關冷氣，也不願重啟核電。這些消息國人無人不知，但台灣有如此愚蠢政府卻是第一次披露於全球各國之前。

　　台灣人民見怪不怪已習慣這些無厘頭政策，但試想如果我們讀到一個外國政府寧可關閉電廠也不讓人民用冷氣，是否會覺得匪夷所思？不但會暗笑世界上竟有這種荒唐事情，也不解該國人民怎麼會選出這種政府。

　　小英總統向來崇尚國外媒體，以接受其訪問，讓世界看到台灣為榮。但此次大停電事件，使世界看到台灣，小英總統卻悄然無聲，恍若未聞。停電次日，彭博資訊也有更深入的報導。對政府堅持非核家園，降低煤電占比，反而增加再生能源及氣電占比提出尖銳質疑。指出蔡政府不理和平電塔倒塌的供電警訊，一意孤行，才造成 815 大停電。

分散電源不可行

彭博指出小英總統雖在臉書道歉,但仍堅持「分散能源」才是解決大停電的藥方。國人讀了小英聲明恐已麻木,外國專業人士讀了又有何種感想?

離岸風力及大規模地面型太陽能都是「集中式」電源。真正「分散式」電源只有屋頂型太陽能。台灣全島約3百萬屋頂,扣除朝北或南面被遮的屋頂,約1百萬屋頂有可能裝太陽能,就算達到"陽光屋頂百萬座"的偉大目標,總裝置容量約3百萬瓩,每年可發33億度電。但目前台灣電力系統每年發電2200億度,百萬屋頂只能提供1.5%電力。這就是總統提出的藥方?唬得了一般民眾唬不了國內外專業人士。

彭博說大停電使總統喪失了「可信度」,如果人民真的了解總統的藥方,小英總統的可信度將降至趨近於零。

總統就算不聽國內專業人士建言,對國際友人意見也應虛心採納。

核電原可供北部一半電力

以上是由全國角度檢視這幾年因「反核」造成的供電危機,但受「非核家園」影響最大的是北部地區。

全台系統用電約2200億度,其中北部(新竹、宜蘭以北)用電占40%,每年約900億度。核一、二廠4部機每年可供電250億度,核四廠每年可供電200億度,若核一、二廠延役,核四商轉,這三座核能電廠每年可供電450億度,足夠滿足北台灣50%電力需求,這也正是2011年的台電規劃。但2011年底政府宣布現有核電廠不延役,2014年又宣布「核四封存」,全盤打亂台電規劃。

非核家園將原可提供北部50%電力的三座核電除役/封存,其影響絕大多數人民完全不了解,但是後果極為嚴重的國家悲劇。廢核後北部電力只好依賴中電北送,全部由火電供應,不但增加供電風險,北部工業產品碳足跡頓然增加一倍。

核電停機增加發電成本及碳排

　　目前核一、核二各有一部機在人修後被迫停止運轉,加上因乾式貯存場無法取得執照,無法運轉,被迫提早除役的核一廠 2 號機,裝置容量共計 225 萬瓩,每年本可發電 175 億度。此三部機組無法運轉只好以燃氣機組取代,每年發電成本增加 400 億元,碳排增加 7 百萬噸,這些數據似也無人知曉,無人關心。

　　社會每一環節在正常運作時,都無人聞問,有如只有牙痛時才關心牙齒。今日台電供電全國注目,台電要祭出各種緊急手段來確保供電就表示供電出了大問題。

　　孫子兵法有云:善戰者、無智名、無勇功。在供電充裕時,台電根本不需要使出全身解數「確保」供電。確保全國供電自然是艱巨任務,但往年台電是「舉重若輕」,不必如今日般的表演特技。

　　報載林全院長親自督軍,每天看台電供電報表。院長分神於本來只要台電負責的供電,一定會擔誤其他政務,絕非台灣之福也非全民所樂見。民進黨政府應嚴肅考慮「反核黨綱」的存廢,應帶領全民走向充足供電的康莊大道,而非引領人民走向缺電的崎嶇小道。

能源團隊豬隊友

　　和平電廠輸電鐵塔倒塌之後,因連日陰雨高溫降低,供電餘裕超過 90 萬瓩,並未亮紅燈。經濟部李部長掛的保證未立即破功,也保住了官位。

　　部長謝天謝地之餘,最應該感謝的是全國數十萬公務員。在三伏日子,停用冷氣,揮汗從公,終於保住了部長的烏紗帽。

　　但是這算不算做弊?部長當初保證今夏供電不亮紅燈,可不包括公務機關停開冷氣這一招。這還不叫限電,什麼叫限電?其實經濟部閃避限電的另一重要招數是以每度 10 元到 12 元的價碼,施實所謂「需量競價」。跪求工業界在尖峰用電時停止生產,以壓低用電。

　　經濟部長的首要任務不是要發展經濟嗎？為何淪落到花大錢哀求工業界停止生產？大概是要配合總統選前政見，將電力備用容量率由15%砍半為7.5%。小英當時以總統候選人身分接受媒體採訪時，信誓旦旦的說備用容量率降為7.5%也不會缺電。

　　台灣目前電力系統淨尖峰能力4113萬瓩，2017年尖峰用電3617萬瓩，備用容量率約14%，怎麼就逼近「限電」了？就算不計核一、二廠被莫名其妙停用的兩部機組，備用容量率還是有10%。經濟部要達成小英總統宣誓的7.5%備用容量率，又不缺電的目標，看起來難度很高。

　　小英總統當然不是能源專家，針對能源事務發言，都是由其「能源團隊」所提供。總統也十分自豪於其「能源團隊」。多次向外商團體拍胸保證其能源政策是由「能源專家」所組成的「能源團隊」所規劃。大家「安哪」。她上任後台灣不會缺電，可以放心在台灣投資。但不幸的是後院失火。今年工總白皮書很不配合的全面質疑政府能源政策，批評得一無是處。如果國人都沒有信心，外商可能在台灣加碼投資嗎？

　　經過815大停電折騰，總統是否慢慢認清其「能源團隊」其實是豬隊友。成事不足，敗事有餘。「能源團隊」所提出的降低備用容量，發展氫能，以綠電取代核電，能源配比目標，無一不是災難性政策。現在供電出了大事，其「能源團隊」召集人，現任科技政委吳政忠，則龜縮一邊，一聲不吭。

　　讓總統最火的可能是駐日代表謝長廷。在全台面臨限電危機關頭，提油救火，很白目的在日本說了老實話：2025年非核家園後，電從那來「還不知道」。

　　塞翁失馬焉知非福。總統如因2017年限電、停電危機，效法韓國文在寅總統修正反核立場，深刻檢討並改正其豬隊友的「新能源政策」，或可救台灣於水火。

2.6　能源政策考量

能源政策 3E 考量

為何在專業人士中，許多人不但認為台灣不應廢核，核能甚至是首選？這要由能源政策三原則（3E）談起，3E 是能源供應安全（Energy Security）、經濟成本考量（Economics Consideration）及環境考量（Environmental Protection）。能源提供社會動能及熱能。人類沒有食物難以生存，社會缺乏能源也無法運作。

能源政策三原則可用食物相比較。以食物而言，最重要的是有沒有食物可吃，如果沒有食物，其他什麼原則都是空談。以能源而言，確保能源供應安全當然是能源政策的首要原則。以食物而言，第二項要考慮「貴不貴」，如果糧食價格高昂，根本買不起，其實已經違反了第一個原則，所以價格顯然是第二考量。能源政策也以價格為第二考量。如果電價油價高漲，工業與民眾無法負擔，則有如缺電缺油。以食物而言，第三個考量才是其是否對健康有不良影響，如是否導致高血脂等等。以能源而言，第三個考量才是環境保護，即考慮是否有空污及碳排等。全世界國家無不以 3E 制定國家能源政策的最重要原則。

台灣特立獨行，能源政策是「環保」掛帥，其他兩個原則不是完全不顧（如成本考量）或並不重視（供應安全）。

以電力而言，不外乎核電、煤電、氣電及綠能（風力、太陽能）。在此僅以 3E 檢視這 4 種供電方式。

能源供應安全

以能源供應安全而言。要先了解台灣能源 98% 依賴進口，所謂自產能源主要是水力及生質能（垃圾焚化爐）。四種電力中，以核電而言，每次大修更換一批次核燃料可確保供電 1 年半，燃煤有 30～45 天安全存量。台灣進口的天然氣是液化天然氣，在產氣國輸出前要先將天然氣降溫到

-162°C 再以特殊輪船海運抵台，儲存在可保持-162°C 之特殊儲槽，不像燃煤可就地儲存。台灣儲氣在冬天可供應 2 週存量，但在夏天用電尖峰時，只有 1 週存量，多年前曾發生一艘輪船延遲，造成無預警斷電，台電董事長引疚辭職。氣電對台灣供電穩定而言，明顯劣於核電及煤電。綠電（風能、太陽能）不需進口燃料，但問題在於風能及太陽能都是人類所不能操控的不穩定能源。以風力而言，風速太小發電效率極低，颱風來時為保護風機也要停機無法發電。太陽能夜間當然無法供電，在雨天甚至陰天也無法供電，以確保能源供應而言，在四種發電方式中最不穩定。

發電成本考量

以第二個 E 發電成本考量，四種發電方式之成本由低至高排序為：核電、煤電、氣電及綠電。2012～2016 年五年每度電平均發電成本，核能為 0.9 元、煤電為 1.3 元、氣電為 3.2 元。再生能源在這五年成本下降不少，2017 年能源局躉購費率地面型太陽能為 4.5 元，離岸風力為 6 元。

蔡政府規劃在未來 7 年（到 2025 年），以 2 兆元成本達成太陽能 2000 萬瓩（20GW）離岸風電 300 萬瓩（3GW）裝置容量，但花 2 兆元的結果也不過使兩者在未來 20 年每年提供 350 億度的無碳電力。

但只要花 500 億元就足以完成目前三座核電廠延役 20 年的改善工程，同樣也可以提供 20 年每年 400 億度的無碳電力。

與執行核電延役所花的成本相較，設置綠能的 2 兆元豈不完全是投資浪費？

核四兩部機建設成本 3000 億元，每年可提供 200 億度無碳電力。核四 1 號機可說是完全完工只待試運轉驗收，2 號機完工比例也很高，在封存後重啟可能要花 300～500 億元才能完工，但與發展綠能浪擲 2 兆元相較，絕對值得恢復施工。

燃煤發電與燃氣發電成本相較重點在於煤價與氣價比較。以美國為例，近年開發由頁岩採氣技術，頁岩氣大量生產，市場供過於求，氣價大跌，燃氣發電成本低於燃煤發電成本，電力公司一窩蜂的興建燃氣電廠。

　　以歐洲而言，天然氣以輸氣管由俄國進口，加上數千公里的輸氣費用，氣價自然高於原產地俄國及生產天然氣的美國，但天然氣在輸氣管中保持氣態，輸氣增加的價格仍為有限。天然氣價格最高的是東亞國家：日本、南韓及台灣，這些國家無法以輸氣管由產氣國進口天然氣只能靠海運。但以海運運送氣態天然氣運輸量太小，解決之道是在產氣國先將天然氣液化，減少其體積再以特殊液化天然氣運輸船遠渡重洋運到日、韓、台。因液化成本及運輸成本均高於天然氣成本，這三國進口液化天然氣價格就高於產地氣價數倍。所以即使目前氣電在美國成本低於煤電，在台灣氣電成本仍比煤電成本高出 1～2 倍。

　　東亞國家進口液化天然氣價格與國際油價掛勾，近年因美國成功開發由頁岩取油造成國際油價大跌，東亞國家進口液化天然氣價格也大跌。但影響國際油價的因素很多，如全球用油成長速度，石油基礎建設投資速度，國際政治情勢，所以國際油價起伏無人可預測，今日國際油價低迷，不保證未來 1 年、5 年、10 年、30 年油價永遠低迷，同樣也不保證液化天然氣價永遠便宜，將電力建設押寶天然氣極為危險。

　　反之煤礦在全球蘊藏量極大，可供人類開採使用數百年，無虞匱乏。全球煤礦分布也十分平均，國際煤價遠低於液化天然氣價格。煤價近年也大跌，未來或有波動但因全球供應量極大，漲幅與波動均小於液化天然氣價格。由以上討論可知由 3E 的第二個考量：經濟，四種發電方式優劣十分明顯，發電成本由低至高排序為：核電、煤電、氣電及綠電。

環保考量

　　3E 的第三個考量是環境保護。目前民眾關心的環保議題有二：一為空污，一為暖化。

　　空污是地方性問題，暖化則為全球性議題。空污是「自作自受」，暖化則為「自作他受」，何以如此？

　　以空污而言，大家關心的是硫氧化物（SO_x），氮氧化物（NO_x）及懸浮微粒（PM2.5 等），SO_x 會造成酸雨，NO_x 會造成煙霧，PM2.5 對健康有影響。此三者在工廠或汽機車排放後在大氣停留時間都不長，很快就會降

回排放源的地表，所以是一個「自作自受」地方性環保議題。造成暖化的二氧化碳（CO_2）則會隨大氣層氣流在 1 年間平均散布全球，此外，CO_2 在大氣中停留超過百年以上，所以全球任何地方排放的 CO_2，最終都是「全球共享」。在 CO_2 均勻散布全球後，對排放源的影響比例極小，暖化後果反而是全球承擔，所以說是「自作他受」。核電、煤電、氣電、綠電四者中由環保考量而言，當然核電、綠電最優，因為兩者都沒有空污源及 CO_2。既然核電、綠電然環保在評分勢均力敵，就沒有理由非以發電成本高過核能 5 倍。將造成每年發電成本暴漲 1600 億元的綠電來取代核電。

以煤電與氣電相較，若未裝設空氣品質控制系統（Air Quality Control System，AQCS），煤電當然較氣電造成更多空污。但台灣燃煤電廠的建廠費用中約 1/3 是花裝置在 AQCS 設備以符合法規，台灣環保法規嚴格程度絕不下於歐美日等國。台灣本身並無製造電廠設備的重工業，不論台電或民營電廠 AQCS 設備都由上述先進國家進口，完全合於國際標準。日本在 311 福島事件後，大東京地區需電孔急，日本電力公司就在東京週遭建設了 5 部極大型燃煤機組，近年台灣民眾因煤電空污而反對煤電建設，與日本民眾相較，顯然反應過度。

火力電廠一般空污可由加裝 AQCS 設備解決，但不論煤電或氣電的碳排目前都沒有經濟可行的減碳方式。依機組新舊不同煤電機組與氣電機組每度電碳排並不完全相同，但假設煤電每度碳排 0.8 公斤，氣電每度碳排 0.4 公斤與實際數字相去不遠。

我國政府受環保團體影響，為了減少碳排，多年來總是優先新建燃氣機組，以增加氣電減少煤電作為全球減碳重要手段。但過去 5 年煤電氣電每度電差價約 2 元。表示為了減少 0.4 公斤（燃電、氣電每度電碳排差異）要花 2 元代價。減碳 1 公斤代價 5 元，減碳 1 公噸代價 5000 元（約 170 美元）。歐盟有世界最大碳交易市場，多年來碳價每公噸不到 10 美元，我國溫室氣體減量條例（溫減法）也以每公噸碳價 500 元台幣（17 美元）作為計算罰則的基礎。由以上數據可明顯看出花 5000 元減一噸碳的以氣電代煤電政策又是另一個重大政策失誤。

綜合考量

綜合以上 3E 考量，核電可提供穩定電力，價格最為低廉，又是最乾淨的能源，完全符合了 3E 條件，無怪乎真正了解能源的專業人士都將核電列為電力首選。

煤電可提供穩定電力，價格次低，在環保要求上遜於其他發電方式，但經加裝 AQCS 設備可解決地方性空污，碳排對環境衝擊若以國際碳價計算而加上「外部成本」也極有限，應列為電力第二選擇。

氣電供應安全較差（夏天只有 1 週存量），價格又很貴，碳排雖較少但經以上討論可知並非合宜的「減碳手段」，所以應列為電力第三選項。

綠電天生不穩定，又是天價，唯一優點就是「環保」，在台灣與前三種發電方式相較只能列為最末選項。但今日政府能源是以排名第四的綠電取代排名第一個核電，以排名第三的氣電取代排名第二的煤電。能源政策的錯誤在以 3E「照妖鏡」的檢視下，一覽無遺。

2.7　對產業界的期許

2015 年筆者曾受邀在電機電子同業公會（電電公會）會員代表大會發表「台灣的能源危機」專題演講。

30 分鐘的專題演講要談台灣的能源危機時間實在太短，個人對各議題也只能點到為止。重點在於強調國內能源最大問題在於基載電廠（核能、燃煤）極端不足，將造成電力不穩、缺電及電價飛漲的後果。

能源有個特殊現象，太多從未從事能源事業的人竟然自以為很懂能源，很喜歡對能源議題「發表高見」。另一方面一般人難辨真偽，竟然相信一些一知半解，瞎子摸象式的「專家之言」。這倒不是台灣特殊現象，在全球都有此一奇怪現象。但此一現象在台灣造成的傷害最為嚴重，何以致之？

在國外，固然有許多關於能源與氣候的錯誤資訊，同時也有許多正確資訊。一般民眾有機會接觸正反資訊，不易被一面倒的錯誤資訊所誤導。

為何在台灣正確資訊如此稀少？原因在於我國能源機構本質與國外不同。國外能源公司，不論是石油產業還是電力產業多為私營公司，可由專業角度，運用公司資源，強力闡述正確資訊，教育人民。如果政府「能源政策」錯誤，私人產業也可不假辭色展開辯論。

台灣不同，不但主管能源機構如經濟部、能源局為政府機構，就是台電、中油也為國營企業，如果政府能源政策定調：以綠電取代核電、以氣電取代煤電，在政府系統下之機構及公營事業即使知其有重大錯誤，也不敢公然抗辯。

另一方面公營事業做事綁手綁腳，以台電公司為例，即使在政策夾縫中想依賴媒體廣大影響力傳布正確資訊也受制於立法院，試舉兩例：

多年前，台電曾於國內各大報刊登半版廣告，對某位反核學者之錯誤言論提出申辯，次日即被民進黨立委召至立法院「教訓」，質問刊登廣告經費出自何處？

有一陣子台電在電影院也曾播出提醒缺電危機的政令宣傳短片。個人在立法院公聽會上即目睹民進黨立委要經濟部長及台電董事長劃押承諾凡播出一部正面政令宣導短片，必須同時播出宣導「反核」之短片，令人啼笑皆非。

由以上我國「國情」即可知為何國內媒體充斥錯誤資訊，真正具備能源正確知識的國營事業等完全無法利用大眾傳播管道，長期、大量的宣導正確知識。能源話語權完全掌握在反核及環保團體手中，造成全國各界的錯誤認知。

台灣別無選擇，向下沈淪是唯一命運嗎？當然不是！

我國全國用電製造業占了 50%，單單電電工會會員用電即占了全國用電 20%。電力結構出了大問題（核能、燃煤占比不足）造成發電成本飛漲的最大受害者正是工業界。近年，因為基載電廠不足造成發電成本暴增 1500 億元，其中 750 億元即由工業界負擔（電電公會會員負擔 300 億元）。

在國外除能源產業外，用電最多的工商團體也極為關注能源議題。以美國最大的工商團體 US Chamber of Commerce（美國商會）為例，對能源議題不但有堅定立場，也強力與國會議員溝通並大力贊助正確能源知識的傳播。

　　2017 年底公投法修正，連署成案人數門檻大幅降低為選舉人總數之 1.5%（28 萬人）。核四命運，甚至非核時程，均可經由公投結果改變。重點在於只有民眾正確了解能源議題，方能基於正確知識在投票時做出正確抉擇。但宣導正確能源知識，則有賴長期大量正確資訊之傳播。

　　在我國能源產業為國營，無法投入大量資源傳播正確資訊的現況下，工業總會，電電公會及工商協進會等重量級產業工會一方面救產業，一方面救國家，應有強大動機投入資源（與每年增加電費相較實為九牛一毛），加強利用媒體，長期性的傳播正確能源相關資訊。若我國產業界無此認知，不知效法美國產業界之作為，台灣恐真的只有向下沈淪一途。

第二篇

氣候變遷

第 3 章　全球暖化與 IPCC 報告

第 4 章　溫昇目標之科學探討

第 5 章　暖化衝擊與氣候工程

全球暖化與 IPCC 報告

3.1　暖化與能源

　　本書第一篇討論國人極為關心的再生能源與核能兩項議題。由第一篇討論可知在台灣以再生能源作為無碳能源取代核電是極為錯誤的政策,因為核能優勢實在太過明顯。到底是應該廢核還是維持核電,這種選擇以英文來說是「No Brainer」(意思是說不要花大腦就知道,答案太過明顯)。

　　本篇討論的全球暖化與下篇將討論的能源(主要為化石能源)、環保等議題就遠為艱深困難,絕對不是什麼 No Brainer。首先,上篇討論的再生能源取代核能,基本上只是台灣國內議題,無涉世界能源趨勢。本篇與下篇討論的全球暖化與化石能源議題則是全球性大題目。台灣無法自外於世界,台灣能源政策也深受此二議題影響。全球議題的複雜度當然遠甚於台灣一地議題。其次,氣候變遷(全球暖化)與化石能源間的糾葛無法一刀切,沒有簡單解決方法。一方面人類要嚴肅面對氣候變遷,另一方面人類生存發展又離不開化石能源,如何在兩者間取得平衡正考驗全體人類的智慧。各種氣候與能源政策的解決方案都難以斷定有絕對的對錯,因為氣候變遷本身就是一個極為複雜的問題。當然氣候變遷,全球暖化有相當程度是因為人類使用化石燃料所造成,但程度如何,暖化速度多快,後果多嚴重,並沒有明顯的科學答案。但這些問題的答案影響減碳腳步快慢及採取正確能源政策的判斷。這是全球各國共同面對的棘手議題。

　　以台灣而言，再生能源與核能這類相對簡單的議題都無法基於正確數據以科學論證在社會上取得共識，遑論氣候變遷及化石能源這種遠為複雜的議題。

　　但很不幸，氣候變遷、化石能源、核能發電及再生能源四個議題相互牽扯，無法切割。但只有依據科學事實，冷靜判斷才能制定合宜的能源政策。在今日台灣，這是何等艱巨的挑戰。

3.2　暖化誤導

核能、暖化誤導比較

　　台灣社會其實不缺核能專家，由早年規劃引進核能科技到今日已超過五十年歲月。台灣有許多核能專業人士堅守於產官學研崗位上，社會上針對核能的錯誤言論都有專家明確指出其謬誤。今天台灣社會反核氛圍高漲的主因是長年來媒體大量報導反核人士錯誤訊息，對核能專業人士的正確論述反而很少報導。使得社會大眾接觸到的資訊多為反面錯誤資訊，成為今日社會上反核民意高於擁核民意的主因。

　　與核能相較，台灣媒體對氣候變遷的報導更為失衡。

　　雖然社會上反核言論充斥，但媒體上不時還可看到「擁核」報導或論述。但從某個角度而言，台灣是個「暖化沙漠」。並不是說台灣對氣候變遷或暖化的報導不足，恰恰相反，媒體充斥暖化報導，但如同多年來媒體也充斥「核能」報導，但問題是因為傳播的多為錯誤資訊，吸收越多資訊，越搞不清楚真相。

聯合國報告與簡化論述

　　什麼是科學真相？什麼又是錯誤資訊？話說從頭，科學界對於大氣中溫室氣體（CO_2，CH_4，N_2O 等）濃度增加會造成全球暖化及氣候變遷早有警覺。但全球各國直至 1988 年才在聯合國架構下成立了「政府間氣候變遷專門委員會」（Intergovernmental Panel on Climate Change，IPCC）。IPCC

有許多功能，其中較為人們所熟知的就是每隔 6、7 年出版數巨冊的氣候變遷評估報告。

2014 年的第五次評估報告（AR5）共出版了四巨冊，每本報告大小都有如一本大城市電話薄，字體很小，每本厚達 1500 頁。IPCC AR5 第一工作小組（WGI）出版了一巨冊，第二工作小組（WGII）出版了兩巨冊，第三工作小組（WGIII）出版了一巨冊。報告包羅萬象，每一頁都是全球相關研究報告的濃縮與結晶，技術性很高。技術含金量很高，又厚達 6000 頁的報告顯然一般人沒有足夠知識、精力及時間閱讀。但氣候變遷又是影響重大，大家都關心的議題，這就給了「簡化」論述提供了廣大的市場。

IPCC AR5 目的雖然也在提醒全球正視氣候變遷議題，但到底是聯合國出版，又基於研究文獻，用語較為謹慎，對許多氣候現象的因果關係都強調有許多「不確定」因素。報告數字也引自研究報告，較為平實。換句話說，如果「簡化」書籍完全依據 AR5 則似乎過於「平淡」，無法「激動人心」，許多簡化書籍就採取極為誇張的手法描述氣候變遷、全球暖化將帶來的重大災難。

但問題是真正閱讀 IPCC AR5 人士少之又少，此類「簡化」書籍，喧賓奪主反而成為全球對氣候變遷威脅的「標準」認知。

高爾的真相

前述台灣是世界少有的「暖化沙漠」指的是「正確暖化知識」的沙漠。台灣並不缺暖化書籍，在書店中暖化書籍汗牛充棟。但基本上千篇一律：暖化將造成重大災難，暖化是人類面對的最大問題，如不立即採取霹靂手段，解決暖化問題，人類文明即將終結。

這類論述以美國前副總統高爾《不願面對的真相》一書為代表。該書風行全球，高爾甚至因該書還與 IPCC 同獲諾貝爾和平獎。但該書謬誤之處極多，英國法庭對該書謬誤曾有正式判決，個人在《能源與氣候的迷思》一書中有專章討論該書謬誤，在此僅列出法庭對該書判決摘要：

1. 海平面上昇

   高爾：百年後海平面將上昇 7 公尺。

   法庭：IPCC 報告指出百年後海平面將上昇 40 公分。

2. 島國移民

   高爾：太平洋島國人民因海水高漲而移民紐西蘭。

   法庭：調查後發現並無此事。

3. 颱風

   高爾：暖化將導致許多超級強烈颱風，摧毀美國紐奧爾良的卡崔娜颱風即為一例。

   法庭：IPCC 報告指出沒有統計數字可證明暖化將增加颱風頻率及強度。

4. 海洋輸送帶

   高爾：暖化將導致大西洋暖流「輸送帶」停止運作，導致西歐成為冰天雪地。

   法庭：IPCC 指出此一預測「極不可能發生」。

5. 北極熊悲劇

   高爾：因浮冰減少，浮冰距離變遠導致北極熊溺斃。

   法庭：北極熊因暴風雨而溺斃。

6. 生物滅絕

   高爾：地球物種將因暖化而大量滅絕。

   法庭：迄今並無生物因暖化而滅絕，未來可能性亦低。

　　無可諱言，高爾對暖化災難的描述極為駭人聽聞，與 IPCC 論述相差極大，完全沒有科學根據。但其對暖化後果之描述極具戲劇性博得廣大市場，該書甚至還拍為電影獲得奧斯卡最佳記錄片獎，其論述因而更為一般民眾及媒體所熟知。台灣各類暖化書籍及報章媒體在描述暖化災難時，都深受高爾論述影響。其論述不但影響台灣民眾，甚至影響政府的能源政策。

暖化威脅不宜誇大

誇張描述暖化威脅有什麼不對？氣候變遷及全球暖化對人類當然有威脅，將其威脅誇張描述不是更能使世人警覺，及早採取減碳及調適措施嗎？

問題就在「減碳」，化石能源使用是人類碳排主因，但目前全球能源 8 成由化石能源供應。因人口持續增加及經濟持續發展，全球化石燃料使用是年年增加。在先進國家減碳都極為困難，不用說全球仍有 18 億人無電可用，如何「減碳」？沒有充沛而廉價的化石能源，人類社會將立即崩潰，這就是為何雖然由京都議定書簽署的 1997 年起算，「減碳」已喊了 20 年，人類碳排在過去 20 年反而史無前例的大量增加。

但氣候變遷威脅也無法忽視，人類目前面臨最困難的挑戰正是在「用碳」及「減碳」間取得平衡。無節制的使用化石能源當然會使未來的氣候變遷威脅惡化，但枉顧現實的減碳目標又將對今日社會造成重大衝擊。如何拿捏取捨以決定最合宜的能源／氣候政策，一定要基於正確的知識與認知。誇大暖化威脅顯然會誤導民眾及政府採取錯誤的政策。但可嘆的是，不只台灣，全球各國都有基於極端暖化威脅制定能源／氣候政策的現象。

要避免陷於極端暖化論述就需要具有氣候變遷及全球暖化的基本知識。本人在《能源與氣候的迷思》一書中，有近百頁討論全球暖化相關議題，其中也有很大篇幅討論暖化的科學依據及氣候模型的一些問題。有興趣較深入了解相關議題的讀者可參考該書。本書將簡要介紹暖化基本知識並依據聯合國報告（IPCC AR5）較深入的解釋一些重要的觀念及相關數據，希望讀者讀畢本篇後，對全球暖化能有較全面及正確的認知。

3.3　暖化基本知識

兩個溫度悖論

在解釋溫室氣體造成的全球暖化前，大家不妨先思考以下兩個問題：

1. 地球與月球離太陽的距離相同，兩者均由太陽輻射接受能量，但為何地球晝夜溫差有限，適合人類居住。月球日夜溫差極大（白天超過 100°C，夜間又低於-100°C），完全不適合人類生存？
2. 太陽高懸天空，高山離太陽較平地為近，但為何山越高，山頂溫度越低？喜馬拉雅山離太陽最近，為何終年積雪？

這兩個悖論的解答要由黑體輻射及溫室氣體兩個物理現象來解釋。

黑體輻射

要了解為何二氧化碳等溫室氣體會造成暖化現象就要先了解「黑體輻射」。依黑體輻射理論，任何溫度高於絕對零度的物體時都會輻射電磁波。太陽會輻射電磁波，地球會輻射電磁波，人體也會輻射電磁波。太陽高懸天空，太陽的能量就是以電磁波的形式輻射到地球。

但因物體溫度不同，其輻射電磁波的主要頻率也不同。溫度高的物體（如太陽）其輻射的電磁波頻率高。太陽輻射電磁波主要的能量就集中在頻率高，波長短的可見光範圍。溫度低的物體（如地球），其輻射電磁波的頻率低，波長長，地球輻射的電磁波就在人類眼睛無法察覺的紅外線範圍。

溫室氣體吸收長波

京都議定書規範的溫室氣體包括二氧化碳（CO_2）、甲烷（CH_4）、氧化亞氮（N_2O）等六種氣體，這六種氣體有一共同特性：可吸收波長介於 1um 至 100um 的紅外線。地球輻射向外太空的電磁波有一部分為這些溫室氣體所吸收。溫室氣體吸收這些電磁波後也會向四週釋放同樣波長的電磁波，有一部分又釋回地球，使地球除了接收太陽輻射的電磁波外，又多接受了溫室氣體輻射的電磁波，使地球維持適合人類生存的較高溫度。

悖論解答

有了黑體輻射與溫室氣體的基本知識，即可解釋本節開頭的兩個悖論。地球與月球不同之處在於地球有大氣層及海洋。大氣層中的雲在白天可反射太陽輻射，大氣對流及海水蒸發也可將地表熱能帶往高空，這些機制使地球在白天不致酷熱。

但夜間沒有陽光，為何地球溫度也不會降到月球夜間的-100°C呢？這就要拜雲及溫室氣體之賜。

在夜間，雲將地球輻射向天空的長波輻射反射回地球。如前述，溫室氣體在夜間也同樣會吸收部分長波輻射再釋回地球，所以夜間雖然沒有太陽，因大氣中有雲及溫室氣體，地表仍保持適合人類生存的溫度。

今日地表平均溫度為15°C，但如果地球沒有大氣中的溫室氣體，則地表平均溫度將為-18°C，因為-18°C 之黑體輻射能量即可與接收之太陽輻射能量保持平衡。-18°C 顯然不是一個適合人類文明發展的溫度，今日地表平均溫度為適合人類生存發展的15°C完全拜溫室氣體之賜。

至於為何高山較平地為冷？因為太陽溫度雖高，但離地球實在太遠，大氣中熱量主要來自地球的長波輻射而不是來自太陽的短波輻射。高山離地表遠，溫度自然較低。

溫室氣候造成暖化

今日全球暖化的主要原因是因人類使用化石燃料及砍伐森林使得大氣中的溫室氣體自工業革命後持續增加。大氣中溫室氣體增加，就吸收及釋放了更多本來會釋往外太空的地球紅外線輻射，地球溫度也就隨之上升。

WGI 報告指出有人質疑全球暖化未必是因為人造溫室氣體？說不定是因為太陽輻射增強之故。WGI指出依過去數十年溫度觀測，大氣對流層（低於10公里以下之大氣層）溫度上升，但大氣平流層（10公里以上之大氣層）溫度反而下降。如果暖化是因為太陽輻射強度增加，則平流層、

對流層溫度都應增加。今日對流層增溫而平流層降溫，可證明全球暖化乃肇因於溫室氣體。WGI 基本上是依上述黑體輻射現象以解釋暖化乃因溫室氣體所造成。

3.4　WGI 報告

IPCC AR5 報告簡介

　　3.2 節曾簡單介紹了 IPCC 織織及其出版的評估報告。IPCC 出版的評估報告幾乎可說是全球研究氣候變遷的「聖經」，很值得介紹其出版歷史。

　　IPCC 第一本評估報告（The First Assessment Report，FAR）出版於 1990年，第二本評估報告（The Second Assessment Report，SAR）出版於 1995年，第三本評估報告（The Third Assessment Report，TAR）出版於 2001 年，第四本評估報告（The Fourth Assessment Report，AR4）出版於 2007 年，第五本評估報告（The Fifth Assessment Report，AR5）出版於 2014 年，第六本評估報告（The Sixth Assessment Report，AR6）預計於 2022 年出版。2014年出版的 AR5，由三個工作小組分工。第一工作小組（Working Group I，WGI）針對氣候變遷的科學面，第二工作小組（WGII）針對氣候變遷的調適面（Adaptation），第三工作小組（WGIII）針對如何減緩氣候變遷（Mitigation）分別收集整理全球相關文獻提出評估報告，WGI 出版了一巨冊，WGII 出版了兩巨冊，WGIII 出版了一巨冊。

　　三個工作小組出版的四巨冊報告中，第一工作小組（WGI）針對氣候科學科學面的報告及第三工作小組（WGIII）針對減緩暖化的報告與本書討論主題極為相關，本章後半段即簡介這兩本報告，提供大家較正確平實的論述。

WGI 報告簡介

　　WGI 報告除開頭兩章：SPM（Summary for Policy Makers）「提供給決策者總結報告」及 TS（Technical Summary）「技術總結」將全書精華濃縮簡

介外，本文分為 14 章。第一章為簡介，其他 13 章分為五大部分。第一部分包括第 2 至第 5 章分別討論對大氣及地表的觀察（第 2 章），對海洋的觀察（第 3 章），對冰雪世界（南、北極及冰川等）的觀察（第 4 章）及對古代氣候變化的研究（第 5 章）。

第二部分包括 6、7 兩章，分別討論各種溫室氣體在自然界之循環（第 6 章），雲及懸浮微粒（Aerosols）對氣候變遷的影響。

第三部分包括 8 到 10 共三章，討論各種趨動力（Forcing）對全球及各地區的影響，第 8 章討論人造及自然界「輻射強迫」（Radiative Forcing），第 9 章討論氣候電腦模型，第 10 章討論輻射強迫對全球及各地區氣候的影響。

第四部分包括 11、12 兩章，預測未來氣候變遷，11 章討論近期（2016 年－2035 年）預測，12 章討論長期（21 世紀末到更遠之未來）預測。

第五部分包括 13、14 兩章，討論人類最為關心的兩個議題，13 章討論海平面上昇，14 章討論各種極端氣候的變化。

溫昇數據

溫昇及碳排是人類最關心的兩大議題，在此簡單引述 WGI 報告中針對此兩大議題的一些基本數據。

因各種氣象及碳排資料都有所差異，WGI 報告通常在討論此兩種數據時都是以平均值佐以上下限表示。本書多只引用平均值，以簡化及聚焦討論。

自 1880 年起美國才有較準確的溫度統計資料，當時人類溫室氣體排放也很低，並無因溫室氣體引起的溫昇現象，WGI 報告就常以 1880 年為基準年討論全球溫昇。

報告中指出 1880 年到 2012 年全球溫昇 0.85°C。1951 年到 2012 年，溫度較 20 世紀前半世紀快速上昇，而達 0.72°C。WGI 報告也指出一個令人不解的特殊現象：就是近年全球碳排大量增加但溫昇反而趨緩，1998～2012 十五年間每 10 年平均溫昇為 0.05°C，低於 1951～2012 年間的每 10 年平均溫昇 0.12°C。這是極為奇特的現象，本書四章將詳細討論。

報告中指出 1983～2012 這 30 年全球溫度極可能是過去 800 年最高，甚至可能是過去 1400 年最高。報告中指出 950 年～1250 年 300 年間的「中世紀溫暖期」，地球有些地區的溫度可能與 20 世紀同樣高，但未必是全球現象。

許多質疑溫室氣體是否為暖化元凶的學者常提出「熱島效應」才是暖化主因。熱島效應是都市溫度高於鄉間溫度的效應。

有學者甚至認為 1880～2002 年間的溫昇及主因為「熱島效應」及「觀測不準確」。WGI 報告指出，以北京而言，溫昇可能有 40%～80% 是因為熱島效應，以中國東部而言，熱島效應可能占溫昇 20%，日本學者也指出日本 1979～2006 的溫昇中熱島效應占了 25%，不過 WGI 認為以全球平均而言，熱島效應在溫昇占比應不超過 10%。

WGI 報告出版於 2013 年，書中討論全球溫度的數據均止於 2012 年。如前述，1998 年到 2012 年全球溫昇有趨緩的現象。其實以 1998 年為起算點有其盲點。因為 1998 年發生強烈聖嬰現象，全球溫度遽昇，之後好幾年溫度都未超過 1998 年。但 WGI 報告出版後的 2014～2015 年，全球也發生了強大聖嬰現象。近 4 年（2013 年到 2016 年）全球溫度一年比一年高。依美國國家海洋及太氣總署（National Oceanic and Atmospheric Administration, NOAA）資料顯示，2016 年溫度高於 2012 年達 0.32℃，尤其 2015 年一年溫昇竟達 0.26℃。若依 WGI 報告 1998～2012 十五年間的 10 年平均溫昇為 0.05℃ 為基礎計算。1998～2016 十九年間的 10 年平均溫昇將達 0.2℃，高於 1951～2012 年間每 10 年平均溫昇 0.12℃。本書四章討論也將參考 NOAA 最新數據。

碳排數據

全球暖化當然表現在溫度上昇，但暖化的重要原因是人造溫室氣體排放，其中尤以二氧化碳（CO_2）排放，簡稱碳排最為重要。

在引用 WGI 報告之碳排數據要注意幾個要點：

1. 碳排是指 CO_2 排放還是指溫室氣體排放？因為溫室氣體不只 CO_2，還有 CH_4、N_2O 等等。

2. 大氣中溫室氣體密度（以 PPM，百萬分之一為單位），是指 CO_2 還是指 CO_2eq（eq 為 Equivalent 之簡寫，為等值之意）？

　　不同溫室氣體暖化能力不同，以甲烷（CH_4）為例，其吸收紅外線之能力為 CO_2 之百倍以上。但 CO_2 在大氣中可留存數百甚至上千年，而甲烷在大氣中 10 年～20 年就會分解為 CO_2。大氣中 CO_2 的濃度又遠高於甲烷，所以以百年尺度計算，甲烷暖化能力就定為 CO_2 的 30 倍。

　　WGI 報告以 CO_2 暖化能力為準，加總其他溫室氣體暖化效應而以「相當於多少 CO_2」——CO_2eq 以表示大氣中的溫室氣體濃度。每一年 CO_2eq 的濃度一定高於 CO_2 濃度。

3. 碳排有時指 CO_2（二氧化碳）排放量，有時是指 C（碳）排放量。為何不統一為 CO_2 排放量而以 C 排放量表示？因為自然界碳循環中，碳並不只以 CO_2 的形態出現。碳有時會以不同化合物的形態出現，如碳酸鈣（$CaCO_3$）等。所以有時表示為 C 排放量有其必要。但 CO_2 原子量為 44，C 為 12，所以兩者間有簡單換算關係。排放 1 噸 C 等於排放 3.667 噸 CO_2。

WGI 報告為 2013 出版，所以碳排數據都到 2011 年為止。

2011 年大氣 CO_2 濃度為 391ppm，工業革命前大氣中 CO_2 濃度為 278ppm，2011 年大氣中 CO_2 濃度較工業革命前（1750 年）高出 40%。1750～2011 年間，人造碳排達 555GtC（1Gt 為 10 億噸）。其中化石燃料碳排為 375Gt，而因毀林等地貌改變增加的碳排為 180Gt。

　　但人造碳排 555GtC 中，有 155Gt 為海洋所吸收，160Gt 為自然界（植物等）所吸收，留在大氣中有 240GtC。

　　21 世紀前 10 年，人類碳排極高，2002～2011 十年間，每年平均 CO_2 排放為 8.3Gt。2011 年 CO_2 排放更高達 9.5Gt，較京都議定書基準年（1990 年）的 CO_2 排放量高出 54%。

　　在 21 世紀前 10 年每年 CO_2 平均排放雖達 8.3Gt 但因海洋及大自然吸收一半，大氣中 CO_2 每年增加 4Gt。

　　1750 到 2011 年間人造碳排共 555GtC 中有 515GtC 是在 1870～2011 年間排放。大氣實在無比巨大，碳排（C）2.1Gt（相當於 CO_2 排放 7.7Gt），

大氣中 CO_2 濃度才增加 1ppm，但單單 21 世紀前 10 年大氣累積人類碳排（C）即高達 40Gt，大氣中 CO_2 濃度相對增加 19ppm。目前全球以 2℃ 作為溫昇目標，則自 1870 後之 CO_2 排放（不計其他溫室氣體）必需限制在 820Gt 才有 50% 機會可能達到 2℃ 目標。但 1870～2011 年間 CO_2 排放已達 515Gt，所以人類只能最多再排放約 300Gt 的 CO_2，以人類目前碳排增加趨勢而言，這可說是不可能的目標。

　　大氣中 CO_2 濃度增加會造成暖化，當然不是什麼可喜之事。但對全球植物，不論是樹林或農作物都是大好消息。因為植物光合作用就是依靠 CO_2 與光線，大氣中 CO_2 濃度增加也可增加植物用水效率。WGI 報告中指出，在溫室中試驗將 CO_2 濃度較工業革命前倍增，植物生產量可增加 20～25%，這是極為驚人的增加。過去 30 年，大氣中 CO_2 濃度增加了約 50ppm，依不同電腦模型，植物生產量增加 3%～10%。有些科學家甚至懷疑全球植物吸碳量增加或許也是過去 15 年溫昇趨緩的原因之一。

3.5　WGIII 報告 A（減碳考量）

WGIII 報告簡介

　　本章討論了地球暖化的物理原因，全球溫昇及碳排增加趨勢，在進一步研討氣候科學及氣候電腦模型等「進階」議題前，已可針對現有知識討論 WGIII 報告的重點。

　　既然人造溫室氣體造成全球暖化是物理事實，如何降低人造溫室氣體排放以減緩全球暖化自然是全球極為關心的重大議題。

　　WGI 報告標題為氣候變遷的物理基礎（Climate Change：The Physical Science Basics）WGIII 報告標題則為減緩氣候變遷（Mitigation of Climate Change），兩本報告重點不同。WGI 報告討論科學，WGIII 報告側重社會面的討論。但雖說是社會面，在討論減碳手段時技術性極高。

　　如同 WGI 報告、WGIII 報告開頭也有「提供決策者總結報告」（Summary for Policy Makers）及「技術總結」（Thchnical Summary）兩章。

　　本文分為 16 章，第一章為簡介，之後 15 章分為四大部分：第一部分

（2-4 章）討論政策，社會及倫理議題，第二章討論氣候政策的危機及不確定性，第三章討論社經及倫理議題，第四章討論可持續發展相關議題。

第二部分（5-6 章）討論碳排及減碳途徑。第 5 章討論碳排趨勢，第 6 章討論減碳途徑。

第三部分（7-12 章）為本報告核心，技術性很高，討論社會各領域的減碳手段，第 7 章討論能源，第 8 章討論交通，第 9 章討論建築，第 10 章討論工業，第 11 章討論農業及森林，第 12 章討論都市規劃。

第四部分則由不同角度討論減碳政策，13 章討論全球合作，14 章討論地區合作，15 章討論各國國內政策，第 16 章討論減碳投資及綠色金融。

本報告核心第三部分：各領域的減碳，多脫離不了能源，但能源正是經濟的血脈。已開發國家能源消耗量極大，減碳縱然不易，但還是較有本錢推動減碳政策。開發中國家呢？尤其是最低度開發國家（Least Developed Countries，LDCs）要如何減碳？全球仍有 18 億人無電可用，30 億人處於「能源貧乏」的狀況。這些最低度開發國家貧困的最主要原因正是能源缺乏而無法發展其經濟，在全球高呼「減碳」口號時，這些國家要怎麼辦？WGIII 報告沒有忽略此一問題，報告中每一章都有專節特別討論 LDCs 應對之道。

減碳的社會與倫理考量

WGIII 報告第一部分先討論人們對危機的認知。不同社會對危機的看法都不同，對危機的直覺反應或深思熟慮後的反應也不相同。這可解釋為何一般人與專家對危機的認知不同。政治家應採用何種經濟工具未決定政策？政策施行後的不確定性也會影響決策者。由社會與倫理角度觀察，什麼是「正義」？大家「價值觀」相同嗎？減碳對不同國家的影響及世代間的影響如何？後者又因「貼現率」的選擇而有很大的差異（WGIII 報告以5%作為貼現率）。歷史上大量碳排國家要如何補償受害國家？碳稅與碳交易優劣如何？以上無一不是重要而困難的問題，僅舉一例：生命有價格嗎？富國窮國的人命等值嗎？美國環保署在制定環保政策時就必須為人命「定價」，對人命價格有不同算法，WGIII 報告中曾引用某種方法計算

得到美國人命較印度人命價格高達 20 倍的結論。

　　WGIII 報告第一部分由社會學及倫理學角度為減碳政策打下較易為大家接受的基礎。

以 KAYA 衡等式檢視減碳

　　WGIII 報告第二部分討論碳排增加的原因及趨勢，各國境內碳排與消費碳排的差異，減碳可能成功嗎？減碳有捷徑嗎？

　　WGIII 報告基本以 Kaya 衡等式為基礎討論碳排。

　　Kaya 衡等式為：

　　碳排＝人口×（國民生產總額／人口）×（能源使用／國民生產總額）
　　　　×（碳排／能源使用）

　　　　＝人口×平均國民生產值×能源密度×碳排密度

　　WGIII 報告應用上式檢視全球不同地區及不同國家的碳排作為預估未來碳排的基礎。

國際減碳條約與氣候政策

　　WGIII 報告第三部分是本報告核心部分，將於本章最後詳細討論，目前先介紹第四部分。

　　第四部分討論減碳政策及投資金融相關議題。

　　WGIII 第四部分先討論國際條約，指出國際條約應符合四大原則：1.增進全球福利；2.顧及國家間及世代間的公平；3.預防原則：不能等資訊確定時才行動；4.永續發展。

　　京都議定書是第一個全球性的氣候條約，報告中也感嘆除歐洲國家外的 6 個國家：美國、俄國、日本、加拿大、紐西蘭、澳洲都退出第二期承諾。報告中也指出世界碳排中有 25% 是生產國際間貿易產品。

　　報告中將全球分為 10 大區域，以討論區域間減碳及氣候條約，因為各區域減碳成本並不相同，同一區域較為同質，一併討論。

　　報告中指出世界 20% 的人口占了碳排近 60%，僅 4 個區域：北美、西

歐、東歐（含俄國）及日澳紐碳排就占了全球碳排 65%。即使經濟發展程度相同地區，因生活型態不同，能源消耗也相差很多，如美國都會居民的交通能源消耗高過歐洲都會居民 3.5 倍。在討論每個國家個別氣候政策時 WGIII 報告提出了四個檢驗標準 1.環保有效性；2.經濟有效性；3.社會公平及；4.政治可行性。報告指出實施碳稅國家有限，碳稅都定在 10 美元上下。報告感嘆各國能源研發經費不足，以國際能源總署（IEA）成員國家為例，能源研發經費占全國研發經費由 1980 年代的 10%降為今日的 5%。

碳排需要大量經費，報告中指出目前全球每年投資於化石能源的經費仍有 1.2 兆美元。以全球而言投資於減碳的經費每年也要 3500 億美元，如何融資也是極大的挑戰。

3.6　WGIII 報告 B（各領域減碳）

第三部分自然是 WGIII 報告的重頭戲，該報告各章目錄統一，先檢視該領域的碳排趨勢，可能減碳手段，現有基礎建設及系統，適應氣候變遷政策之關連，碳排成本及潛力，碳排之附帶利益及損害，減碳之障礙及機會，該領域之轉型路徑及永續發展考量，該領域之碳排政策，最後討論針對該領域碳排知識及數據不足之處。第三部分減碳分為六個領域：能源、交通、建築、工業、農業／森林及都市。本節討論針對能源以外領域之減碳，下節再較詳細討論能源領域如何碳排。

交通減碳

2010 年交通碳排為 $7GtCO_2eq$，較 1970 年碳排倍增。交通碳排占全球能源碳排 1/4，其中絕大部分為車輛碳排。目前全球約有 10 億輛車，未來數十年會增加到 20 億輛車，如不採取減碳手段，預計到 2050 年車輛碳排將較今日倍增，2100 年碳排更將增加到今日 3 倍之多。

交通碳排在全球極不平均，全球 10%的人口行駛了全球 80%的里程數。全球大多數人一輩子從未旅行過。社會發展不同及各地法律不同都造成很大的差異。

美國的人均交通碳排為日本的 2.8 倍。北京與上海同在中國，人口也相當，但因兩地法規差異，北京車輛數目是上海 3 倍。

交通減碳主要可循四種方法：1.減少用車：網購有幫助；2.交通型態改變：利用大眾運輸系統；3.降低交通能量密度：減輕車重或改進引擎效率；4.降低碳排密度：改用電動車或氫氣車。

交通減碳其實非常困難，因為全球交通 94%的能源是來自石油，非常難以取代。目前全球電動車占比仍極低，氫氣車幾乎是「零」。其實使用電動車或氫氣車就沒有碳排了嗎？這是很大的迷思。

先談氫氣車，大自然沒有氫礦，氫氣是工業產品。全球目前大部分的氫是以化石原料所製造，在製氫過程中就會排碳。使用這種方式生產的氫作為氫氣車燃料，幾乎沒有什麼減碳功能。如果以核電或綠電等無碳電力電解製氫供氫氣車使用，則氫氣車才真的是無碳交通工具。但如果既然有電，何不直接給電動車充電？為何還要用電以電解製氫再利用燃料電池產生電力供車用馬達使用？在各種能源轉換過程中都有能量損失，許多科學家指出，以電解法製氫作為氫氣車燃料，根本是多此一舉。

電動車也有同樣的問題。電動車當然沒有碳排。但問題是電從哪裡來？如果電來自無碳的核電或綠電則電動車可稱之為無碳交通工具。但如果電是由火力電廠產生（煤電、油電、氣電）則還是有碳排。實際上如果電動車的電池是由燃煤電廠產生的電提供，則其碳排與目前使用汽油的車輛碳排相近，有如掩耳盜鈴。電動車目前尚未普及原因是電池價格太高，電動車是否能取代汽車端看電池科技的發展。

建築減碳

全球建築之能源使用及碳排量極為巨大，占了全球最終能源使用的32%。與 1920 年相較，2010 年建築碳排倍增，占全球能源碳排的 19%。

WGIII 報告中對建築減碳寄以厚望，認為減碳潛力很大（相對而言，交通領域減碳困難）。個人感到 WGIII 似乎有所盲點，似乎太樂觀。報告中主要以已開發國家為例，指出在 2005 年建築能源使用中，暖氣占了53%，其他能源使用如淋浴、家電、烹飪、電燈、電腦等所用能源加起來

比暖氣使用能量還少。報告中提出許多寒帶國家（已開發國家多位於寒帶及溫帶）建築如何加強隔熱以減少暖氣能源用量以降低碳排。

報告中指出有 25-30% 的節能措施，以生命週期而言，其實是「負成本」。應該不難推動並應大力鼓吹。

但絕大多數「負成本」節能措施都是要在開頭花大錢改造建築而由未來數十年減少能量開支補償。問題是開頭「花大錢」就使許多人卻步不前。

報告中對熱帶、亞熱帶節能著墨較少，但開發中國家多位於熱帶及亞熱帶，這些國家一方面經濟成長率高於已開發國家，在都市化的趨勢下，都市建築面積大量增加，再再都需要能源。另一方面因經濟成長，每年需用冷氣時數不斷攀昇。位於溫帶已開發國家的節能經驗未必能應用於開發中國家。

報告中特別強調「鎖定」（Lock in）現象。因為建築物使用年限很長，如果建造時未考慮節能，未來改造要花很高成本，所以建築物在興建時就要將節能作為重要考量。歐盟規定在 2020 年後興建的新建築都要達到能源平衡。

報告中指出，以建築減碳而言，建築法規、家電法規等國家法規都是極為重要而有效的減碳手段。

工業減碳

工業是碳排最大的領域，工業能源使用占總能源使用 28%，工業碳排超過交通及建築而占總碳排的 30%，如果不計農業／森林碳排，工業碳排占總碳排 40%。

三種工業碳排最多，以 2010 年為例，金屬業（鋼鐵及非鐵）、化工業及水泥業、碳排分別占工業碳排之 22%、15% 及 13%，三者占總工業碳排正好 50%，廢水與廢棄物處理合計占總碳排 14%。

1970 年至 2012 年，能源密集工業成長快速。水泥、鋁、鋼、尿素及紙張成長率各為 500%、400%、150%、250% 及 200%。在人均所得 10,000 美元之前，各國工業碳排與人均所得成正比，人均所得超過 10,000 美元後，相關性降低。

全球各區域間的工業碳排在過去 20 年也有極大變化。從 1990 到 2010 年間，全球碳排增加 40%，亞洲、OECD 國家、前蘇聯集團（東歐）、中東加非洲及中南美洲之碳排占比分別由 28% 成長為 52%、42% 降為 25%、19% 降為 9.4%、5.9% 成長為 7.6% 及 5.6% 變為 5.7%。

報告中指出要降低工業碳排可由五處著手：

1. 增加能源使用效率
2. 降低碳排密度（使用低碳能源）
3. 增加材料使用效率
   a. 增加製造效率（使用較少材料）
   b. 增進設計效率（設計時考慮增加產品使用年限及使用較輕材料等）
4. 增加使用效率（共用即為一例）
5. 減少使用工業產品

因為廢水及廢棄物處理也占工業碳排相當比例，報告中針對廢棄物處理減碳也有所討論。拋棄自然是最簡單但最不可取的方法，其次為部分回收（如能源回收），再循環或完全再利用自然最為理想。目前世界流行的「循環經濟」即在此種思維下所形成。

土地利用減碳

人造溫室氣體增加，使用化石能源自然是主因，但地球土地使用變化（農牧業及砍伐森林）也是重要因素。

2000-2010 年間因農牧業及毀林每年造成的溫室氣體增加約 10-12 $GtCO_2eq$，其中 5-5.8 $GtCO_2eq$ 來自農牧業，4.3-5.5 $GtCO_2eq$ 來自毀林等因素。以農牧業而言，排碳密度最高的產品是牛肉，每公斤碳排為豬肉的 4 倍，為雞肉的 6 倍。一般農作物碳排密度與雞肉碳排相當。

不同於其他領域碳排日漸高昇，因土地使用變化導致的碳排反而有降低的趨勢。自 1750～2011 年間，土地使用變化導致的碳排幾占全部人造碳

排 1/3，但 2000～2009 年間只占 12%。

　　當然土地占比「相對」減少重要原因之一是化石能源碳排大量增加之故。但農牧業及毀林造成的碳排確實有穩定甚至減少的趨勢。原因有二：1. 1970～2010 年間，全球人口增加了 90%，由 36 億增為 69 億，但農牧業用地只增加了 7%，2000 年到 2010 年間農牧業用地甚至還略有降低。2. 在 40 年間，人類使用農牧業用地，更有效率。1970～2010 年間，人均農業用地使用由 0.4 公頃降為 0.2 公頃，牧地由 0.8 公頃降為 0.5 公頃。

　　以森林而言，全球更有休耕造林的趨勢，就是減少農地，增加森林。在 20 世紀的美國，這已即為明顯。近年來巴西毀林速度已經趨緩，中國、印度、越南大量造林已有相當成效。

　　由以上農牧業土地利用效率增加，造成的休耕返林後果，使因土地利用改變造成的碳排有減少的趨勢。

都市發展減碳

　　IPCC AR5 報告較 AR4 報告特別加了一章討論全球都市化。

　　2011 年全球有 52%的人口居住在都市，但使用全球 67-76%的能源及產生了 71%～76%的溫室氣體排放。

　　但都市也是經濟最發達的地區，全球總生產毛額（GDP）80%在都市產出。2007 年全球 600 個城市產值占了全球 GDP60%。已開發國家的 380 城市生產占了全球 GDP50%。

　　都市化是全球經濟發展趨勢，各國經濟由農業進展到工業、服務業就促成了全球都市化。

　　1800 年全球人口約 10 億人，當時全球只有一個人口超過百萬的城市：北京。今日人口超過千萬的超級城市已在各大洲湧現。

　　1900 年全球人口 16 億，有 2 億人（13%）居住在城市。2011 年城市人口增加為 36 億人（占全球人口 52%）。估計到 2050 年全球都市人口會增加到 56 億至 71 億，占全球人口 64～69%。目前全球都市人口正以每週 130 萬人的速度增加。

　　全球都市化有三大趨勢：1.都市人口增加；2.都市面積增加：到 2050

到全球都市面積較今日可能增加 3 倍；及 3.溫室氣體排放增加。

影響都市溫室氣體排放有 4 個因素：1.建築密度越高，單位溫室氣體越低，因為空間較有效利用；2.都市計劃住商辦混合者較分離者溫室氣體低，因為市民購物，上班都在住家附近，不必越區；3.道路密度大有利減碳，因為道路多有利步行；4.交通工具選擇多，利於減碳，如提供大眾交通工具可減少私家車使用。

由目前到 2050 年正是全球都市化高峰，人類完全應該利用此一機會規劃低碳的都市，WGIII 建議以三種手段促成低碳城市：1.政府法規；2.政府提供誘因；3.發揮市場機制。

3.7　WGIII 報告 C（能源領域減碳）

能源碳排

化石能源（煤、油、氣）使用是人造溫室氣體最大來源。如果人類無法有效控制化石能源的使用，大氣溫昇及暖化均將持續惡化，但人類能源領域減碳前景實不樂觀。雖然京都議定書是在 1997 年議定，但溫室氣體排放基準年回溯到 1990 年。2005 年京都議定書正式生效，所以說 1990～2010 年正是全球正視碳排，應有巨大成效的 20 年。

但能源部門碳排由 1990～2000 年的年成長率 1.9%增加到 2001～2010 年的年成長率 3.1%。這 20 年能源領域碳排大量增加，減碳努力未見成效。減碳絕不是許多人以為很簡單，減碳前景實為艱困。1990 年到 2000 年碳排增加的最主要原因是經濟成長，其次為人口成長。這 20 年間中國經濟成長快速，2010 年時中國人均能源碳排已超過歐盟。

能源領域碳排中以電力生產為最大宗，輸配電及化石能源開採約占能源部門碳排 10%。以 OECD 國家而言，輸配電損失約占發電量的 6%。

1971 年到 2010 年 40 年間，全球初級能源（Primary Energy）使用增加了 130%，人均初級能源使用增加了 31%，2010 年全球初級能源使用量為 1800 年的 50 倍。

初級能源是指自然界的化石燃料（煤、油、氣）及地熱、風能、太陽

能等。但人類除直接使用這些初級能源外，還必需將其轉換為其他人類可使用的能源，如電力、汽油等等。在能源轉換過程不但產生很大碳排，也損失很多能源。WGIII 報告中針對能源領域減碳由需求面提出的是提昇能源使用效率，由供給面提出的是 1.再生能源；2.核能；及 3.碳捕捉與封存（Carbon Capture ＆ Storage，CCS）以下將分別討論。

提昇能源使用效率

　　能源密集度（Energy Intensity）是生產一單位 GDP 所需之能量。由於科技進步，自 1800 年至今，全球能源密集度降低了 5 倍。目前全球能源密集度每年降低 0.75～1%。自 1979～2000 年，中國能源密集度每年快速降低 2～3%，2000 年後下漸較緩。因全球能源組合中包含核能、再生能源等無碳能源，全球減碳率每年約 0.3%，遠低於每年 2%的能源使用成長率。

　　智慧電網配合時間電價是一種流行的節電思維。依奧地利經驗，智慧電網約可減少家庭用電 4.5%。WGIII 報告也一再警告提昇能源效率未必造成節能，因為有所謂「反彈效應」（Rebound Effect）。以汽車為例，若引擎效率增加，同樣的汽油可以行駛較遠距離，相對而言汽油變便宜了，造成民眾反而到更遠的地方旅遊，結果是增加汽油使用量。

　　單單提高能源用效率，降低能源密集度是遠遠不足以達到減碳目標，電力減碳最主要的手段還是增加無碳電力。

再生能源

　　本書第一篇對再生能源及核能已有相當深入的討論，本節只針對 WGIII 報告略予補充。

　　2012 年全球再生能源發電占比為 21%，但其中絕大部分為水力發電，風力占比約 2%，大陽能占比不及 1%。因再生能源的間歇性，當再生能源在發電系統占比達一定數量時，就需要加裝備用火力機組因應。鼓勵再生能源產業可提供相關就業機，但成本十分昂貴。以德國為例，每增加一個太陽光電就業機會成本為美金 236,000 元（約台幣 7 百萬元）。

　　WGIII 報告中也將再生能源全生命週期造成的空污與傳統發電方式比較，其中風力發電空污很低，與核能發電相當。但太陽光電為高空污產業，平均每發一度電造成的二氧化硫（造成酸雨的主因）較燃煤電廠尤高。

　　建造風力發電機組每延所需之水泥及鋼材則超過火力發電。太陽光電則需要許多稀有元素。

　　WGIII 報告中指出要達到低碳情境，在 2030 年，全球無碳電力（核能及再生能源）供電占比要達 30%，2050 年更要達 50%以上。但對是否能否達成此一目標，並無把握。

核能發電

　　核能在全球減碳中自然有其極重要的角色。但因過去 20 年完工機組太少，核電全球占比由 1993 年的 17%高峰降為 2012 年的 11%。

　　2013 年時，全球有 14 個國家正在興建 69 部核能機組。中國、俄國、印度、韓國最為積極，各興建 28 部、10 部、7 部及 5 部機組。

　　WGIII 報告中討論了未來可能發展的反應爐型式：如小型模組反應爐（SMR）；釷反應爐及滋生反應爐等。目前鈾礦足可支持現有核電運轉 130 年，若滋生反應爐發展成功，則鈾礦使用年限可延長 50 倍。

　　全球反核之主要原因為畏懼核災，WGIII 報告中指出 1986 年蘇聯車諾堡核災造成 31 人立即死亡，370 人受傷，迄今有 15 人死於甲狀腺癌。2011 年發生的福島核災則無人死亡，民眾接受之輻射劑量也很低。

　　GWIII 報告中指出要達到低碳情境，2050 年全球核能機組較 2013 年之 434 座機組，至少要倍增。如果全球能源需求增長較快，則 2050 年時核電數目應較目前增加 3 倍。

碳捕捉與封存（CCS）

　　WGIII 中討論的電力減碳三手段中，國人對再生能源及核能較為熟悉，但對第三種方法：碳捕捉與封存（Carbon Capture and Storage，CCS）就不太了解。2015 年初第四次全國能源會議中，當討論到 CCS 時，某位自

認很懂能源的立法委員就大惑不解的提問：「什麼是 CCS？」。本節將較詳細的解說。

CCS 道理十分簡單，既然化石能源在燃燒時會排放 CO_2，何不在其排入大氣前將其回收並埋入地低？回收 CO_2 或將其打入地底都不是什麼高科技，人類其實行之有年。以石油工業為例，在油井採油時，通常無法將地底蘊藏的原油全部採出，主要原因在於原油黏滯度太高。多年來探油業就將 CO_2 打入油井中，以降低原油的黏滯度，就可採出更多原油。將 CO_2 打入油井以開採更多原油，當然有利可圖，石油公司行之有年。但將電廠或工廠排放的 CO_2 捕捉，並封存於地底，則完全是花大錢。除達到減碳目的外，並無其他附帶利益，業者就遲疑於大量採用。

CCS 成本可分成三大部分：首先是建廠費用，目前燃煤電廠為了減少空污所設置的設備經費幾占建廠成本 1/3。但其實污染源（不論是微粒，SO_x 或 NO_x）都只是煤中的「雜質」，占比很有限。CO_2 就不同了，CO_2 是煤燃燒產生熱能化學過程的主要產物。CO_2 排放量極為龐大，所以要捕捉數量極大的 CO_2 就需要在電廠旁邊設置極大的化工廠，占地約原電廠面積之 1/3 到 1/2。建置如此巨大的化工廠建廠成本極高。

第二個費用是運輸及封存的成本。CO_2 捕捉後要以管線輸送到有合適地質封存條件的地點，再將其注入深達千米的地底，也需要很高的成本。

第三個成本是 CCS 使原電廠可售電力度數降低。如前述，要捕捉 CO_2 要建立規模極大的化工廠。在捕碳過程中，要消耗大量電力，電力自然來自電廠本身。假設該捕捉廠要消耗原電廠 1/3 電力，表示該電廠淨發電度數降為原先 2/3，反過來說每度電發電成本將增加 50%。

目前全球都有很多研究機構研發較為經濟的捕碳製程，建有不少實驗廠，但規模都不是很大。目前全球最大的 CCS 廠位於加拿大，每年可捕碳 100 萬噸 CO_2，已達商業規模，但成本高昂。WGIII 報告估計，依目前科技，碳稅要高達每噸 100 美元，電廠裝設 CCS 才划得來。

台灣科技部的能源國家型計劃中也有不少研究項目為 CCS，在花蓮及高雄也都有小型實驗廠。

WGIII 報告中不厭其煩的強調 CCS 的重要。報告中指出以減碳而言，CCS 較再生能源或核能更為重要。原因在於，後二者只能應用於電力減碳，

CCS 不只能應用於電廠，也可應用於有大量碳排的工業（鋼鐵業、水泥業等）。CCS 不但能達到零碳排，如應用於 BECCS（Bio-Energy CCS），或在以化石燃料製氫或合成燃料（Synfuel）的製程，甚至能有「負」碳排的功效。

WGIII 報告中對再生能源、核能與 CCS 對減碳之重要性有所比較。報告中列出三個情境 1.再生能源潛力受限，只能提供全球 20%電力需求；2. 核能發展受限，未來沒有新核電完工；3.CCS 發展受限，無法達到商業化目標。

WGIII 報告中指出若 CCS 發展受限，要達到低碳情境（430-480 ppm CO_2eq），要較不論再生能源或核能發展受限之減碳成本加 10 倍，由此可見 CCS 對達成低碳情境的重要。

因為不知 CCS 何時可發展成為經濟可行的減碳手段，目前各國就推動 CCR（CCS Ready）。就是在建新電廠時，在電廠邊上預留一塊空地，在未來 CCS 發展成功後可以加裝 CCS 設備。台灣土地太過狹小，是否能規劃 CCR，尚待努力。

WGIII 報告指出地球不缺可儲 CO_2 的合適地質，報告中指出依目前地質調查資料，有效儲存量（Effective Storage）達 13,500 $GtCO_2$，實際可行的儲存量（Practical Storage）也可達 3,900 $GtCO_2$。

雖然 WGIII 報告一再強週 CCS 的重要，但對 CCS 前景不樂觀者也大有人在。首先，CCS 要處理的 CO_2 數量實在太大。據估計，要 CCS 在溫昇 2°C 情境扮演重要角色，則全球要建立一個比今日全球石油產業還要大一倍的 CCS 產業。由目前到 2050 年要投資 4 兆美元。前英國能源部長豪威爾（David Howell）就認為這種投資金額已到了一種「荒謬」的程度。

CCS 在全球推動也並不順利，因環保團體鼓動人民反對 CO_2 地底封存，德國基本上已停止推動 CCS。英國原有雄心勃勃的 CCS 規劃預算，也遭嚴重刪減。全球 CCS 前景並不明朗。

能源減碳前途多艱

WGIII 報告花很多篇幅討論電力減碳的三大手段：再生能源、核能及 CCS 但不諱言燃煤發電發展仍極快速，減碳前途多艱。報告中提及美國燃

煤發電占比逐年降低，由 2006 年的 49%，2011 年降為 43%，2012 年降為 37%。但美國情況十分特殊，燃煤占比降低是因為成功開發了頁岩氣技術，燃氣發電成本低於燃煤發電，電力公司因經濟原因，近年大量投資燃氣電廠，使燃煤發電占比逐年降低。

世界其他國家與美國情況十分不同，2000～2010 年十年間，全球用煤量年增長率超過 4%，十年間全球用煤量增加了 50%。全球用煤量增加的主因是燃煤電廠快速增加。

全球產煤量最高的五國是中國（47%）、美國、澳洲、印尼及印度。

WGIII 指出全球能源投資金額極為龐大，以 2010 年為例，能源投資金額為 1 兆到 1.3 兆美元之間。其中約一半投資在電力建設，另一半投資於開採化石礦（煤碳、天然氣、石油等）。電力建設經費中電廠建設與輸配電建設金額各約一半。

WGIII 報告指出在能源領域減碳有以下幾個障礙：

1. 科技進展速度緩慢
2. 全球仍大量投資化石能源
3. 人民對廉價能源習以為常
4. 對減碳技術人才（核能、CCS 等）培訓不足
5. 能源投資折舊期漫長，能源轉型緩慢

由 WGIII 報告可知能源減碳決非易事。

第 4 章

溫昇目標之科學探討

4.1　氣候科學進階議題

　　第三章介紹了暖化最重要的科學基礎：黑體輻射及溫室氣體。介紹了 WGI 報告中對溫度及碳排的討論。對 WGIII 報告除簡單介紹社會／倫理議題，碳排趨勢／減碳途徑及政策外，側重於討論交通、建築、工業、農業、都市規劃及能源等各領域的減碳措施。第三章內容多直接引用 IPCC AR5 報告。

暖化爭議

　　由第 3 章的敘述，讀者的印象是暖化的科學基礎，溫昇預測及人類應採取的減碳路徑都已有全球共識。世界各國就應以 IPCC AR5 為基礎，全力推動減碳政策，但世事沒這麼簡單。

　　減碳手段的時程取決於溫昇速度及溫昇造成的自然災難／經濟損失有多嚴重。

　　但對這些重要議題，學術界有不同意見，也有不少重量級學者對 IPCC 提出嚴厲批評。本章將介紹此類論述並進一步討論人類究竟應何去何從。

　　針對黑體輻射現象及溫室氣體增加會造成全球暖化，科學界有高度共識。但為何科學界對百年後溫昇仍有許多不同預測？即使 WGI 報告中對

溫昇預測高低範圍都很大。報告中指出因大氣中溫室氣體倍增，造成的溫昇下限為 1.5°C 而上限為 4.5°C，幅度實在太大，令人無所適從。

回饋機制

實際上如果大氣中溫室氣體倍增造成的溫昇約為 1°C，但 WGI 報告中預估溫室氣體倍增將造成溫昇 3.2°C（上述 1.5°C 及 4.5°C 為上下限），是因為溫室氣體增加會造成「正回饋」，而將溫昇由 1°C 放大 3 倍而成 3.2°C。本章即對「回饋」，造成回饋不確定的「雲」及電腦氣候模型的一些先天限制先行討論。此三者為造成對未來溫昇預測差距如此之大的主因。

一般人多以為 CO_2 及其他人造溫室氣體是造成全球昇溫的主因，但這是只知其一不知其二。大氣中的人造溫室氣體固然可阻絕地球的紅外線輻射，而使地球昇溫，但大氣中最重要的溫室氣體並非 CO_2 或其他人造溫室氣體，大氣中最重要的溫室氣體是水蒸氣。但人造溫室氣體（CO_2 等）會造成大氣中水蒸氣增加的「正回饋」。

什麼是回饋（Feed Back）？

所謂回饋就是一個系統在受外力作用後，其系統反應會「增強」或「減緩」該作用原先造成的後果。若是增強即稱之為「正回饋」，若是減緩則稱之為「負回饋」。

地球暖化後會使海洋昇溫，海洋溫度增加會使海水加速蒸發而使大氣中水蒸氣增加。依目前估計，溫昇 1°C，大氣中水蒸氣會增加 7%。但水蒸氣本身是吸收紅外線能力很強的溫室氣體，所以大氣中水蒸氣增加會使地球溫度加速上昇，這就是一種「正回饋」。依科學界估計，溫室氣體對地球暖化的貢獻只有 1/3，另外 2/3 來自正回饋，而造成最大正回饋的正是水蒸氣。

雲的謎團

但大氣中水蒸氣增加會有另一個效果，就是大氣中「雲」也會增加。但雲的種類繁多，依高度不同，可分為高雲、中雲、低雲。又可進一步細

分為卷雲、層雲、積雲等。因高度及種類的不同，各種雲對暖化的貢獻各不相同。有些雲會造成正回饋（增溫），有些雲又造成負回饋（減溫）。大氣中水蒸氣如此之多，雲在全球分布又如此之廣，如何模擬雲，就成為電腦模型最大的挑戰。

雲量對氣候為何如此重要？這可要由地球的反照率（Albedo）談起。反照率就是地球反射陽光幅射的比率，地球反照率對氣溫影響極大。如果地球反照相差 1%，地表溫度就會差 1°C。若地球反照率由目前 30% 增為 31% 或降為 29%，地表溫度就會變成 14°C 或 16°C。地球反照主要是因為雲，地球反照率 30% 中，雲占了 20%，其他 10% 則是冰原及雪地的反照。

大氣中雲的覆蓋率約為 60%，沒有人知道為什麼是 60%。因為雲覆蓋率相差 1% 對溫度都有重大影響，這就是為何在電腦模擬中模擬雲的覆蓋率就成為重中之重。

氣候模型解析度

但模擬雲又牽涉到電腦模型的另一個問題：模型解析度。

電腦模型是將地球橫向（經緯度方向）及縱向（上為大氣，下為海洋）分隔為許多小區塊。區塊間的相互作用再以物理公式描述。區塊間的物理行為必須滿足能量守衡，動量守衡，質量守衡及理想氣體公式。在全部區塊的初始條件設定後，再以 30 分鐘為單位進行電腦模擬，推算 100 年後，甚至 300 年後的氣候。

電腦模型中區塊越細，對區塊中的氣候條件可以有更精確的描述。但問題是區塊越細，電腦計算量越大，即使高速電腦也吃不消。

IPCC 報告指出，大多數氣候模型在橫向以 100～200 公里為一格，縱向在地表以 100 公尺為一格，在高空則以 1000 公尺為一格。格子如此巨大就很難模擬雲，就只好以參數（Parameter）來定義模型各格中雲覆蓋的比例。但此一比例是依個人判斷決定，每個電腦模型對雲的輻射效果（Cloud Radiation Effect，CRE）就很不相同：圖 4-1 引自 WGI 圖 9.5。

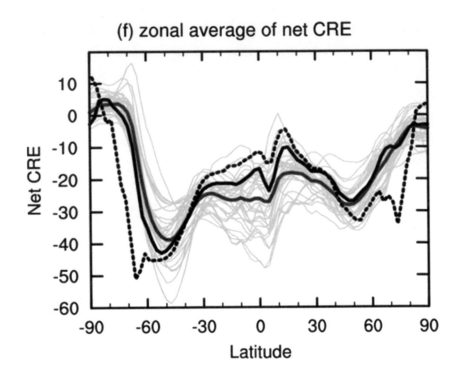

圖 4-1　雲覆蓋率（實測與電腦模擬）

資料來源：IPCC AR5 WGI Fig 9.5 PP.764

　　圖 4-1 中黑實綠為實測值，淡黑線則為各模型參數不同得出之 CRE。由圖可知各模型之結果相差極大。

氣候敏感度

　　如前述，大家對如果大氣中溫室氣體濃度倍增（由工業革命前之 278ppm 增為 556ppm），全球溫度會昇高多少極有興趣。大氣中溫室氣體倍增後的溫昇還有一個特殊的名詞：氣候敏感度（Climate Sensitivity）。IPCC 報告中引用的眾多氣候模型都曾模擬溫室氣體倍增後的溫昇，但差距很大，範圍由 2.1°C 到 4.7°C，（WGI 報告則調整以 1.5°C 到 4.5°C 為上下限）。

IPCC 報告中承認模擬結果差距如此之大的主要原因就在於不同氣候模型對雲的回饋假設不同。氣候敏感度極為重要，目前聯合國將全球溫昇目標定為 2°C。若氣候敏感度為 4.7°C，則十年前大氣中溫室氣體濃度已超過溫昇 2°C 限制，全球十年前溫室氣體就要「零排放」。全體人類都要退回工業革命前的日子，這種將導致人類社會全面崩潰的減碳目標顯然不可行。

但如果氣候敏感度為 2.1°C，則如果人類完全不減碳，約 50 年後才會將「排碳額度」用完。世人還有很長的時間可進行「能源轉型」，不必太緊張。

由以上例證可知氣候模型、回饋及如何處理「雲」這些議題決定了人類減碳應採取的步調。

4.2　氣候模型預測失準

上節提及因氣候電腦模型無法準確模擬對回饋有重大影響的「雲」，電腦模擬結果的準確性就不免遭人質疑。但電腦模擬對未來溫昇預測又直接影響全球減碳政策。

氣候模型與溫昇預測

今日全球都畏懼因溫室氣體持續增加造成下一世紀（2100 年後）全球溫度劇增。溫昇 3°C 大家都認為不得了了，不用說溫昇 4°C、5°C 甚至 6°C 了。

但沒有人知道 2100 年溫昇到底多少，因為 2100 年還沒來到。目前全球對 2100 年後之溫昇預測都是基於電腦氣候模型。

氣候模型（電腦模擬）可靠嗎？這真是大哉問。

檢驗電腦模擬的能耐也不難，吾人大可檢視電腦對模擬以往的溫昇模擬是否準確。

氣候模型溫昇預測失準

但十分尷尬，電腦模擬對 1998～2012 年（AR5 截稿年）15 年間的溫昇預估實在差得太遠了。

依 WGI 報告，這 15 年間全球平均溫昇遠小於過去 30 年／60 年的平均溫昇。1998～2012 年間的平均溫昇只有 1951～2012 溫度的 1/3 到 1/2。1998～2012 年間每十年溫昇 0.04°C，1951～2012 年間每十年溫昇則為 0.11°C。WGI 報告將 1998～2012 年 15 年稱之為溫昇「暫緩」（Hiatus）。WGI 檢視了 114 個氣候模型對這 15 年之溫昇預測，發現 111 個模擬溫昇都遠超過實際溫昇。

圖 4-2 為 WGI 之圖 11-9。該圖將 42 個電腦模擬溫度（細線）與實測溫度（粗線）比較，發現前者都遠高於後者。

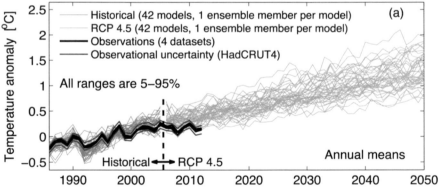

圖 4-2　電腦模擬與實測溫度比較

資料來源：IPCC AR5 WGI Fig 11.9 PP.981

IPCC 解釋

氣候模擬如此不準確，實在是茲事體大，WGI 就仔細討論到底問題出在哪裡。報告中提出了三個解釋：

1.氣候的內部變動（Internal Climate Variability）

WGI 解釋氣候變動本來就不是「循規蹈距」，本來就不是線性（Linear）。比方說這 15 年間深海（海深＞700m）加速吸收熱量，使淺海及大氣溫昇減緩。另一方面太平洋溫度也有 30 年的循環（Interdecadal Pacific Oscillation，IPO），太平洋自 2000 年起進入冷卻期。既然氣候內部變動捉摸不定，電腦模型就無法準確模擬每十年的變動。

2.輻射強迫（Radiative Forcing）

大氣中輻射強度是自然界及人為的輻射強度總和所造成。WGI 報告指出，這 15 年有兩種輻射強迫的變化可能造成溫昇趨緩：1.太陽輻射在 2000 年達最高值，而後一路降到 2009 年的最低值；2.過去十餘年一連串的小火山爆發造成大氣平流層氣懸膠體（氣膠）（Aerosol）增加，反射陽光而使大氣降溫，當然這兩者也屬於自然界的變化。

3.模型錯誤

WGI 報告針對電腦模擬與實測討論相差如此巨大，終於也承認電腦模擬可能有問題。報告中承認，電腦模擬可能過度誇大了溫室氣體對溫度的影響。不過報告中還是認為模型最多高估 10%。不過也承認如果只調整 10%，並不足以解釋電腦模擬值和實際觀察值之間的巨大差異。

全球植被增加

近來有一個理論解釋為何近年人類釋入大氣的二氧化碳年年增加，但大氣中二氧化碳濃度相對而言增加較緩。

位於加州勞倫斯柏克來國家實驗室的科學家，在 2017 年於自然雜誌發表了一篇論文討論此一現象。

論文中指出 1982～2009 全球植被增加了 1800 萬平方公里，約美國面積兩倍。地球植被大量增加原因也很簡單：地球暖化後，有許多過去太冷不適合植物生長的地區，現在都有植物生長。地表植物增加有一個明顯效應，就是更多植物由大氣中吸收二氧化碳進行光合作用。科學家發現這一現象在 21 世紀變得十分明顯。在 20 世紀時人造二氧化碳中約有 50%留大氣中在，21 世紀此一數字降為 40%。換句話說大氣中二氧化碳增加導致全球暖化，全球暖化導致全球植被增加，全球植被增加反而吸收了大氣中較多的二氧化碳，整個過程形成了一個「負回饋」。

但大氣中二氧化碳繼續增加，全球植被也會無限制的增加嗎？這也未必。因為植物生長除二氧化碳外還需要許多其他條件，例如「水」。全球暖化對全球各地降雨影響不一，是否有充足水源就成為植物生長的一個限制條件。大自然的未來仍然難以預測。

近期溫昇預測

電腦模擬 1998～2012 溫昇誤差如此之大，是極為嚴重的問題。如果往後預測再錯個 10 年、15 年，電腦模型的可信度就會完全破產。對為了對抗全球暖化而成立的 IPCC 而言，絕對不能接受。

WGI 報告認為未來 10 年到 15 年全球平均溫昇一定會高於 1998～2012 年的溫昇。WGI 作此陳述乃基於以下四大理由：1.全球人為溫室氣體排放將持續增加；2.因環保法令趨嚴，全球人造氣膠將持續降低（反射陽光能力降低）；3.太陽輻射循環將由弱轉強；4.氣候內部變動將朝增溫方向移動。

WGI 針對近期溫昇趨勢的預測看來頗有道理。但就算 2013 年後溫昇較 1998～2012 年的 15 年增加，也無法解釋為何 1998～2012 年模擬誤差如此之大。

WGI 報告提出的解釋，如氣候內部變動（深海吸熱及太平洋溫度循環）及輻射力的變化（太陽輻射強度減弱、火山爆發）等等因素，其實早為氣候學家所熟知，本來就應將此類因素納入電腦模型。1998～2012 年溫昇預

測誤差不是一點點而是 2、3 倍之多。氣候模型的發展已有數十年歷史，進步很大，氣候模型中各種考量其實非常詳盡，可說是鉅細靡遺，電腦模擬誤差如此之大實在頗為離譜。如本節開宗明義所述，全球各國如此努力減碳，是基於電腦模型對未來百年的溫昇預測。但如果氣候模型高估了溫室氣體對全球溫昇的影響，而誤差不止 WGI 報告所說的 10%，豈不是極嚴重的問題？深度減碳不是沒有代價的。人類社會至今還是極端依賴化石能源，不論是先進社會的運作或是落後國家的脫貧，都離不開化石能源。

如果人類對氣候知識的掌握仍不夠全面，比方說自然界有些自我調適的機制尚未被人類知曉，表示電腦模擬仍有極大的缺憾。但不論是京都議定書，或巴黎協定等影響全球各國能源政策的協議，都是依據電腦模擬所產生，吾人對氣候模型豈不應予以最嚴格的檢視嗎？

4.3　溫昇目標──2°C 或 3°C

2°C 目標無法達成

目前世界已有近 200 個國家簽署巴黎協定，巴黎協定目標為全球溫昇不超過工業革命前溫度 2°C。人類使用化石能源是大氣中 CO_2 濃度增加及全球溫昇的主要原因，所以為了達到全球溫昇不超過 2°C，就要減少人類使用化石能源。但自工業革命兩百多年來，人類文明突飛猛進，完全拜人類掌握了化石能源之賜。目前化石能源仍占全球能源使用八成，要全球各國一致快速減碳談何容易。依京都議定書經驗，目前各國為巴黎協定而各自提出的國家自訂預期貢獻（Intended Nationally Determined Contribution，INDC）之減碳目標根本無法達成。並且即使 INDC 達成，全球溫昇也必然超過 2°C，換句話說 2°C 是無法達到的目標。2°C 目標本身就是值得仔細討論的題目。

不應 2°C 以為目標

基於以下兩點理由，許多人認為 2°C 不應是人類應該設定的溫昇目標。

1. 2°C 的科學基礎並不穩固

大氣中碳排放累積量達多少會造成 2°C 溫昇，完全是基於電腦氣候模擬推算所得。所以第一個基本問題即為：電腦氣候模型可靠嗎？由上節討論可知，答案並不肯定。

2. 3°C 是否為較為實際的溫昇目標？

如果氣候模型推估正確，但依目前人類減碳速度，根本無法達到溫昇不超過 2°C 目標。但當初設定 2°C 有什麼堅實的科學依據嗎？答案是否定的。2°C 是極於保守的目標，沒有任何科學證據顯示溫昇超過 2°C 會造成什麼大災難。與工業革命前相較，目前全球溫昇已接近 1.1°C，全球溫昇較今日再增加 1°C 就會造什麼重大氣候災難，是沒有科學根據的猜測。另外因過去十年全球暖化海洋中還儲存大量熱量，在未來全部釋出後，大氣另將升溫 0.6°C 而達 1.7°C。換句話說，即使從今日起，全球停止使用化石能源，大氣溫度仍將持續上昇到 1.7°C。如以 2°C 為溫昇目標，表示未來人類碳排總量將限制在造成大氣溫昇 0.3°C 的範圍，這是極小的空間。

何不以 3°C 為目標

既然以溫昇 2°C 為目標沒有什麼堅實的科學根據，人類為何不考慮以溫昇 3°C 作為全球努力目標？若以 3°C 為努力目標，表示人類未來碳排總量造成的溫昇仍有 1.3°C 的空間。一般人直覺上會以為與 2°C 為目標，未來只有 0.3°C 空間相較，以 3°C 為目標，人類未來累積碳排可增加 4 倍。並非如此。每噸碳排造成的溫昇效果並不等值，而有所謂「報酬遞減」現象。也就是說未來增加的每噸碳排造成的溫昇，小於過去已發生的每噸碳排所造成的溫昇。碳排與溫昇並非線性關係，而是對數關係。所以以 3°C 及 2°C 為溫昇目標，未來溫昇空間增加 4 倍，但未來碳排總量增加不只 4 倍，為人類爭取了數十年的時間。以精進現有低碳技術及研發更有效的減碳科技。

氣候工程簡介

　　假設今日電腦氣候模型對未來世界的溫昇預估正確，如前述，即使各國都達到巴黎協定的減碳目標承諾（INDC），全球溫昇也不可能達到低於 2°C 的目標。上段建議全球溫昇定為 3°C 則是一個較為務實的目標。但如果在溫昇超過 2°C 時人類發現極端氣象發生頻率大增，對人類社會造成極大威脅，但各國已放慢減碳腳步，全球溫昇趨近 3°C 已不可避免，人類是否就無路可走？非也。人類還有極為簡單管用的救急手段：氣候工程。相信國內很少人聽過「氣候工程」這個名詞。這也不足為奇，即使在先進國家，聽過「氣候工程」的人也極少，更不用說了解什麼是氣候工程。前幾年在美國做的民調顯示只有 3%的美國人正確了解何謂氣候工程，部分人聽過這個名詞，但對其認知錯誤，74%美國人根本聽都沒聽過「氣候工程」。

　　在日本作類似調查，發現成人中只有 11%人口聽過「氣候工程」。台灣並未做過類似調查，但以美、日兩國人民對氣候工程都極不了解，推斷台灣人民知道何為氣候工程人數占比一定也很低。

　　顧名思義，氣候工程就是人類以工程手段改變地球氣候的科技。大家聽了可能大吃一驚。人類竟然潛越到要取代上帝，呼風喚雨管理氣候了？正是因為此一理由，反對氣候工程者眾。多年來科學界噤聲，也不敢宣傳鼓吹此一觀念。聯合國也擔心如果各國人民廣泛知道人類有減緩溫昇的科技手段，會削弱各國減碳決心及民眾支持度。聯合國對氣候工程極為低調，外在環境如此，無怪乎了解何為氣候工程者實為鳳毛麟角。

　　但近幾年，情勢大為改觀，許多人認知溫昇大於 2°C 無法避免，又擔心氣候是否有臨界點（Tipping Point），意即是否超過某一界限，氣候會極速改變，危及人類生存。在這種考量下，有不少科學家視氣候工程為人類存續的救命金丹，不宜將之束之高閣，而應進行有意義的研發探討。在這種情境下，IPCC AR5 才較公開的討論氣候工程。本書第五章對氣候工程將有較詳細的討論。

　　總結以上討論：1.如果電腦氣候模型高估碳排了對溫昇的影響，人類實不必急於減碳，2.如果人類將溫昇目標由 2°C 改為 3°C，將為人類增取一

個世代以上的時間研發改進減碳科技。目前人類仍極端依賴化石能源，無法也不必過於激進減碳，3.即使電腦氣候模型正確，2℃ 也是氣候變化天險，人類仍有氣候工程手段可控制全球溫昇，似也不必急於減碳。

4.6 節將深入討論以上三個論述。

4.4　WGI 報告注意事項

本節將較深入討論溫室氣體與溫昇的關係，並將引用 WGI 報告數字及表格。下節則依 WGI 報告資料討論溫昇 2℃、2.5℃ 及 3℃ 時大氣中溫室氣體濃度，並研討以不同溫昇作為減碳目標對人類之影響。

此一探討看起來很簡單，WGI 報告中不是有很多表格，列出在不同溫室氣體濃度時的相對溫昇嗎？直接引用即可，何必大費週章？

實際上沒這麼簡單，WGI 報告相關表格很多，但每個表格的基準及意義並不相同，引用其數據時要極為小心。要特別注意的至少有以下幾個重點：

二氧化碳（CO_2）濃度還是溫室氣體（GHG）濃度

1. 表格中的濃度（均以 PPM-百萬分之幾為單位），是單指二氧化碳（CO_2）濃度，還是包括其他溫室氣體（如 CH_4，N_2O 等）的「溫室氣體濃度」？後者以 CO_2eq 表示。是將其他溫室氣體對溫昇的影響轉換為「相當於多少 CO_2」。所以同一年度的 CO_2 濃度一定低於 CO_2eq 的濃度，因後者包括了 CO_2 之外其他溫室氣體。

溫昇基準年

2. 以那一年代為基準？WGI 報告中未來溫昇通常與歷史上三個年代相比較。有以 1986～2005 為基準者，有以 1850～1900 為基準者，有以 1860～1880 為基準者。當然預測未來溫昇與越早年代相較溫昇越高。因為經 100 年的暖化，20 世紀末（1986～2005）全球平均

溫度當然高於 19 世紀末（1860～1880）的平均溫度。溫昇與後者為基準相較當然高於以前者為基準的溫昇。

ECS 與 TCR

3. 「未來」溫度的「未來」是指何年代？是指 21 世紀末（2081～2100）的溫昇還是指 23 世紀末（2281～2300）的溫昇？

在此要先複習「氣候敏感度」（Climate Sensitivity）的定義。氣候敏感度是指大氣中溫室氣體（GHG）濃度（CO_2eq）較工業革命前 GHG 濃度（278ppm）倍增後（556ppm）之大氣溫度。此一溫度也有兩種，一種稱之為平衡氣候敏感度（Equilibrium Climate Sensitivity，ECS），指大氣中溫室氣體倍增後最終平衡溫度。另一個溫度稱之為暫態氣候反應（Transient Climate Response，TCR），是以大氣中 CO_2 倍增當年為中心前後 10 年的大氣平均溫度。

ECS 一定大於 TCR，因為 TCR 只是 GHG 倍增當時的全球溫度。但全球溫度有其「惰性」，GHG 倍增時的大氣溫度並未全部反應其倍增的「潛力」。最主要的就是海洋有很大的吸熱能力，在 GHG 倍增後要數十年的時間海洋增加的熱能才會逐漸釋出，而使大氣溫度進一步上昇，直到大氣溫度不再上昇而達到平衡時的溫度才是 ECS，當然高於 TCR。

吾人關心的是在大氣中不同 GHG 濃度下，大氣「最終」平衡溫度而不是大氣中 CO_2eq 剛達到其特定濃度時（450ppm、550ppm 及 650ppm）當下之大氣溫度。所以暫借 ECS 及 TCR 的觀念，吾人更注意的是大氣溫度達到平衡後（2281～2300）的溫度，而不是 21 世紀末（2081～2100）的大氣溫度。

二氧化碳（CO_2）還是碳（C）？

4. WGI 報告表格有時並不以大氣中 CO_2 噸數表示，而以大氣中 C 噸數來表示。此時就要注意：

表格中的噸數（以十億噸為單位：Gt）是指二氧化碳（CO_2）還是指碳（C）。大氣中 CO_2 噸數數字高於以 C 為噸數數字的 3.667 倍。因為 C 的分子量為 12，CO_2 分子量為 44。

如上章所述，大自然的碳循環並不全以 CO_2 的形式存在，有時會以不同的有機化合物（如碳酸 $CaCO_3$）存在，所以有時以 C 為單位有其必要。

在研讀 WGI 報告時最後要注意的一點為：

碳排與大氣增碳

5. 勿將每年人類 CO_2 排放噸數認為是大氣中增加的 CO_2 噸數，因為每年 CO_2 排放中只有不到 50%留在大氣中。人類 CO_2 排放中有大半為海洋及陸域生態（植物等）所吸收，所以真正留在大氣中的 CO_2 不到排放量的 50%。

以上 5 點為引用 WGI 報告數字時要特別注意之處。

4.5 輻射強迫（RF）與代表濃度途徑（RCP）

在工業革命前大氣中 CO_2 濃度為 278ppm，在 2015 年已增為 400ppm，未來大氣中 CO_2 濃度究竟若干，完全要看人類減碳速度多快而決定。如果人類很快找到經濟可行的無碳能源，化石能源很快退場，大氣中最終 CO_2 濃度就不會太高。但若無碳能源發展緩慢，人類仍然大量依賴化石燃料提供能源，大氣中的 CO_2 濃度就會在較遙遠的未來才會達到峯值。大氣中最終 CO_2 濃度相對就會較高。

輻射強迫（RF）

在進一步討論 GHG 濃度及溫昇關係前，要介紹一個至關重要的名詞：輻射強迫（Radiative Forcing，RF）。有時亦譯為輻射強迫作用。因為此名詞中譯太長，本書討論時均以英文「RF」表示。RF 的單位是 W/m^2（瓦／米平方）。瓦（W）是功率（能量／時間）的單位，一般人較不熟悉。但一般人對能量單位「度」就很有觀念。因為每個月的電費就是以使用多少度電收費。度和瓦的關係很簡單，度（kWh）就是 1000 瓦的功率作功 1 小時產生的能量。所以 1 度（kWh）=1000 瓦×1 小時（hr）。

　　地球的熱能來自太陽輻射，太陽輻射強度很強，在大氣對流層頂端（距地表 10 公里）的強度是 1360 W/m²。但陽光經過大氣層後會因各種自然因素減弱（如被雲所反射），所以到達赤道正午的強度為 1000W/m²。所以在赤道每平方米正午陽光直射一小時的能量就是一度電。許多鼓吹太陽能的人士就喜以此一數字乘上全球面積聲稱太陽照射地球 1 分鐘就可提供人類 1 年能量。當然實際上並非如此，因為還要考慮地表可鋪設太陽能板之面積，太陽光電板效率及每年有效日照時數等因素。

代表濃度途徑（RCP）

　　但不同濃度的 GHG 對大氣造成的 RF 究竟多大？WGI 選了 4 個 RF 值作為未來大氣溫昇情境討論，這 4 個值是 2.6W/m²、4.5W/m²、6W/m² 及 8.5W/m²。初看這 4 個值與太陽輻射強度（1360W/m²）相較都很少，但可不要小看這微小的變化，這 4 個值相對於最終全球溫昇的差距為 0.6°C 到 7.8°C。巴黎協定目標是控制全球溫昇在 2°C 以內，所以 2.6W/m² 可以接受，6W/m² 或 8.5W/m² 則必然會超過 2°C 的溫昇目標。

　　WGI 報告依這 4 個值定義了 4 種情境命名為 RCP2.6、RCP4.5、RCP6 及 RCP8.5。RCP 為 Representative Concentration Pathway，台灣譯為代表濃度途徑，大陸則譯為典型濃度路徑。基本上代表因減碳速度快慢，未來大氣中 GHG 不同濃度所造成 4 種不同 RF 的情境。因其代表未來減碳發展的各種可能性，所以稱之為路徑（Pathway）。

　　這 4 個 RCP 在 WGI 報告隨處可見，是極為重要的情境代碼。

4 種 RCP 情境之溫昇

　　WGI 報告表格還有一特點。WGI 報告對未來氣候預測（溫度、雨量等）是基於世界許多研究機構各自發展的氣候電腦模型。每個模型的結果當然不一樣，所以 WGI 報告表格對許多數值（如溫室氣體濃度，RF，溫度等）都不是一個固定值而是一個範圍，以下僅以 WGI 報告最常被引用的一個表格（表 SPM.2）為例解說。

表 4-1 預測在 4 種 RCP 情境下，在（2046～2065）及（2081～2100）兩個年代大氣溫度與以（1986～2005）平均溫度為基準的溫昇幅度。表中列了在這兩個年代模擬平均值及不同模擬的溫昇範圍。

表 4-1　4 種 RCP 情境之溫昇

單位：℃

情境	2046～2065		2081～2100	
	平均	範圍	平均	範圍
RCP 2.6	1.0	0.4-1.6	1.0	0.3-1.7
RCP 4.5	1.4	0.9-2.0	1.8	1.1-2.6
RCP 6.0	1.3	0.8-1.8	2.2	1.4-3.1
RCP 8.5	2.0	1.4-2.6	3.7	2.6-4.8

資料來源：IPCC AR5 WGI Table SPM.2 PP.23

由表 4-1 吾人可回顧本節所介紹及強調的幾個重點：

1.4 種 RCP 的定義；2.溫昇是以 1986～2005 平均溫為基準的比較；3.未來溫度是以（2081～2100）平均溫度而不是大氣溫度平衡後的後溫度（會更高），是 TCR 而非 ECS；4.預測溫昇有一個範圍。

引用 WGI 報告的各圖表對上述幾個要點都要特別注意，不宜將基準不同的數字相互比較。

WGI 報告中數字多半有上下限範圍，但本書引用及討論 WGI 表格將多半僅引用平均值。一方面簡化討論，一方面也減少讀者時時刻刻都分心於「範圍」，而可集中精神於「趨勢」的討論。但如有必要本書仍將 WGI 報告數字之上下限範圍標出。在網路上很容易閱讀 AR5 報告全文，本書引用 WGI 報告表格均將盡量標出引自 WGI 報告何一表格，讀者如有興趣知道各數字上下限範圍，可自行上網查閱。

4.6　3℃ 的科學依據

RF 與溫室氣體濃度

WGI 報告中列出 RF 與 GHG 濃度之關係公式：

$$RF = \frac{3.71}{\ell n(2)} * \ell n\left(\frac{CO_2eq}{278}\right) \quad W/m^2 \qquad 公式 4-1$$

資料來源：IPCC AR5 WGI PP.1047

　　此一公式極為重要，此一公式將 GHG 濃度與所造成的 RF 掛勾。使用此公式時要注意，公式是以 CO_2eq 的濃度與工業革命前 GHG（主要為 CO_2）濃度 278PPM 相除，而不是以 CO_2 濃度與之相除。

　　此公式表示當大氣中 GHG 濃度升為工業革命前大氣中 GHG 濃度 2 倍時，RF 值為 $3.71W/m^2$。依此公式可計算在不同 GHG 濃度時之 RF 值，是進一步計算相對溫昇的第一個步驟。

　　上述四種 RCP 情境之 RF 為 $2.6\ W/m^2$、$4.5\ W/m^2$、$6\ W/m^2$ 及 $8.5\ W/m^2$，依此公式可知相對之 GHG 濃度（CO_2eq）為 452PPM、644PPM、853PPM 及 1360PPM。

　　有一點要特別注意，公式 3-1 隱含的意義為當 GHG 濃度較工業革命前倍增時，RF 值為 $3.71\ W/m^2$。但因不同電腦模型運算後回饋值都不同，所以當 GHG 倍增後每個電腦模型計算之 RF 值相差很大，並不都是 $3.71\ W/m^2$，此值只是取不同電腦模擬之平均值簡化為公式 4-1。

　　WGI 及 WGIII 報告針對 4 個 RCP 之 GHG 濃度因為取自不同電腦模型之平均值所以並不相同。

　　表 4-2 為 WGI、WGIII 兩本報告及由 4-1 公式導出在 4 個 RCP 之溫室氣體濃度（CO_2eq）供參考。

表 4-2　4 種 RCP 之 GHG 濃度

RCP	2.6	4.5	6	8.5
公式	452	644	853	1360
WG I	475	630	800	1313
WGⅢ	455	650	860	-

資料來源：IPCC AR5 WGI Box SPM.1, PP.29
　　　　　IPCC AR5 WGIII table A.II.17, PP.1313

　　由表 4-2 可知雖然報告中及由公式導出之 GHG 濃度並不完全相同，但差異有限。

本書討論 4 個 RCP 之 CO_2eq 濃度均將簡化統一以公式為準。

溫昇與 RF

但大家真正關心的不只是 RF，而是溫昇。

溫昇與 RF 是線性關係，WGI 中之公式為：

$$\Delta T = \lambda \cdot RF \qquad 公式 4-2$$

資料來源：IPCC AR5 WGI PP.664

要注意ΔT指在不同 GHG 濃度下之平衡氣候敏感度（ETS）與工業革命前溫度之差異而不是暫態氣候反應（TCR）與工業革命前溫度之差異。TCR 是大氣中 GHG 到達某一數值時之當時溫度，ETS 則是數百年後當海洋熱量釋放入大氣後之大氣平衡溫度，ETS 永遠大於 TCR。

由公式 4-2 可知 λ 值的大小決定ΔT的大小，即溫昇的高低。

但如同公式 4-1 針對RF $= 3.71W/m^2$數字之討論，λ 值也因不同「回饋」而有所不同。本節將 GHG 倍增之 RF 值使用 4-1 公式，只調整 λ 值做為ΔT之討論。

WG I 報告中指出依 4-1 公式，氣候敏感度（當 GHG 倍增之 ETS）為 $3°C$，則可導出 λ 為 $0.809°C/(W/m^2)$。

溫昇與溫室氣體濃度

依此值及公式 4-1，4-2 可得出表 4-3

表 4-3　不同 GHG 濃度之溫昇（I）

RCP	GHG（PPM）	RF（W/m²）	溫昇（ECS）°C
2.6	452	2.6	2.10
	489	3.02	2.45
	556	3.71	3.00
4.5	644	4.5	3.64
6.0	853	6.0	4.86

註：$\lambda = 0.809°C/(W/m^2)$

表 4-3 列出 3 個 RCP 之相對 GHG 濃度，RF 及溫昇，因 RCP8.5 之溫昇太高，顯然不是人類減碳努力目標，不予討論。除上述 3 個 RCP 相對數值外，表 4-3 也列出溫室氣體濃度為 489PPM 及 556PPM 之相對 RF 及溫昇數值。

工業革命前大氣 GHG 濃度為 278PPM，所以 556PPM 即為 GHG 倍增後濃度及相對應之 RF 及溫昇。表中列出之RF = 3.71W/m²及溫昇（氣候敏感度）為 3°C大家都應十分熟悉，但為何列出 489PPM？因為 489PPM 是 2016 年大氣 GHG 濃度（依 NOAA 資料），應特別注意 2016 年 CO_2 濃度為 400PPM，但 GHG 濃度永遠大於 CO_2 濃度。吾人可由 GHG 濃度 489PPM 相對之溫昇（2.45°C）檢討 λ 之數值，是否合宜。

WGI 報告於 2013 年底出版，報告中之全球溫度記錄止於 2012 年。本書第三章曾引用 WGI 報告，報導 1880 年到 2012 年全球溫昇為 0.85°C，但 1998 年到 2012 年全球溫昇趨緩，這 15 年間每 10 年平均溫昇只有 0.05°C，遠低於電腦模擬，使大家對電腦模擬的可信度隨之動搖。

但 1998 年是一個十分特殊的年份。1998 年發生了強烈聖嬰現象，全球溫度陡昇。1998 年之全球均溫不但創到當年為止之全球高溫記錄，之後數年此一記錄一直未被打破。所以以 1998 年作為起始年計算其後之全球平均溫昇，斜率自然較低。

1998 年到 2012 年間雖然也有聖嬰年，但強度都不大，直到 2014～2015 年才發生了另一次強大聖嬰年，所以 2014、2015、2016 溫昇連續 3 年創記錄，並且溫昇非常高。依美國大氣及海洋總署（NOAA）、美國太空總署

（NASA）及英國氣象局（UK MET）三個全球最權威的氣候單位報導，2016
年的全球溫度較 19 世紀下半之溫度高出 1.1°C。如前述，1880 年到 2012
年，132 年間全球溫昇只有 0.85°C，2012 到 2016 四年間全球溫昇就超過
0.25°C，這 4 年全球溫昇實在太過驚人。

在此檢討 2016 年溫室氣體濃度為 489PPM 之 ECS（ΔT）為若干？

上述 2016 年較 19 年紀下半葉溫昇為 1.1°C，只是 TCR，並不是 ECS。
即使人類自 2017 年開始將人造碳排降為零，因海洋熱能仍將逐年釋出於大
氣層，所以大氣溫度仍將繼續增加，大氣溫度要另外昇高 0.6°C 才達平衡，
也就是說 ECS（ΔT）應為 1.7°C。

吾人現在可以再檢視表 4-3。表 4-3 是假設當溫室氣體加倍時 ECS 昇
溫 3°C 得到 λ=0.809°C/(W/m²)而得之數據。

但依表 4-3，2016 年 ECS 之增溫為 2.45°C，已經遠遠超過巴黎協定全
球溫昇目標（2°C）。所以如果氣候敏感度 3°C 是正確的，代表為了達到溫
昇低於 2°C，人類老早就要全面停止使用化石燃料，這顯然是「不可能的
任務」。

2016 年大氣 GHG 濃度為 489PPM，已經超過 450PPM，但 450PPM 正
是歐盟減碳目標。為了達到溫昇低於 2°C，歐盟減碳政策正是以大氣中
GHG 濃度最高 450PPM 為目標。歐盟訂 450PPM 為目標與 2°C 互相掛勾，
但兩者顯然都無法達成。問題是 λ 定為 0.809°C/(W/m²)是否正確？由
NOAA/NASA 及 UK MET 等單位之全球溫度資料，及依 IPCC 數據推估，
2016 年 ECS 溫昇為 1.7°C 而非 2.45°C，代表將 λ 值定為 0.809°C/(W/m²)顯
然太高，與觀測資料不符。

溫昇與溫室氣體濃度（調整值）

依 489PPM 之 ECS 溫昇 1.7°C 計算，λ 值應為 0.561°C/(W/m²)，若依
此值重新計算則可得表 4-4。

表 4-4　不同 GHG 濃度之溫昇（II）

RCP	GHG（PPM）	RF（W/m²）	溫昇（ECS）°C
2.6	452	2.60	1.46
	489	3.02	1.70
	542	3.57	2.00
	556	3.71	2.08
	640	4.46	2.52
4.5	644	4.50	2.52
	755	5.35	3.00
6	853	6.00	3.37

註：$\lambda = 0.561°C/(W/m^2)$

　　表 4-4 顯示當溫室氣體倍增時之氣候敏感度為 2.08°C而非 3°C。

　　WGI 報告中氣候敏感度之範圍為 1.5°C到 4.5°C，表 4-4 計算之 2.08°C仍在此範圍內，必然合於某些回饋值較低之氣候電腦模擬。

　　依表 4-4，RCP 2.6、4.5 及 6 之 ECS 溫昇分別為 1.46°C、2.52°C及 3.37°C。表 4-4 也顯示 2°C之溫室氣體濃度為 542PPM。吾人不妨檢視如以此為減碳目標，是否容易達成？

　　目前大氣 GHG 濃度每年約以 2PPM 的速度增加，2016 年 GHG 濃度為 489PPM，到 542PPM 只有 53PPM 的成長空間，表示人類只要持續目前速度排碳，26 年內（到 2042 年）人類就要將碳排降為零，這目標顯然也無法達成。

　　表 4-4 顯示 2.5°C及 3°C之 GHG 濃度分別為 640PPM 及 755PPM，暫以每年 GHG 濃度增加 2PPM 計算，人類在碳排降為零前仍分別有 75(到 2091 年) 及 133 年（到 2149 年）的時光可以努力。

　　當然以上 75 年及 133 年只是粗略計算。人類減碳是一個漸近過程，不會由前一年造成 GHG 增加 2PPM 次年降為 0PPM。以上 75 年、133 年只是表示既然目前 2°C（542PPM）的目標不可行，人類是否應訂出一個較為務實的目標，以溫昇 2.5°C或 3°C為目標？或以 GHG 濃度 650PPM 或 750PPM 為減碳目標？

佐證

　　當然目前 IPCC 之氣候電腦模型都極為龐大，其中 GHG 濃度，RF 及溫昇都是經由極為複雜之計算而得，而非本節之極簡化處理方式。

　　但正因電腦模擬太過複雜，人們有時會迷失於複雜計算與海量資訊之中。本節雖以極簡化處理，但引用公式均為 IPCC AR5 報告中公式，也不失為以不同角度驗證 GHG 濃度，RF 及溫昇間之關係。

　　本節重點在指出，現有電腦模擬結果與實際溫昇數據比較，顯然誇大 GHG 對溫昇之影響，此將嚴重影響世人對減碳政策之決定，採取過為保守，有害無益之政策。

　　實際上認為目前 IPCC 氣候模擬高估溫昇之學者不在少數。2017 年 9 月牛津大學物理系研究學者，理查・米勒（Richard Millar）在 Nature GeoScience 發表論文，討論全球未來〝碳預算〞（Carbon Buaget）議題。碳預算為探討在某種溫昇目標下，人類最多還可排多少碳。

　　依 PCC AR5，若以 TCR1.5°C 作為溫昇目標，則人類自 1870 年後之總碳排不得超過 2 兆 2500 億噸。但在 2015 年巴黎協定簽約當年，人類碳排已超過 2 兆噸，每年碳排並已達 400 億噸，依此估算，全球碳排必需在 2020 歸零。

　　但與本節看法相同，米勒認為目前全球溫昇低於氣候模型之估計。米勒將氣候模型依目前實際溫昇調整，依兩種不同假設，重新計算，得到全球在 2015 年後仍可增加碳排 7500 億噸至 9200 億噸，而非目前模型估計之 2500 億噸。米勒此篇論文思維與本人在本節之思路類似，也可佐證本節之推演，應有其參考價值。

第 5 章

暖化衝擊與氣候工程

許多人對以溫昇 2.5°C 或 3°C 為目標會感到十分不安。目前巴黎協定不是以暖化 2°C 為目標？溫昇超過 2°C 是否會造成氣候巨變，人類面臨巨大災難？

完全沒這回事。溫昇超過 2°C 就會導致巨災是沒有任何科學基礎的迷思，這正是世人被「洗腦」的明顯例證。

其實氣候經濟學家對溫昇 2.5°C 或 3°C 都有詳細評估，結論是影響很有限。介紹氣候經濟學家的研究結論前，在此先討論世人普遍最關心暖化對農業及健康的衝擊。

5.1　暖化對農業之衝擊

人類經濟活動中，暖化對製造業或服務業都不會造成太大的衝擊，因為上述活動多半在人類可控制環境條件的室內進行。人類經濟活動中受暖化影響最大的單一產業就是農業。

誤導與正解

有些報告針對暖化對農業的影響描繪了非常黑暗的前景。英國政府發布的史登報告（Stern Report）中就指出若溫昇 3°C，全球將會增加 2 億到 5 億人陷入飢荒，但實情如何？

IPCC 報告指出：

以全球而言，溫昇 1°C～3°C 農業會增產，溫昇超過此一範圍可能會造成地區性減產，但如採取種植不同農產品或改變耕種時間等調適行為，農業生產可保持原有水準。

暖化對農業的影響到底如何，可分別由以下四點深入研討：1.增碳；2.調適；3.國際貿易；4.農業比重。

增碳與增產

1. 增碳：植物光合作用需要二氧化碳才能進行。空氣中的二氧化碳對植物而言是「養分」。據估計若大氣中二氧化碳倍增，則稻、麥、玉米等主要農產品將可增產 10-15%。美國政府官員（農業專家）Paul Waggoner 就指出，單單因大氣中增碳造成的農業增產就足以抵消暖化造成的許多不利因素。

調適手段

2. 調適：如 IPCC 報告指出，變更耕種時間、種植不同農產品，改變生產方式，改進灌溉系統及採用「抗旱」、「抗澇」種子都是很有效的調適手段。

圖 5-1 為在低緯度地區採取調適手段前後每單位小麥生產在不同溫昇下的影響。該圖為全球 50 個相關研究之結論。

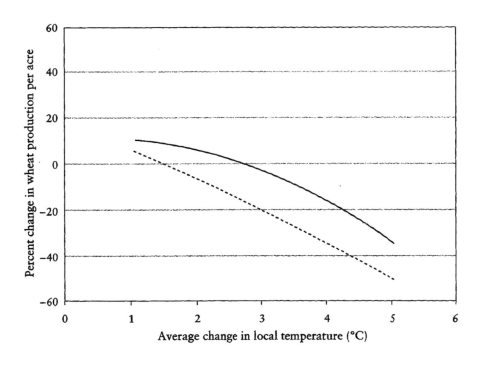

圖 5-1　暖化對小麥生產的影響

資料來源：W. Nordhaus, The Climate Casino (2013)

　　該圖虛線為若不採取任何調適手段，溫昇 1.5℃ 就會使小麥減產。但若採取調適手段（實線），則溫昇至 3℃，小麥都處於增產狀態，由此可見農業調適的重要。

國際貿易

3. 國際貿易：今日農產品是一個國際市場，各國依本身農產品的相對價格優勢決定進口還是出口農產品。台灣就是一個農產品淨進口國。在全球暖化的情況下，熱帶國家農產品或會減產，但今日溫帶甚至寒帶地區農產品極可能大幅增產，以全球而言並不會發生糧荒問題。有人或會指出今日熱帶地區的貧窮國家可能無力進口糧食。

這就牽涉一個非常弔詭的問題：如果全球經濟發展緩慢，窮國無法脫貧，則大氣中二氧化碳濃度增加將會很緩慢，全球暖化及熱帶地區農業減產就不是大問題。今日預測溫昇超過 3℃，都是基於全球經濟繼續發展，今日貧窮國家全部脫貧（國民所得有如今日美國）。在這種情形下，今日熱帶地區窮國將都變成富國，進口農產品就如今日台灣，根本不是問題。

農業占比

4. 農業占比：如前所述，全球暖化對一國產業影響最大的就是農業，對其他產業影響很小。所以如果農業在國家整體經濟活動中占比降低，則暖化對國家整體經濟影響就很有限。全球各國經濟發展的鐵律就是農業比重減少，製造業及服務業在全國經濟的占比增加。經濟越發達國家，受暖化的衝擊越少。

表 5-1 為美國 60 年來產業在經濟中占比的比例。由該表可見「受暖化衝擊程度高」產業占比，由 1948 年的 9.1%降為今日的 1.2%。所以就算農產品價格倍增，對美國人福利影響仍十分有限。美國只是一例，全球各國經濟都朝此模式趨進中。

表 5-1　美國受暖化衝擊不同程度之產業占比

受暖化衝擊程度	全國經濟占比	
	1948	2011
1.高	9.1	1.2
農業	8.2	1.0
森林、漁業	0.9	0.2
2.中	11.6	9
3.低	79.3	89.8

資料來源：W. Nordhaus, The Climate Casino (2013)

對農業衝擊有限

由以上討論可得到以下結論：

1. 暖化程度與經濟發展速度息息相關，經濟發展快速會導致溫昇加速，經濟發展減緩，溫昇也會減緩。

2. 貧窮國家易受暖化影響，暖化對富裕國家影響極小。

3. 暖化對製造業與服務業衝擊有限，產業中受暖化衝擊最大的是農業。

由以上數點結論即可推論暖化對未來世界衝擊程度。吾人可就農業在一國經濟占比，及該國國民所得，推論暖化對該國之影響。

以美國而言，農業只占全國 GDP 1%，農業就業人口也只占就業人口 1%。依世界銀行統計，自 1970 至 2010，全球低所得及中所得國家農業在 GDP 占比，由平均 25%降為 10%。以全球而言，因經濟持續發展，農業占比年年降低，全球各國經濟也年年成長。依統計，過去半世紀，中、印兩國合計 25 億人口的平均國民所得增加 10 倍。如以這種速度繼續發展，再過半世紀，中、印兩國平均國民所得將高達 50,000 美元，農業在全國 GDP 中占比將有如今日富裕國家。

由以上推論可知：全球暖化對農業及未來各國經濟影響實為有限。

5.2　暖化對健康的衝擊

極端暖化威脅論者常以暖化對人類健康的威脅作為抗暖重要理由。

史登報告誤導

英國政府的史登報告中有以下敘述：「地球溫度只要較工業革命前增加 1°C，每年因氣候變遷而死亡的人會增加 300,000 人。溫度如再增加，每年更將會有超過 1,000,000 人因缺糧而死亡。」這類言論極為驚人，但真相如何？

2016 年全球溫昇已較工業革命前增加 1.1°C，全球有 300,000 人因氣候變遷而死亡嗎？實際數據不是狠狠打臉史登報告嗎？

世界衛生組織（WHO）評估

世界衛生組織（WHO）曾針對暖化對健康的影響作了詳細評估。WHO 認為受暖化直接影響較嚴重的有兩種疾病：痢疾及瘧疾，間接影響為缺糧而導致之營養不良。

WHO 報告中將全球分為許多地區，表 5-2 僅摘要列出暖化對先進國家及非洲人民的健康影響。

WHO 表格是以 1000 人喪失多少年生命為統計指標。

表 5-2　不同疾病對壽命影響（年／1000 人）

	痢疾	瘧疾	營養不良	總計
非洲	6.99	7.13	0.80	14.91
先進國家	0.02	0.00	0.00	0.02

資料來源：W. Nordhaus, The Climate Casino (2013)

表 5-2 顯示，在非洲因暖化造成的疾病將使每千人減少 15 年壽命，等於每人減少 0.015 年壽命，換句話說就是減少 5 天壽命。氣候變遷對先進國家人民健康更幾乎是毫無影響。

WHO 並發現，只要每年國民人均所得高於 6000 美元，暖化對其人民健康就沒有影響。

經濟發展延年益壽

WHO 的研究中，完全沒有考慮非洲國家或其他落後地區未來的經濟發展，或採取任何調適措施（如廣裝冷氣，增設自來水系統等）。

實際上，在過去 30 年全球溫昇 0.7℃，但貧窮國家的平均壽命大幅增加。在 1980 年平均國民所得低於 2000 美元的 60 個國家，人民平均壽命增加了 14 年。對這些貧窮國家健康造成最重大威脅的並不是全球暖化，而是 AIDS 等疾病。

如前所述，如果暖化加速表示全球經濟快速發展，如以平均年所得6000 美元為指標，經濟模型顯示 2000 年時 90%的非洲人民收入低於此一指標，在 2050 年將降為 50%，在 2100 年更將降為 1%。在世紀末較富裕的非洲人民生活將如今日先進國家人民一般，暖化對其健康不會造成太大影響。

極端暖化威脅論者危言聳聽的論點是很有問題的。

5.3　暖化對經濟之衝擊

上節提及許多氣候經濟學家都曾評估溫昇 2.5℃ 或 3℃ 對經濟之衝擊有限，在此僅以兩位極負盛名經濟學家之研究結論作進一步之說明。

理查·托爾教授（Richard. S.J. Tol）是荷蘭人，同時擔任英國 Sussex 大學及荷蘭 Vrije 大學教授，德國普郎克研究院（Max Planck Research School）董事，及能源經濟學刊主編，為全球極富盛名之氣候經濟學家。

減碳對全球經濟的影響

托爾教授曾將 11 個針對減碳濃度為 650PPM、550PPM 及 450PPM 之減碳成本作一比較，詳表 5-3：

表 5-3　不同減碳目標之減碳成本（美金兆元）

模型 ＼ 減碳目標	650PPM	550PPM	450PPM
1	-0.2	5.1	54.4
2	13.4	30.9	×
3	23.8	38.0	×
4	1.4	5.1	×
5	15.6	32.7	×
6	7.2	18.8	×
7	2.2	10.9	×
8	2.2	12.4	×

9	2.4	6.5	25.7
10	13.0	44.3	×
11	1.9	32.1	×
平均	7.5	21.5	×

單位（兆美元）

資料來源：R.S.J Tol, Climate Economics (2014)

　　由表 5-3 可知減碳目標越激進，相較於和緩之減碳目標，要付出極為巨大的減碳成本。減碳目標為 550PPM 成本就遠高於 650PPM。除了 2 個模型外，沒有模型提出 450PPM 的減碳成本。原因有二：1. 450PPM 根本不切實際，無法達成；2.以 450PPM 為目標，減碳成本為天文數字，經濟上根本不可行。

　　托爾教授曾將 21 個氣候經濟模型針對不同溫昇造成的經濟衝擊以圖 5-2 表示。

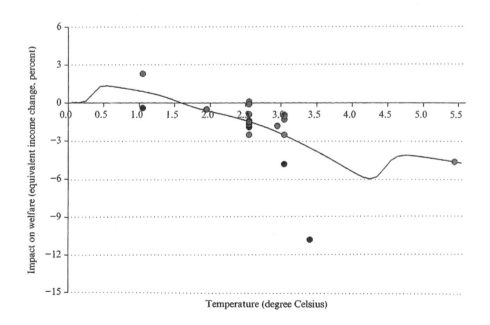

圖 5-2　暖化對全球經濟之影響

資料來源：R.S.J Tol, Climate Economics (2014)

暖化對全球經濟之影響

　　圖 5-2 之圓點為不同模型模擬之結果，實線則為其平均值。圖 5-2 顯示溫昇 1°C 對全球經濟不但無損，反而有正面功效。溫昇約 1.5°C 時，正負效應相互抵消。溫昇 2°C、2.5°C 及 3°C 對全球經濟衝擊約為 0.5%、1.5% 及 3%。因為全球每年經濟成長約 3%，若百年後溫昇 3°C，相當於損失一年的經濟成長。托爾認為將「全球暖化氣候變遷」描繪為人類面臨的最大問題，實在過於誇大。

　　由圖 5-2 及表 5-3 之數據，托爾教授的結論為 2.5°C 或 3°C 對經濟之影響實為有限，但另一方面激進的減碳目標（如 2°C），對經濟的衝擊極為巨大。

諾德豪斯教授與 DICE 模型

　　本節介紹的第二位氣候經濟學者為耶魯大學的諾德豪斯教授（Willian Nordhaus）。諾德豪斯被尊稱為氣候經濟學之父，曾發展一個將氣候與經濟合一之 DICE 電腦模型（Dynamic Integration Model of Climate & Economy）。DICE 為美國環保署評估氣候對經濟影響的主要電腦模型。本人在「能源與氣候的迷思」一書中，針對 DICE 模型對不同溫度，及不同 GHG 濃度情境分析，有詳細解說，在此不擬重複，僅引用該書兩圖簡單解釋。

不同情境之減碳成本

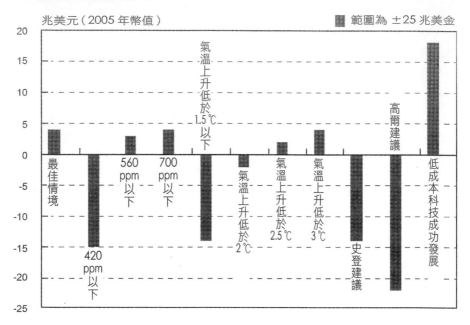

兆美元（2005 年幣值）　　　　　　　　　　■ 範圍為 ±25 兆美金

圖 5-3　不同情境之減碳成本（範圍為±25 兆美金）

資料來源：W. Nordhaus, A Question of Balance (2008)

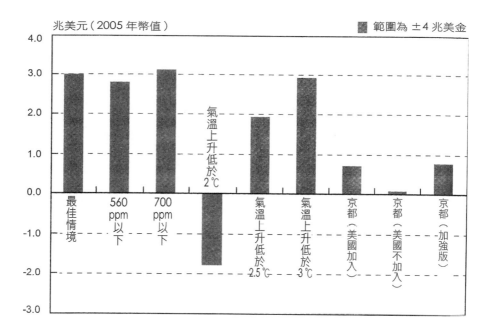

圖 5-4　不同情境之減碳成本（範圍為±4 兆美金）

資料來源：W. Nordhaus, A Question of Balance (2008)

　　圖 5-3 及圖 5-4 為 DICE 模型分析七種減碳目標，與基準情境（250 年不減碳）的成本效益分析。圖 5-3 的縱座標由－25 兆美元到＋20 兆美元，幅度較大。圖 5-4 為成本效益在－3 兆美元到＋4 兆美元的情境。

　　由圖 5-4 可看出「最佳情境」為 GHG 濃度 700PPM 及溫昇 3°C，以 2°C 作為減碳目標對人類造成的總效益將近－2 兆美元。

　　以托爾及諾德豪斯兩位全球氣候經濟學頂尖學者的論述為基礎，實應嚴肅思考以 700PPM 及 3°C 作為減碳目標。世人畏懼全球溫度上昇的真正原因是擔心暖化帶來的極端氣象及隨之而來的經濟損失，下節將討論此二重要議題。

5.4　暖化與極端氣象

暖化新聞爆增

　　全球溫昇與極端氣象的關係還值得討論嗎？每天報紙、雜誌、電視不都充斥全球各種極端氣象報導嗎？全球各地熱浪、颱風、龍捲風、暴雨、旱災的報導不勝枚舉。媒體一再強調這是全球暖化所造成的，這還有什麼疑問？

　　吾人信手就可列出媒體對全球極端氣候的報導：

- 冷鋒襲擊北方三州，造成百人凍傷，財產遭受重大損失
- 暴風造成北美 60 人死亡
- 大浪侵襲毀滅挪威漁村
- 探險隊發現南極洲溫度上昇
- 颱風造成路易斯安娜州 7 人死亡
- 地球暖化造成瑞士冰河消失
- 中國旱災造成嚴重災情
- 古巴虐疾肆虐，增加上千名病患
- 中西部希望早日脫離熱浪
- 旱災造成 50 萬人陷入飢荒

　　以上報導是否觸目驚心？全球暖化造成極端氣象增加的證據歷歷在目。

　　不錯，以上都是各報頭條新聞。但這不是 2017 年報紙的頭條新聞，而是 1934 年美國報紙的頭條新聞。自從人類有歷史記錄數千年來，那一年沒有極端氣象？天道無常，天有不測風雲不是老生常談嗎？發生極端氣象是常態，沒有極端氣象才是不正常。以往人類對極端氣象認為是自然界的正常現象，但現在不同了。現在世界上任何角落發生任何極端氣象，媒體就爭先恐後的歸罪於「全球暖化」，好像全球暖化前，全球各地都無風無雨、風和日麗，讀者不覺得荒唐嗎？

　　不錯，現在全球極端氣象並沒有增加（以下將詳細說明），但媒體對極端氣象報導大量增加。與 50 年前相較，現在科技進步極大，媒體觸角

無遠弗屆，世界任何偏遠角落發生極端氣象，馬上在全球廣為報導。手機有攝影功能後更不得了，任何人都可以充當「公民記者」，將極端氣象現場錄影以 You Tube 傳遍全球。

　　IPCC 報告指出，1998～2012 全球溫昇趨緩。如果極端氣象是因全球暖化所造成，極端氣象的發生也應持平，事實上也是如此。依統計，這 15 年間全球極端氣象並沒有增加。但為什麼大家印象中過去 15 年全球簡直是陷入「水深火熱」之中？極端氣象報導無日無之？理由也很簡單，雖然極端氣象並未增加，但媒體對極端氣象的「報導」大量增加。

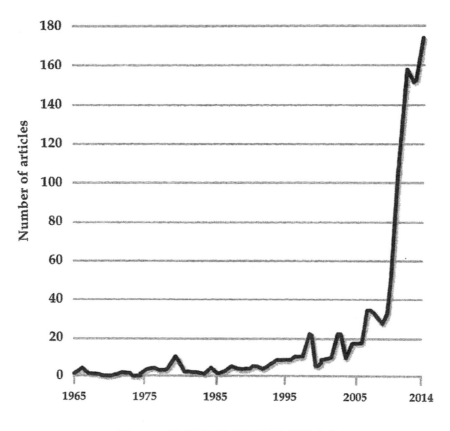

圖 5-5　紐約時報對極端氣象報導次數

資料來源：R. Pielke, Jr., The Rightful Place of Science: Disasters and climate change

圖 5-5 為紐約時報過去 50 年對極端氣象的報導統計。讀者應可注意到 1995 年前紐約時報很少報導全球極端氣象新聞,但過去 20 年雖然極端氣象現象並未增加,但紐約時報對極端氣象的報導增加了 10 倍。

一般民眾並不了解新聞報導為「氣象」,但「氣候」是長期氣象之統計資料,一般媒體根本毫無興趣報導。

美國颶風統計

顯然一般單由媒體報導得到極端氣象現象增加的印象是大有問題的。極端氣象是否增加還是得參考氣象單位的統計資料。

以美國而言,最權威的氣象機構就是國家海洋及大氣總署(NOAA)。

圖 5-6 為 NOAA 統計 100 年來登陸美國的颶風資料,由統計中可看出 1900 年以來登陸美國的颶風完全沒有增加。

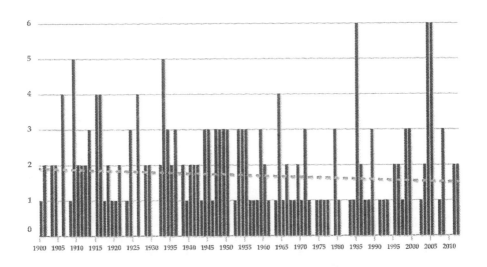

圖 5-6　百年來登陸美國颶風次數統計

資料來源:R. Pielke, Jr., The Rightful Place of Science: Disasters and climate change

　　登陸美國的颶風數目沒有增加，但登陸颶風的強度是否增強？圖 5-7 為 NOAA1900～2013 年間登陸美國颶風強度資料，由圖中也完全看不出登陸颶風的強度有增加的趨勢。

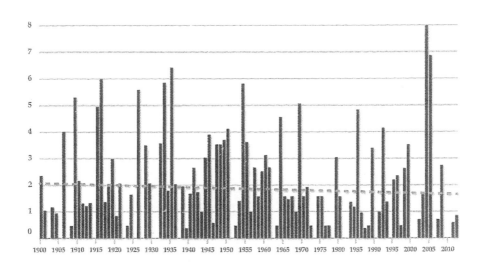

圖 5-7　百年來登陸美國颶風強度統計

資料來源：R. Pielke, Jr., The Rightful Place of Science: Disasters and climate change

全球颱風統計

　　美國雖大，但到底只占地球表面極有限的面積。吾人應進一步檢視全球颱風（颶風）是否有增加的趨勢。

　　美國科羅拉多大學皮克教授（Roger Pielke Jr.）是研究極端氣象的專家。皮克教授團隊在 2012 年統計全球自 1970 年以來登陸颱風數目及強度的資料，發現不論是數目及強度都沒有增加的趨勢，詳圖 5-8。

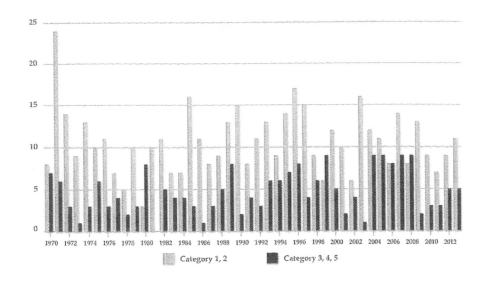

圖 5-8　40 年來全球登陸颶風數目及強度

資料來源：R. Pielke, Jr., The Rightful Place of Science: Disasters and climate change

　　圖中淺色及深色柱狀圖顯示強度為 1－2 級及強度為 3－5 級颱風之登陸數目。颱風強度乃依美國定義。

IPCC 無定論

　　其實 IPCC 報告也從未如媒體般大肆宣揚極端氣象現象有所增加。WGI 技術總結（Technical Summary）一章最後一節明白列出主要不確定性（Key Uncertainties）。

- ・對全球陸上降雨量變化統計之信心低
- ・對全球雲量變化觀察之信心低
- ・對全球觀查旱災統計資料之信心低
- ・對長期（百年）全球颱風變化之信心低
- ・對長期大尺度大氣環流變化沒有結論
- ・對十年為期海洋表面（＜700m）之變化了解貧乏

・對深海（＞700m）之統計資料不足

・洋流資料有限，無法判斷長期趨勢

・南極洲數據不足

　　IPCC 其實很務實的指出目前科學資料及能耐仍很有限，對全球極端氣象變化趨勢不敢妄下定論。全球紛紛擾擾恐懼極端氣象變化，並以為地球末日已接近，真不知所為何來。

四情境海水上昇範圍

　　居住在台灣的人當然對颱風特別懼怕，但除颱風外，對全球暖化所可能造成的海水上昇，近年也成為大家畏懼全球暖化的主因。

　　對於世紀末（2100 年）海水上昇多少，報章報導都以 3 米起跳。高爾書中數據為 7 米。天下誌誌曾以水淹 101 大樓作為封面，某期天下雜誌也有水淹圓山飯店的壯觀圖片。

　　位於高雄的國立科學工藝博物館，有一常設介紹氣候變遷的展區，其解釋海面上升之圖片也極為誇大，誤導參觀民眾。民眾經年累月接觸此類資訊，不被洗腦者幾希矣。

　　本節特別針對海水上昇提供一些 WGI 報告中的資訊。WGI 報告首先指出 20 世紀海水上昇約 19 公分。海水上昇主因是海水因暖化而膨漲（熱漲冷縮也適用於海水），膨漲占了海水上昇的 35-55%，冰河融化約占 15-35%。至於百年後海水會上昇多少，GWI 報告中也有估算，表 5-4 為 WGI 報告中之表 TS.1，表中為四種溫昇情境下，2081～2100 年海水上昇的平均高度及可能範圍。

表 5-4　4 情境之海水上昇範圍

情境	平均（公尺）	可能範圍（公尺）
RCP2.6	0.40	0.26-0.55
RCP4.5	0.47	0.32-0.63
RCP6	0.48	0.33-0.63
RCP8.5	0.63	0.45-0.82

資料來源：IPCC AR5 WGI Table SPM.2 PP.23

WGI 報告推估在最嚴重的 RCP8.5 情境，百年後海水平均上昇 0.63 公尺，在其他 3 個情境，海水平均上昇值都低於 0.5 公尺。由表 5-4 即可知台灣一般媒體之嚴重誤導。

5.5　自然災害與經濟損失

其實全球真正擔心的是極端氣象帶來的經濟損失。

IPCC 承認多數極端氣象由統計學上並看不出有任何惡化的趨勢，但何以全球保險業卻聲稱過去數十年因自然災害造成的財產損失及理賠金額大量增加？

圖 5-9 為 IPCC2007 年 AR4 報告中顯示百年來美國因颶風造成的財產損失

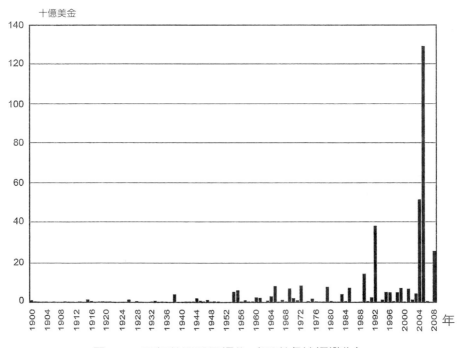

圖 5-9　百年美國颶風損失（不考慮社經變化）

資料來源：R. Pielke, Jr., The Climate Fix (2010)

　　由圖 5-9 明顯看出因颱風造成的財產損失近年來急速上昇，這豈不是颱風頻率及強度增加的鐵證？但事情沒有這麼簡單，圖 5-10 是 80 年前後邁阿密市的兩張空照圖。

圖 5-10　邁阿密空照圖（相差 80 年）

資料來源：R. Pielke, Jr., The Climate Fix (2010)

　　由圖 5-10 可看出 80 年前邁阿密人煙稀少，今日大樓林立。同樣強度的颱風在當年造成的財產損失當然遠低於今日造成的損失，這還要加上房地產價格年年上昇的因素。

　　如果考慮美國的社經變化，調整百年來因颱風造成的財產損失將如圖 5-11。

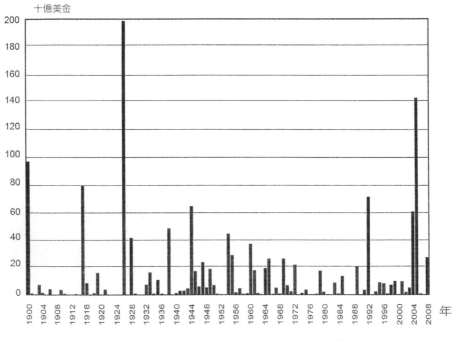

十億美金

圖 5-11 百年美國颶風損失（考慮社經變化）

資料來源：R. Pielke, Jr., The Climate Fix (2010)

比較圖 5-9 及圖 5-11 即可知自然災害與經濟損失間的關係，一定要基於嚴謹的分析，而不是模模糊糊，「想當然爾」的印象。

5.6 能源與氣候政策之平衡

積極推動減碳政策人士最主要的理由之一就是拯救貧窮國家，免於因全球暖化造成極端氣象增加的摧殘。但要幫助貧困國家減少極端氣候所帶來災害的最主要手段真的是「減碳抗暖」嗎？

圖 5-12 為假設大氣中二氧化碳濃度較目前倍增可能造成颱風風速增加的比較。藍色曲線為某一侵襲美國颱風每日之最大風速，紅線為假設二氧化碳濃度倍增後之風速。積極抗暖人士強調應避免颱風風速因全球暖化，由藍線成為紅線所帶來的「額外」天災。

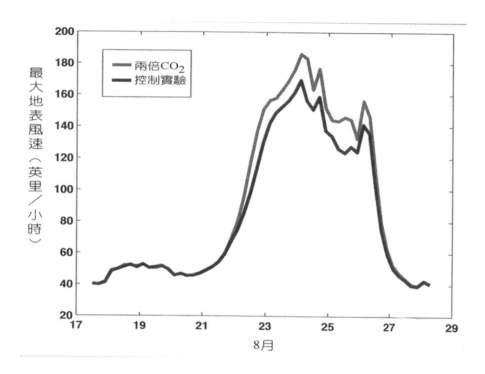

圖 5-12　二氧化碳倍增對颱風風速之影響

資料來源：K. Emanuel，吳俊傑譯，颱風（2007）
彩圖詳見 P280

　　但事實上貧窮國家根本就無法抵抗現有颱風（藍線）帶來的災害。海地與多明尼加為位於加勒比海同一個島嶼的兩個國家，2004 年強烈颶風珍妮登陸該島，在海地及多明尼加造成不同程度的災情。在海地造成 3000 人死亡，在多明尼加造成 20 人死亡（詳表 5-5）。

表 5-5　颱風災情與國民所得

	海地	多明尼加
死亡人數	3000 人	20 人
平均國民所得	450 美元	5700 美元

資料來源：R. Pielke, Jr., The Climate Fix (2010)

同一個颱風在同一海島為何造成如此懸殊的災情？理由十分簡單，當年海地及多明尼加之平均國民所得分別為美金 450 元及 5700 元。多明尼加經濟較海地遠為發達，基礎建設及一般建築都較海地遠為堅固，防災能力也遠勝海地，無怪乎兩國災情有天壤之別

台灣與菲律賓都常遭受颱風侵襲，但同樣強度的颱風侵襲兩地造成的災情完全不同。台灣受災通常很輕微，在菲律賓就會造成重大災情，理由與海地及多明尼加不同災情完全相同。

貧窮落後國家根本經不起今日颱風的侵襲，要幫助這些國家減少天災的不二法門就是發展經濟。發展經濟離不開能源，而化石能源提供了全球八成的能源。為了減碳必需減少化石能源的使用，但絕對不是幫助貧窮國家減緩天災的正確途徑。

吾人對氣候變遷應戒慎恐懼，而非驚惶失措。

5.7 氣候工程——科學篇

上章與本章討論了與氣候變遷相關的科學基礎、電腦模型，極端氣象及經濟衝擊等核心議題，並研討不同溫昇與減碳目標的可行性。本節將較深入討論氣候拚圖中最後一個重大議題：氣候工程。

不同之氣候工程手段

本書第 3 章曾提過「氣候工程」，並將「氣候工程」列為人類對抗氣候變遷的重要手段，本節將進一步討論氣候工程相關議題。

何謂氣候工程（Climate Engineering; Geoengineering）？顧名思義，氣候工程就是人類以工程手段改變地球氣候的科技。氣候工程為什麼重要？因為如果人類減碳失敗，全球氣溫又如電腦模型預測般的急速上昇，全球極端氣象發生頻率明顯增加，則氣候工程將成為「拯救人類」不得不採取的行動。

個人在「能源與氣候的迷思中」，有相當篇幅介紹氣候工程。在此僅略作簡介。

氣候工程可分為兩大類：一種是減少太陽輻射，又稱為太陽輻射管理（Solar Radiation Management，SRM），一種是移除大氣中的二氧化碳（Carbon Dioxide Removal，CDR）。

太陽輻射管理（SRM）是以阻隔（降低）太陽輻射以抵消因溫室氣體造成的全球溫昇。目前有四種較常討論的方式：1：造雲；2：在平流層釋出二氧化硫；3：在太空中放置反射鏡；4：屋頂漆成白色。移除大氣中二氧化碳（CDR）較常為人提出的也有四種方法：一：增加海藻；二：基改植物；三：化學吸收；四：加速固碳。

在平流層釋出二氧化硫

兩種方法相較，太陽輻射管理效果快，成本也低，所以本章將集中討論太陽輻射管理，特別是其中一般認為最為可行的在平流層釋出二氧化硫法。

人類有許多想法都是師法自然。在平流層釋放二氧化硫以反射陽光，使地球降溫的想法是由觀測火山爆發對地球溫度的影響而得。火山爆發會釋出大量二氧化硫到平流層，阻隔陽光，使地球降溫。何謂平流層？大氣層由地表往上延伸上百公里。地球的各種氣候現象，如颱風、雷雨都是在離地表十公里內發生，這一部分大氣層稱之為對流層，因為氣流在垂直方向頻繁對流。大氣層高度在 10 公里到 50 公里範圍稱之平流層，因空氣稀薄而垂直氣流變化較小。懸浮顆粒在對流層中活動，不要多少時間就會降回地表。在平流層的懸浮顆粒只作水平運動，在平流層停留時間可長達一年。

火山爆發

大型火山爆發威力極大，爆發時可將二氧化硫等懸浮微粒噴向平流層，長時間減少陽光入射，而使地球降溫。近數十年最大的一次火山爆發是 1991 年菲律賓的 Pinatubo 火山爆發，估計有 1 千萬公噸的二氧化硫噴入平流層，而使次年全球平均溫度降低 0.5°C

1815 年有一個更大規模的火山爆發，位於印尼的 Tambors 火山爆發，該爆發使得全球日月無光，次年（1816 年）成為全球「沒有夏天的一年」。全球農產大欠收，造成全球嚴重飢荒。

大自然已向人類顯示在平流層釋出二氧化硫是一個確實可行的降溫方法。

支持氣候工程論點

許多人鼓吹應立即進行針對氣候工程的各類實驗也有其理由。似想目前聯合國以全球溫昇 2℃ 的目標是將大氣中 GHG 濃度控制在 450PPM。2016 年大氣中 GHG 濃度為 489PPM 而大氣每年增量約為 2PPM，GHG 濃度控制在 450PPM 已絕無可能。

如果電腦模型無誤，表示聯合國的溫昇目標（2℃）決無可能達成。

如果溫昇 2℃ 果真是人類社會承受的極限及全球共同目標（許多人持保留態度），則維持溫昇 2℃ 的唯一手段就只有氣候工程一途。

在平流層釋出二氧化硫優點

在各類氣候工程技術中，科學界獨鍾在平流層釋出二氧化硫有幾個重要原因：

第一、技術簡單；以飛機在平流層釋放二氧化硫確實可行。自然界（火山）也顯示這種方法對降溫確實有效。

第二、效果快：以火山爆發為例，火山爆發不久就可偵測到全球降溫。以人為方法釋放二氧化硫，在幾個月內就可觀測到其效果。可說是立竿見影。其他氣候工程方法，如吸收大氣中二氧化碳等，即使成功也要幾十年之後才見功效。

第三、價格低廉：雖然準確的成本數字有待真正施行後才能得知，但無人否認釋放二氧化硫是成本極為低廉的抗援技術。2009 年英國皇家科學院估計只要美金 2500 億元（台幣 7.5 兆元）即可支付未來百年釋放二氧化硫費用。這成本只是其他抗援方式的零頭。不說別的，單單台灣政府

在 7 年內推動再生能源就估計要台幣 2 兆元成本，但對全球溫昇貢獻為「零」。

　　哈佛大學應用物理教授大衛‧基斯（David Keith）是全球氣候工程的先趨。基斯教授曾建議在 2020 年開始進行氣候工程，基斯教授建議正是在平流層釋出二氧化硫。

在平流層釋出二氧化硫作業

　　基斯建議在 2020 年在 20 公里高的平流層中釋出 10 萬噸二氧化硫，以抵消人類該年碳排所造成溫昇之半。2020 年之後每年要增加在平流層中二氧化硫釋放量，以抵消之後每一年一半的溫昇。基斯教授並假設自 2020 年進行氣候工程持續到 2070 達到二氧化硫釋放量的峯值，2020 可能只需要一架飛機即可達成釋出 10 萬噸二氧化硫，到 2070 年可能需要 100 架飛機。在 2070 年後再持續進行 50 年同樣的氣候工程，但二氧化硫釋出量逐年減少直到 2120 年停止。雖然百年後當氣候工程停止後，全球溫昇不因是否採行氣候工程而不同。但氣候工程可將全球原來 50 年的溫昇延長為 100 年，也就是溫昇速度減半。氣候變遷造成的影響與溫昇速度有關，若全球溫昇因氣候工程速率減半，對減緩氣候變遷所可能造成的損害很有助益。

　　在此要特別提醒，氣候工程不表示人類即可高忱無憂，繼續無止境的使用化石燃料。氣候工程最主要的功能是延後一個世代氣候變遷所可能帶來的影響。

　　如前所述，人類要在 2030 年達到零碳排是「不可能的任務」，不論是再生能源、核能或碳捕捉與封存（CCS）等目前認為較可行的科技均無法在 2030 年全面取代化石能源。但若氣候工程使人類有多一個世代的時間（到 2060, 2070 年）使以上幾項減碳技術更形進步，或者發明更先進的減排科技，則氣候工程絕對是人類不能輕言放棄的重要手段。

5.8 氣候工程——政策篇

氣候工程非萬能

由上節討論可知，以氣候工程抗暖化極為重要，但以二氧化硫排入平流層的作法並沒有完全解決碳排造成的其他問題。海洋酸化就是一個無法由上述手段解決的問題。海洋何以會「酸化」？因為大氣中二氧化碳增加，海洋吸收更多的二氧化碳會使海洋變酸（PH 值降低）。二氧化硫或可反射部分陽光，解決部分暖化問題，但沒有解決海洋酸化問題。

另外氣候工程或可減緩暖化，但無法使地球完全恢復為大氣中二氧化碳濃度較低的狀況。二氧化碳阻絕地球紅外線輻射至太空而使地球暖化，其效果不分晝夜。但二氧化硫反射陽光只有在白天有降溫效果。所以氣候工程雖使全天平均降溫，但白天溫度降得較多，夜晚降溫較少，氣候工程會使晝夜溫差減少。有些氣象現象會依晝夜溫差大小而改變，所以氣候工程無法防止此類氣象現象發生變化，進而影響氣候。

氣候工程「出櫃」

氣候工程身世也頗為坎坷。其實科學界老早就知道有這種經濟有效可降低暖化威脅的科技。1977 年一位義大利物理學家 Cesare Marchetti 就發表過一篇「氣候工程與二氧化碳問題」的文章，但多年來無人大力推動，主要是怕動搖了各國「減碳」的決心。試想減碳對經濟影響有多大，各國為了抗暖推動減碳對經濟發展，人民福祉都有重大影響。但世人又極為擔心暖化加劇造成的未知後果，只好勉為其難，共襄盛舉，通過京都議定書及巴黎協定等全球減碳公約。但真要執行減碳承諾，則是困難重重。

但如果民眾發現暖化威脅可由採行氣候工程降低或延緩，必然動搖各國減碳決心。但減碳是聯合國多年來鼓吹的政策，多年來聯合經由 IPCC 報告等極力呼籲各國減碳抗暖，自然不願同時推廣氣候工程，使各國有減緩減碳時程的藉口。

在這種禁口壓力之下，有位科學家很幽默的模仿莎翁哈姆雷特名句「To be or not to be」寫了一篇「To say or not to say」（到底要不要說）的論文，討論推廣氣候工程的困境。

這種困境終於在 12 年前（2006 年）因諾貝爾獎得主保羅克魯敬（Paul Crutzen）的一篇討論在平流層釋放二氧化碳的論文而突破。克魯敬因發現大氣臭氧層破壞機制而獲頒諾貝爾獎。本身是化學家，對大氣機制又有深刻了解。在這種背境下大膽提出氣候工程，終於使全球正視氣候工程的重要功能及其急迫性。今日氣候工程得以在全球公開討論，克魯敬居功甚偉。

反對氣候工程論點

近十年來討論氣候工程不再成為禁忌後，真有百家爭鳴之勢。贊成人類應使用氣候工程的科學家不少，但反對聲浪也極為強大。

如前述，反對陣營的潛規則是不想讓氣候工程成為主流思想，影響各國減碳決心。但反對陣營提出的許多理由也值得考量：

1. 海洋酸化：如前述，在平流層釋出二氧化硫反射陽光或可使全球降溫，但大氣中二氧化碳年年增加使海洋酸化的問題並沒有解決。
2. 地區性氣候改變：釋放二氧化硫確有降低全球平均溫度的效果，但全球各地降溫並不一致，有些地區降溫較大，有些地區較小，各地氣候都會有不同程度的變化，而其變化難以預測。
3. 亞洲雨季（Monsoon）變化：全球有許多地區的農業完全靠雨季的雨水，最有名的例子就是印度雨季。有些科學家認為因氣候工程對地區性影響不確定，可能會使印度洋和印度次大陸間溫差發生變化，影響雨季長短及範圍，將危及十億人的糧食供應。
4. 破壞臭氧層：在平流層釋出大量二氧化硫將會破壞臭氧層，而使人類皮膚癌增加。
5. 影響太陽能發電：為了取代化石能源，全球正風起雲湧設置太陽能發電設備。二氧化硫反射陽光固然可以降溫，但因入射地球陽光減少，將會影響太陽能發電功能。
6. 干涉大自然：人類根本就不該干涉大自然，排放溫室氣體造成全球

暖化已經是人類造的孽，不思減少溫室氣體排放，還變本加厲意圖以氣候工程來「糾正」，根本就是錯上加錯，罪無可赦。

對反對論點之回應

支持氣候工程的科學家對以上反對意見也有所澄清。首先，如果因減碳失敗全球持續增溫，則海洋仍舊會酸化。全球暖化可能會造成極端氣象增加，造成災難。氣候工程或許無法解決海洋酸化問題，但至少可減緩因暖化造成的氣候災難。

哈佛大學的氣候工程巨擘基斯教授針對亞洲雨季而反對氣候工程也有所澄清：

1. 電腦氣候模型顯示雨季雨勢因暖化而變強，造成災害。氣候工程減緩溫昇可降低這一類的氣象災害。
2. 不論是旱災或是水災都因暖化造成地表水循環加強所造成，氣候工程可降低此類天災。
3. 某些電腦模型顯示溫昇超過某種程度會導致糧食減產。氣候工程降低溫昇，降低缺糧危機。

規範氣候工程

因為正反雙方對氣候工程的爭論太過激烈，英國皇家科學院在 2010 年針對如何施行氣候工程訂定了一些原則：

- 氣候工程應視為全球公共財予以規範。
- 公眾應參與氣候工程研發過程。
- 應保證氣候工程研發過程透明公開。
- 應有第三方機構獨立評估氣候工程研發建議。
- 在氣候工程正式實施前應先制定相關法規。

英國皇家科學院建議之原則為英國政府所採納。

因為氣候工程影響全球溫度，聯合國應有一定程度的參與，如：

- 何時開始進行氣候工程？

・控制全球溫昇為何？（2℃？2.5℃？3℃？）
・如果氣候工程造成地區性氣候災難如何處理？
・設立技術機構及高階管制單位處理相關事宜。

氣候工程漸被接受

許人感嘆受全球暖化影響最大的是開發中國家窮苦人民，氣候工程顯然對其有利。但反對氣候工程最力的往往是已開發國家的富裕人士。這些人雖以「不干涉大自然」等口號反對氣候工程，但不執行氣候工程受損的並不是這些已開發國家的環保人士，這在道德上實在十分弔詭。

微軟創辦人比爾蓋茲近年來十分關心氣候及能源相關問題。比爾蓋茲是少數出資支持氣候工程的企業界人士。

美國政府近來對氣候工程態度也有所轉變。歐巴馬政府的能源部長朱棣文就曾說：「氣候工程研究當然應予支持」。歐巴馬總統的科學顧問 John Holdren 在接受媒體訪問時曾說：「人類可能終將採用氣候工程」。

理性看待氣候工程

總結上述討論，筆者對氣候工程的看法如下：

首先，目前電腦氣候模型預測是否可靠還有很大的疑問。二氧化碳等溫室氣體會使全球暖化是不爭的事實，但暖化速度到底多快就是大哉問。目前氣候模型對過去十餘年的溫昇預測與實測值相距太大，模型高估了溫室氣體對溫度的影響。目前 IPCC 基本上仍然認為氣候敏感度（Climate Senitivity），也就是大氣中溫室氣體濃度較工業革命前之 278PPM 倍增為 556PPM 時，溫昇 3.2℃。但如果地球氣候系統有某些尚未為人類充分了解的負回饋機制，而有自我修正的能力，則溫室氣體倍增，大氣溫度也未必升高 3.2℃，減碳壓力未必如此急迫。人類並不是沒有時間再觀察十年，比對電腦模型預測與實測值符合程度，再決定合宜的減碳時程。

換句話說，如果氣候敏感度低於 3.2℃，溫昇較電腦模型預測緩慢，人類也就不急著採行氣候工程手段來控制溫昇。

　　其次，另一個重要問題是到底溫昇多少才會造成較嚴重的極端氣象增加，並造成災難？當然目前聯合國目標是控制全球溫昇在 2°C 之內。但此一目標極為保守，並沒有科學依據。一般電腦模型也並未預測溫昇 2°C 以上就會造成什麼難以彌補的氣象或經濟災難。目電腦模擬前認為 100 年後溫昇 3°C 對全球經濟影響為 3%。3%是什麼意思？假設全球每年經濟成長 3%表示損失了一年的經濟成長，2100 年的全球生產總值因溫昇 3°C 只有 2099 年的生產總值。換句話說，暖化有這麼嚴重嗎？所以如果為了減少溫昇而實行氣候工程恐怕也不會以 2°C 為目標而是以 3°C 為目標。

　　以上兩點論述只要其中任一成立，全球目前對「氣候變遷」可說是重度憂鬱，目前的減碳目標也是反應過度。

　　由以上討論可知氣候工程手段是在以上各點都不成立，最悲觀的情況下才會進行。但反過來說，氣候工程是既有效又經濟的「最後手段」，現在人類花少許研發經費，保持未來可彈性選擇，才是最理性的作法。

第三篇

能源發展與環保運動

第 6 章　能源與文明

第 7 章　環保運動

能源與文明

6.1 人類進步的「動力」

本書第一篇討論了核能及綠能，但在全球能源消耗占比中，兩者相加不到 10%。今日真正提供人類社會運作的能源是化石能源（煤、油、氣）。化石能源提供了人類 85% 以上的能源需求，但因上篇討論的氣候變遷（全球暖化），化石能源成了人類「減碳」的首要目標。但許多人並不了解能源對人類的重要（尤其是化石能源），對能源知識也極為偏頗。本章即針對化石能源、能源常識及全球極為熱門的「能源轉型」等議題進行討論。

懷古幽情

人類非常懷舊，每個時代的人對過去的時代都充滿「眷顧」。每個文化幾乎都有過去是「黃金時代」的說法。總之認為人類社會是每況愈下，遠古人類的生活是美好的。大家不要以為這是少數人的偏見。認為今日社會「物慾橫流」，人類破壞環境，應回歸自然，返璞歸真還真是今日社會「主流思想」。

2009 年第三次全國能源會議，李遠哲於大會開幕致辭。李遠哲在演說時放了兩張投影片，一張投影片工廠林立，工廠煙囪冒著大量黑煙，整張圖片十分恐怖。另一張投影片是牧童在牛背上吹笛，一片風光明媚、鳥語

花香，令人陶醉。

李遠哲演說主要意思是指出人類依賴化石能源走錯了路，應如牧童般的回歸自然。

個人聽到李大師說法，只感到一陣翻胃。

李大師難道不知道在工業革命前人類是怎麼過生活嗎？

李大師今日得了諾貝爾獎，但如果生在 18 世紀，有 95%的機會是一個文盲。當時全球人類平均壽命在 30 歲左右，嬰死率和婦女難產率都高到現代人不敢置信的程度。大多數人如果能過上「溫飽」的日子就要謝天謝地了。

今日李大師與環保人士都完全忘懷了「工業」、「能源」對全體人類帶來的重大貢獻。

工業革命的意義

其實健忘的不只是李遠哲一人，自工業革命兩百餘年以來，人類生活不知有多大的飛躍進步。但太多人人在福中不知福，對人類的進步就是視而不見，只知懷古。

什麼是工業革命？工業革命真正的意義何在？大多數歷史學家認定瓦特（James Watt）在 1776 年發明（改良）蒸汽機為工業革命元年。發明蒸汽機的意義何在？發明蒸汽機最重要的意義是使用煤的能量來取代人力與獸力。人類掌握了以煤（化石能源）作為能源，完全突破了以肌力（人力、獸力）及生質能（木柴、牛糞等）作為能源的限制，從此人類文明突飛猛進，直到如今。工業革命的真正意義正是能源革命。能源產業並不是一般產業，能源產業可說是所有「產業之母」，沒有能源，一切免談。

有人說能源之於社會有如糧食之於人類，這是十分正確的比喻。人類要吃飽了才能談到其他活動，社會如果沒有能源提供工業與交通所需之動力，沒有能源調節室內溫度（冷暖氣），人類社會立即退回 18 世紀，現代社會立即崩潰。

但令人不解的是，不但許多民眾，許多學者也完全忽略或根本不了解能源是社會生存的基礎。很多人還真以為目前大家過的好日子是「天賦人

權」，完全不知這種好日子是建築在能源充沛供應的條件下。在人類使用的能源中，化石能源正是重中之重。本章凡提及「能源」之處，幾乎完全可以以「化石能源」取代，本章「能源」只是「化石能源」的簡稱。

人口與經濟發展

能源對人類社會的影響表現在人口成長及經濟成長兩個數據。工業革命前，地球人口成長極為緩慢，平均 1000 年的時間，人口才倍增，並不是嬰兒生得少而是人類整體因飢荒瘟疫等原因死亡率太高。工業革命後，全球人口成長極為快速，經濟成長較人口成長更為快速。僅僅二戰後的 1950 年到石油危機（1973 年）的 20 多年間，全球經濟成長超過了 3 倍。自 1820 年到 1990 年，全球經濟成長 40 倍，人口成長 5 倍。

6.2　能源與環境

化石原料／燃料對人類生活的各層面都有極重大的貢獻。
以下僅分幾個重點討論：

能源解放了土地

在古代生質能源（木柴、牛糞等）基本上只能提供熱能及光能。動能幾乎完全依賴人力與獸力。古代奴隸及牲口的數量就決定了生產力。但不論人類還是動物，其能量來源都是依賴糧食，而糧食生產又受限於土地面積，所以工業革命前的生產力受限於土地面積。但化石燃料數量與土地面積無關，化石能源是遠古動植物遺骸碳化而保存之古代「太陽能」的能量。化石燃料的生產與礦藏數量相關，不受土地面積的限制。

即使是奴隸，除了食物外，也需要衣物及棲身的房屋。不論麻、棉衣物或建造房屋的木材也都來自土地，對大自然生態造成了很大的破壞。在工業革命前，不論在亞洲還是歐洲，有限的土地基本上只能養活有限的人口，更不用奢談經濟發展了。

如前述，工業革命前主要生產力來自獸力。在使用蒸汽機的火車及使用內燃機的汽車普及前，人類運輸也完全依靠「馬力」。以美國而言，農村糧食生產的動力主要是來自「馬力」。就是到 20 世紀初，美國農業人口還占就業人口很大比例，美國牲口最高峯是 1920 年，當時全國有 2500 萬匹馬，全國可耕地有 1/4 是種植牧草養活這些馬匹。實際上 1920 年代美國工業已十分進步，全國動力近 7 億馬力。如果這 7 億馬力都要餵食牧草，幾個美國土地面積都不足以維持當年美國的生產力。今日距 1920 年已近百年，百年來不只美國，全球經濟都快速成長，百年來人類動力主要是來自不受土地面積限制的化石能源，僅由此一項即知今日人類社會是如何依賴化石能源。

能源解救了森林

除了動能外，人類使用能源的另一大需求是熱能。不論是家庭還是工業都需要大量熱能，人類消耗一次能源中，一半是為了供熱。許多時候經由熱能才能產生動能。在化石能源尚未大行其道前，人類取得熱能的唯一來源是木材。人類大量砍伐森林，以提供熱能。在工業革命後，蒸汽機快速普級，不但在工業生產大量使用蒸汽機，可提供廉價快速運輸的火車也依賴蒸汽火車頭提供動力。為了取得熱能將水加熱為水蒸汽以驅動蒸汽機，人類需要大量砍伐森林。

人類許多古老工藝也都需要大量熱能，數千年來人類煉鐵、製塩、製造玻璃過程的熱能都是伐木而得。在煤礦大量開採，煤碳使用普級後，工業所需的熱能才逐漸轉由煤碳提供。以美國為例，在 19 世紀末燃煤使用才超過木材所提供的熱能，但美國密西西比河以東的森林已砍伐殆盡。在煤碳使用大量超過木材後，美國森林獲得保存，在 20 世紀美國森林增加速度超過砍伐數目，有學者指出煤礦拯救了森林，完全正確。

因為停止砍伐森林，美國許多原始森林得以保存。在這種條件和背景下，美國政府才在 19 世紀末，開始設立「國家公園」，維護大自然的原始面貌，提供美國人休憩之用。今日許多人總以為化石能源破壞了地球環境，其實化石能源拯救了地球環境，全球許多國家停止砍伐森林，森林覆蓋面積逐年成長，就是化石能源保護環境的顯例。

6.3　能源與生活

能源與建築

化石資源影響了人類生活的每一個層面，化石資源主要作用當然是作為燃料，提供能源，但化石資源也可作為原料，提供人類生活上的便利。

以往人類衣服不論是棉、麻、羊毛、皮料都是由來自植物或動物。但動、植物的數量都受限於土地面積。但如今人類衣著有極多的化學纖維成分，價格十分低廉。生活中塑膠產品更是比比皆是，大大減少了對土地的壓力。19 世紀前，建築以木造為主，木材來源仍是砍伐森林。20 世紀以降，大都市建築都是以鋼筋混凝土或鋼結構為主，但生產水泥及鋼鐵都是極耗能源的產業，今日舉世城市建築材料，不論是水泥、鐵礦或提供生產熱能的煤礦，都來自地底礦產，未受限於森林面積。今日全球城市高樓大廈林立也完全拜礦藏及化石能源之賜。事實上，如果沒有電力提供抽水機供水及提供電梯動力，人們只能住低樓層建築，根本無法居住於今日城市高樓。無怪乎有學者指出化石能源是埋藏在地底的森林。人類開發了地底森林資源方能保存地表的森林。

能源與農業

以上解釋化石原料／燃料對人類衣、住、行的重大貢獻，但不要忽略了今日全球糧食生產也極度依賴化石能源。

首先仍要回顧因化石資源提供充足能源使人類無需開發森林以取得燃料。在 1970 年代就有美國學者統計，以美國面積之廣大，美國人均森林面積為 2.7 英畝，人均農地面積為 1.2 英畝。但當時美國能源消耗，若全以森林提供，人均需要森林面積 15 英畝。但因地底化石能源成為美國主要能源來源，美國才有多餘土地生產糧食。這是化石能源對糧食生產極重要但很容易被忽略的貢獻。此一貢獻並不只限於美國，相較於其他國家，美國可說是地廣人稀，在地狹人稠的歐亞國家，因使用化石能源而大幅減低利用土

地提供燃料的需求，因而釋出足夠農地生產糧食的事實較美國更為明顯。

　　現代農業與古代不同，現代農業是能源密集產業。現代農業產量高的主因是使用肥料、殺蟲劑以及機械生產。製造肥料極為耗能，由空氣中的氮製成尿素肥料消耗全球 1%的能源。農業機具及由農村運送農產品到城市都需要能量。

　　以美國而言，現代農業使每單位面積的產量較 20 世紀初增加十倍。農民生產力也大幅提升。農業人口目前占全國人口 1%，不但提供了全美糧食，生產的糧食還大量外銷。這不是美國獨有的現象，台灣因農業生產力成長迅速，農業人口大量減少，提供了工業化所需的大量人力，造成戰後的經濟起飛，整個社會的進步在在都拜能源之功。

能源價格低廉

　　如前述，與傳統農業相較，現代化的農業十分「耗能」。在已開發國家，每單位農產品耗能為開發中國家 2～3 倍。但能源實在太便宜了，所以雖然使用化石能源增加，但同時減少大量人力，使得農產品反而更便宜。我們可以比較一下化石能源與人力能源的價格。

　　許多人在科學館都看到過固定式腳踏車連接著一個 60 瓦（W）的電燈泡，只要有人騎車燈泡就會發亮。其實也不乏看到環保人士以騎車發電，「證明」分散式能源很可行，大型火力或核能電廠等集中式發電方式大而無當。但試想若一個人騎了 8 小時的腳踏車，提供的能量共計 480 瓦小時（480Wh），也是 0.48kWh 的能量。1kWh 就是 1 度電，所以一個人工作了一整天提供的能量約半度電。在台灣每度電不到 3 元，表示一個人工作了一整天提供的能量，若以化石能源提供，價格低於 1.5 元。一個提供大量勞力的體力工作者每天工資 1,500 元應不為過。表示化石能源以 1/1,000 的成本提供了人力所能提供的等值能量。

　　化石能源不只是解放了農業人力，經由科技進步，人類終於了解如何使用埋藏在地底上億年的化石燃料，提供極廉價的能源為人類使用。目前全球已開發國家的能源消耗等於每一個人都有 50～100 個能源奴隸全時的提供在各種勞務，這是促成現代社會進步的真正原因。

6.4 能源與健康

自來水系統

今日我們常聽到所謂化石能源污染環境，對人類健康造成嚴重影響。最常聽到的就是火力電廠排氣污染了天空，排水污染了河流或海洋。聽起來很有說服力，許多人群起反對火力電廠，但火力電廠對人類的健康到底是有利還是有害，很值得由大處著眼來討論，否則很容易陷入見樹不見林的迷思。

先討論飲用水。許多對「回歸自然」充滿憧憬的環保人士，總以為野外的涔涔溪水是和蒸餾水一樣乾淨，可以立刻飲用。

實際情形如何？在沒有自來水的社會，通常的情形是上游洗馬桶，下游取水飲用，更不用提自然界動物造成的污染。

自然界並無義務提供人類乾淨飲用水，自然界的水充滿了各種細菌，霍亂、傷寒等許多消化系統疾病主要都是由於飲用不乾淨的水之故。在今日第三世紀國家，仍有 11 億人沒有自來水可用，在薩哈拉沙漠以南的非洲國家，自來水普級率只有 5%。每年因飲水不潔導致 350 萬人死亡，其中 220 萬是兒童。世界衛生組織（WHO）統計，單單腹瀉造成全球醫療資源 4%的負擔，奪去 180 萬名兒童的生命。現代自來水系統依賴大型淨水廠，以物理、化學、生物方法將水中有害健康的雜質與細菌去除，再提供每家人使用。淨水廠內的各種機械設備都耗用極大能量來進行上述淨水工作，由水源引水入淨水廠，由淨水廠利用自來水管線將乾淨的水輸送到每個用戶都需要抽水機，抽水馬達依賴電力方能運作，而電力主要是火力電廠所提供。火力電廠對提供乾淨飲用水的貢獻遠遠超過所謂的排水污染。

污水處理系統

要保證飲用水源乾淨，要進行另一重要公共工程——污水處理。

在進步社會為防止家庭或工業污水污染飲用水水源，都建立極為複雜的污水處理工程。將污水以特別管線輸送到污水處理廠處理後再排放。整個下水道工程及污水處理廠的複雜及耗能決不下於自來水管線及淨水工廠。依統計，全球電力 5%用於各式抽水機。沒有充足及價格低廉的化石能源，一切都是空談。

今日全球還有 26 億人居住在沒有污水下水道系統的環境，主要原因之一就是沒有足夠的電力。由以上簡介大家應可了解化石能源對提供現代社會乾淨飲用水的重大貢獻。

室內空污

空氣污染是一個大家都關心的問題，但全球最嚴重的空氣污染並非先進國家（包括台灣）所擔心的大氣污染。世界最嚴重的空氣污染是室內空氣污染。在先進國家，烹飪都是使用電器或瓦斯爐。但全球仍有 30 億人不論烹飪或取暖都還是使用「生質能」，也就是柴火（非洲 90%的伐木都是為能源需求）。室內燃燒柴火會引起嚴重的「室內空氣污染」。據世界衛生組織（WHO）資料，室內燃燒造成的污染經常是 WHO 允許值的百倍之高（等於每天抽兩包煙）。室內空氣污染最大的受害者是婦女及兒童，因為這些族群待在室內的時間最長。

據 WHO 統計，每年有 430 萬人因室內空氣污染而死亡，死因分布如下：

12%肺炎、34%中風、26%缺血性心臟病、22%阻塞性肺炎、6%肺癌。依統計，消除室內空氣污染可減少全球 4%的疾病。在已開發國家，因電力及天然氣普及，除了吸煙者，無人因室內空氣污染而死亡。與清潔飲用水相同，很多人也完全不了解，化石能源為人們帶來生活的便利及居住環境的改善。

醫療設施

現代醫學十分發達，醫生似乎可以處理各種疑難雜症，但整個醫院的運作都仰賴充足的電力。在已開發國家（包括台灣），充足電力大家習以為常，完全不知電力缺乏是開發中國家醫療人員永遠的痛。

新聞記者訪問非洲國家後常報導一些在先進國家無法想像的悲劇。

因為電力不足，分區停電，冷藏設備無法發揮功能。需要冷藏之疫苗，供應就不穩定。許多只要簡單注射疫苗即可避免的疾病，仍奪走許多幼兒的生命。

因電力不穩定，無法有效運用育嬰之恆溫箱，早產兒存活機會渺茫。因電力缺乏，許多超音波產檢設備無法普及，許多孕婦在懷孕時沒有機會進行產檢，難產居高不下。即使知道沼澤是瘧蚊幼蟲繁殖的最佳場所，因為電力不足，也無法以抽水機將沼澤的水抽乾，造成瘧疾橫行。今日全球每人仍有 200 萬人因瘧疾而死亡。非洲記者的報導有如當頭棒喝，讓先進國家人民了解電力對醫療的重要。

健康數據統計

充沛的能源是促進經濟開發及社會發展最基本的條件。過去 40 年中國及印度使用化石能源都增加了 5 倍，同期間中國及印度嬰死率分別降低了 70% 及 58%。由圖 6-1 可看出中國人均壽命由 64 歲增加為 75 歲，印度人均壽命更由 49 歲增加為 66 歲。

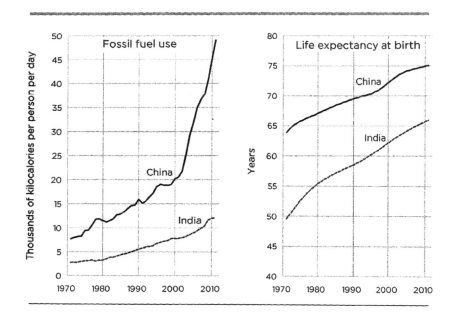

圖 6-1　化石燃料與人均壽命

資料來源：A. Epstein, The Moral Case for Fossil Fuels (2014)

　　過去 50 年全球化石能源消耗不只倍增，全球人口增加快速，但全球經濟也都有很大的進展，表現在各種指標的進步。世界銀行的統計，全球嬰死率由 1960 年的每千名嬰兒有 120 名死亡降為 2010 年的 40 名。

　　全球幼兒（五歲以下）死亡率，由 1960 年每千名 180 名降為 2010 年 50 名。全球平均壽命，由 1960 年的 52 歲昇為 2010 年的 71 歲。

6.5　能源與生活品質

能源解放苦役

　　全球人類各種健康指數在過去半世紀飛躍進步完全與前述自來水的普級、室內空污的減少及醫療條件的改善息息相關。而這三者的進步也完全依賴能源，廉價化石能源對健康的貢獻極為明顯，但十分遺憾，為許多人所忽略。

以上所描述化石能源對人類的貢獻，好像都側重於物質面。但事實上工業革命／能源革命解放了人類從事體力勞動，將人類由「求生存」的繁鎖勞務中解放出來。

據統計，今日在非洲落後地區，農村婦女每天花費 35%的時間務農、33%烹飪及洗衣、17%取水、5%收集柴火，每天只剩下 10%的時間做「維持生存」以外的事。非洲農婦以上的日常生活是每年 365 天毫無間斷，沒有禮拜天，沒有一例一休，沒有年假，更沒有任何旅遊的時間與金錢。

這些非洲農婦過的日子是工業革命前全世界 90%的人過的「標準生活」。在已開發國家，每人每天工作 8 小時，一週工作五天，每年有固定的休假日。工作之餘有許多時間可以從事自己有興趣的各種活動。有人讀書、有人看電視、有人觀賞電影、音樂會、體育比賽，更不知有多少人從事各種不計其數的個人嗜好。國內旅遊不用說了，出國觀光人數也年年直線上升。生活不只是為了「維持生命」，人們生活可說是多彩多姿「享受生命」。

為何今人與古人生活有這麼大的差別？大家是否記得每個人每天的勞力能量只等於半度電？以台灣而言，每年用電量約 2500 億度，等於每天用電約 7 億度，相當於有 14 億電力勞工。電力只占能源消耗之半（另一半為石油等其他化石能源），兩者相加等於有 28 億能源勞工在為 2300 萬人工作，每人平均分配到 120 個能源勞工。社會上有各行各業，表示各行各業從業人員，除了本身外，還有上百勞工聽其指揮，幫助其完成其份內工作，這些勞工又極便宜（工資為人類勞工的 1/1000）。在眾多能源勞工參與各類經濟活動就表現在總體生產力的突飛猛進，商品價格大幅下降，工作時數大幅降低，生活水準空前提昇。

能源解救貧窮

有一個有效衡量生活水準的標尺：同樣的商品及服務，在往日與今日，要工作多久才可獲得。

在 1800 年由巴黎到馬賽的馬車要花一個月的薪水，如今只要 1 日所得並且快了 50 倍。1 度電的價格在 1900 年要工作一小時，現只要工作 1 分鐘。出國旅遊在以往是富豪的專利，一般人只能夢想，今日每年搭乘飛機

達 35 億人次。

今日美國官方定義的窮人（每年家庭所得低於 10000 美元），99%擁有電力、自來水、抽水馬桶及冰箱，95%有電視，88%有電話，70%有汽車及空調，百年前的富豪連一項都沒有。

人類文明在工業革命後突飛猛進的原因是人類從體力勞務中解放後，多數人成為腦力工作者。科學家、工程師、教師、會計師、文學家、藝術家人數大增。人類文明自然呈現指數般成長，而這一切都建立在廉價化石能源的基礎上。現在有太多人，人在福中不知福，由本章比較工業革命前後的人類生活及今日先進與落後國家的人民生活，真有人要回到李遠哲嚮往的「回歸自然」的日子嗎？目前與過著與李遠哲嚮往日子的地方不是沒有，今日撒哈拉沙漠以南的非洲，大多數人生活在這種近原始的狀況，不知台灣有多少環保人士真要移民非洲？

6.6　能源轉型

錯誤的時程表

「能源轉型」是個十分時髦又響亮的名詞，幾乎人人都朗朗上口。只要將這四個字不時掛在嘴邊，就儼然是「能源專家」。「能源轉型」本來是一件很自然的過程，人類無時無刻不在追尋可大量供應而價廉、方便、清潔的能源。

人類由最早使用生質能到使用煤、石油、天然氣等化石能源，及由此類一次能源產生的電力、汽油等為一般人可方便使用的二次能源就是能源轉型的具體例證。

但今天「能源轉型」這四字常被誤用並誤導民眾，主要問題就是不了解「時間尺度」。能源轉型是需要大量投資，過程極為緩慢的過程。有意義的能源轉型極為費時，超過一個世代（三十年），任何認為十年內可達成能源轉型的預言，都經不起時間的考驗而以失敗收場。

很不幸，非能源專業人士完全不了解這一點。報端時常有發明各種「新能源」的新聞，個人不止一次被讀了這類新聞的熱心人士告知「能源革命

即將發生，化石能源即將被淘汰」，當然這類新能源多半是各種千奇百怪「再生能源」。

歐巴馬是極為相信暖化災難的總統，在任內不斷努力推動各種減碳法案及各種減碳行政命令。歐巴馬在初上任時任命了一位華裔諾貝爾獎得主朱棣文（Steven Chu）為能源部長。朱棣文就屬於對傳統能源嗤之以鼻，熱切擁抱「新能源」人士。能源部不久就傳出一個故事：「你和部長討論能源時，如果沒有奈米（Nano）或生物（Bio）帶頭的辭彙，部長馬上就失去興趣」。個人讀後對美國能源部官員的無奈與幽默不禁會心一笑，深感朱棣文實在走了偏鋒。果不出其然，歐巴馬第二任時就找了一位麻省理工學院核子物理學家出任能源部長。在歐巴馬第二任，美國也在三浬島事件 30 多年後首次新建核能機組。

我們可以回顧一下以往對「能源轉型」的錯誤預言。美國前副總統高爾正是鼓吹能源轉型的指標性人物。在 2008 年高爾曾呼籲美國應在 10 年內轉型為全數由無碳的再生能源供電，高爾強調這在技術上可行並在經濟上可負擔的。高爾並挑戰那些認為做不到的人應該閃到一邊去（Step Aside）。2018 年已經到了，如不計傳統水力發電，美國太陽能、風力、地熱等新式再生能源供電占比只有 5%，是高爾正確還是 10 年前認為這一目標不切實際的能源專家們正確？

相類似針對能源轉型時程有極離譜預言的例子實在太多。個人在《能源與氣候的迷思》一書中，詳細說明卡特總統對太陽能的離譜預測，及小布希總統對氫氣車的錯誤期盼。但這種錯誤決不限於政治家，個人書中也詳細討論了《美國科學人雜誌》（Scientific American）刊登兩位史丹福大學教授的錯誤預測。這兩位教授在 2009 年預言，只要 20 年光陰，到 2030 年再生能源就可取代全球化石能源，現在也快過 10 年了，除水力外的再生能源在全球能源供應也只占一點零頭。

能源轉型費時

史密爾（Vaclav Smil）是位加拿大教授，是全球知名的能源專家，網路書店亞馬遜書單中就列出了他所著的 34 本能源書籍。史密爾對能源轉

型過程極為緩慢有極精闢而深入的說明。

首先回顧歷史：以全球而言，煤在 1900 年才取代生質能源（主要是木材）成為全球最重要的一次能源。以各國用煤超過使用生質能的時程而言，美國最早在 1880 年就達到此一里程碑。俄國在 1920 年，中國在 1960 年，許多非洲國家在今日都還未跨過這個門檻。在許多非洲國家，生質能仍然是最主要的能源來源。

若單看化石能源，煤在 1900 年占了全部化石能源的 95%，在 1950 年仍占 60%。油在 1965 年才超越煤，而成為占比最大的化石能源。到 2000 年煤在化石能源在占比約 24%。但在 21 世紀前 10 年因中國崛起，大量用煤，煤又重新抬頭，在 2010 占化石能源 30%。在 1973 年石油危機時，煤占比 27%，在 40 年後煤的占比還高於石油危機時。但過去 40 年全球能源消耗倍增，以絕對值而言，今日全球用煤較 40 年前倍增。

雖然石油在 1965 年超過煤而成為最主要的化石能源，在第一次石油危機時（1973 年），石油占比高達 48%。但之後其占比一路下滑到 2010 占比只有 37%，因此在整個 20 世紀而言，煤的用量依然超過石油。直到今日全球電力中煤電占比仍約 40%。

以石油而言，1860 年石油即成為能源商品，但直到 50 年後（1910 年），石油占比在化石能源中才占 10%。又過了 30 年（1940），石油占比才增加為 25%。

天然氣是化石能源的「後起之秀」，在 1900 年天然氣在化石能源占比 1%，70 年後（1970 年），天然氣占比才增為 20%。

機械設備進步緩慢

曾以化石能源本身轉型極為緩慢為例，史密爾教授對許多人以為再生能源可以在十年、二十年內取代化石能源的說法，提出嚴正駁斥。

史密爾在 145 期的美國科學人雜誌（2014 年 3 月）寫了一篇「再生能源再等 60 年」的文章，文中強調能源轉換（舊能源由新能源取代）是極為緩慢的過程。雖然全球各國近 20 年都大力推動再生能源，但自 1990 年到 2012 年全球化石能源的占比幾乎沒變（88% 降為 87%）。新型再生能源

中，液態生質燃料占 2%，風力發電占 1.19%，太陽能更只占 0.16%。圖 6-2 為科學人雜誌中 Smil 文中之附圖，該圖顯示 4 種能源初次達到占全球供應量 5%的年代（煤 1840，石油 1915，天然氣 1930，再生能源 2012）。

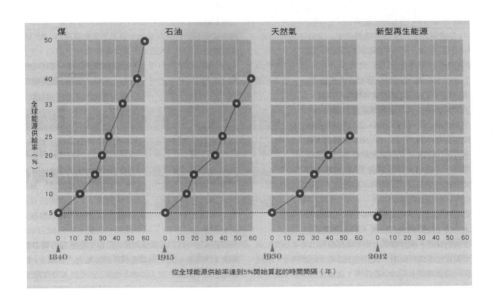

圖 6-2　能源轉型緩慢

資料來源：美國科學人雜誌 145 期（2014 年 3 月）

　　煤由 5%昇到占全球能源供應 50%花了 60 年，石油在 60 年間昇為 40%，天然氣在 60 年昇為 25%，意圖快速將再生能源取代化石能源是絕無可能。

　　為何能源轉換如此緩慢？有兩個主要原因：1.使用能源的機械設備進步緩慢；2.能源相關基礎建設投資太過龐大，一但建成，除非到了使用年限折舊完畢，不可能輕易廢棄。

　　人類要將化石能源中的化學能／熱能轉換為人類可利用，取代人力及動物力的機械能主要就是靠機械設備，但人類發明改良各類機器是耗盡人類智慧，極為艱辛漫長的過程。

　　以交通工具如汽車、輪船、飛機的機器而言，最早登上世界舞台的就是瓦特在 1770 年代發明及改良的蒸汽機。蒸汽機一直到 20 世紀二次大戰

時還是輪船的主要動力來源。以火車而言，蒸汽機直到 20 世紀中仍是美國火車頭的主要動力來源，1950 年之後美國的鐵路運輸才逐漸電氣化。以中國及印度而言，火車電氣化取代蒸汽火車的過程比美國更晚了一世紀。瓦特發明的蒸汽機，在人類運輸史上獨領風騷 200 年。

以汽車而言，以汽油為燃料的內燃引擎在 1880 年代即在德國發明，但在 40 年後的 1920 年代汽車才開始在美國大量普級，在 40 年後的 1960 年代汽車才在歐洲及日本普級，中國更又晚了一個世代，以汽油為燃料的內燃引擎在發明百年後仍是陸上運輸主力。德國工業家迪賽爾（Rudolf Diesel）在 19 世紀末成功發明柴油引擎（Diesel Engine）。柴油引擎效率遠高於蒸汽機，但在 40 年後的 1940 年全球只有四分之一的輪船改為柴油引擎，當然在 1940 年後新建的輪船已全部改為柴油引擎。柴油較汽油便宜，所以貨運卡車基本上都使用柴油引擎。歐洲汽油價格較美國貴了一倍，所以柴油引擎也打入家庭房車市場，但直到 1990 年，柴油汽車還只占歐洲市場 15%，占當年新車 30%，較柴油引擎的發明也經過了近百年光陰。

在內燃式引擎（汽油或柴油）發明後，開啟了農業機械化的過程，但農業機械取代農村獸力的過程也極為緩慢。就算是在最先進的美國，一直到 1963 年美國農業部才不再統計農村中提供獸力的動物數量。在全球許多最落後的國家，動物還是提供農村生產力的主要動力，要進步到使用農業機械，仍有漫漫長路。

以發電而言，不論是燃煤、核能甚至複循環燃氣機組，只要使用蒸汽為動力都要用上汽輪機（Steam Turbine）。汽輪機是英國人帕森（Charles Parsons）在 1884 年發明，汽輪機仍提供了今日全球 80%的電力（另外 20% 為水力渦輪機、氣渦輪機及柴油引擎）。百年來汽輪機效率及發電量大幅提昇主要拜材料科學（耐高溫合金）進步，及機組規模擴大之賜，但汽輪機原理並未改變。

機器的發展決定了燃料的使用，提供人類機械能的機器發展艱辛緩慢，是能源轉型不易的主要原因之一。

基礎建設使用年限長

但能源轉型不可能快速（十年、二十年）成功，更重要的原因是經濟考量。

以石油產業而言，每年生產近 350 億桶原油。這些原油在全球百餘國的油井產出，之後要由全球 700 座煉油廠提煉，再由 3000 艘巨型油輪及 50 萬公里的輸油管輸送。這些生產運輸設備總投資超過 5 兆美元，並經過世人百年的努力才建設完成。就算今日新發現或發明了新燃料可取代石油，人類也不可能在十年、二十年內廢棄這 5 兆美元的基礎建設投資。

以燃煤電廠而言，任何大型機組投資都是數百億台幣，設計壽命至少40 年（在全球使用 60 年以上的燃煤機組比比皆是）。今日全球燃煤機組興建方興未艾，表示這些燃煤機組至少要運轉到 21 世紀下半葉。人們奢談為了減碳要加速「能源轉型」，還真不能不回顧過往人類能源轉型極為緩慢的歷史事實。

6.7　燃煤發電——台灣與大陸

台灣燃煤發電受阻

台灣社會有許多人不但反對核能發電，也反對燃煤發電。完全不了解在 98% 能源靠進口的台灣，能提供穩定而價廉發電方式（基載電力）的只有核電及煤電。

因台灣基載電力不足，社會氛圍又不可能加建核能機組，台電 2005年曾規劃在 10 年內（到 2015 年）加建 11 部燃煤機組（彰工 2、林口 3、深澳 2、興達 2、大林 2）以改善電力結構。但因環保署環境影響評估審查掣肘及地方民眾反對，到 2015 年竟然沒有一部機組完工，完工的都是發電成本昂貴的燃氣機組，造成電價高漲，甚至造成近年頻頻出現限電危機。

　　何以致此？因為氣候變遷／全球暖化，「減碳」也成為國際顯學，報章雜誌充斥各國發展再生能源的報導，許多國人還真以為世界各國都為了「愛地球」而停止燃煤電廠建設。

　　就在這種錯誤認知下，造成不論官方的環評委員或地方民眾都以「減碳抗暖」為由，阻擋了燃煤電廠建設。當然近兩年，燃煤電廠又雪上加霜的加上排放 PM2.5 的罪名，使增建燃煤電廠更為滯礙難行（PM2.5 議題將於 6.11 節討論）。

　　但以為其他國家都減緩興建燃煤電廠是極大的誤解。不論是亞洲國家、歐洲國家，燃煤發電都方興未艾。當然過去幾年因經濟發展快速，中國大陸是燃煤機組增加最多的國家。

中國大陸燃煤發電

　　在此先討論中國大陸燃煤機組的發展。

表 6-1　中國電力裝置容量

單位：百萬瓩（1000MW, GW）

	2010	2015	2020
水電	216	297	340
風電	30	131	210
光電	0	42	110
核電	11	27	58
煤電	694	967	1160
氣電	19	66	120
總計	970	1530	2000

資料來源：中國發改委，能源發展「十三五」規劃（公開發布稿），2016

　　表 6-1 為中國在 2010 年及 2015 年發電機組實際裝置容量，2020 年數字為十三五計畫所規劃的裝置容量。

　　首先要複習單位，表 6-1 的單位是百萬瓩（1000MW，1GW）。100 萬瓩是規模極大的機組，100 萬瓩機組每小時可發電 100 萬度。一個核能機

組裝置容量就大約 100 萬瓩。近年最大型火力機組裝置容量也逼近 100 萬瓩，但全球主力火力機組裝置容量多半為 30 萬瓩到 60 萬瓩。

2016 年台灣電力系統裝置容量共 4200 萬瓩（42GW）。中國大陸 2010/2015 電力裝置容量為 970GW 及 1530GW。中國大陸 2015 年電力裝置容量為台灣的 36 倍。2015 年中國大陸總發電量為 5.7 兆度，台灣為 2500 億度（包括不接電網只供自用的汽電共生電力）。中國大陸總發電量也是台灣的 23 倍，今日中國電力系統裝置容量規模之大可見一般。中國發電度數為第二名美國（4 兆度）的 1.4 倍。台灣為了減碳而停止燃煤機組建設 10 年，由表 6-1 可知中國大陸在 2011 年到 2015 年 5 年間電力裝置容量由 970GW 增加 560GW 而成為 1530GW。增加的裝置容量（560GW）中，有 273GW 來自增建燃煤機組。風電及太陽光電分別增加 100GW 及 42GW。

2011 年到 2015 年 5 年間大陸風電及太陽光電快速發展，獲得全球各國一致推崇，但事實上這 5 年中國增加的燃煤機組仍遠高於前二者的加總。

但燃煤機組每天可 24 小時發電，風電及太陽光電每天平均發電時數約 6 小時及 3 小時，所以中國大陸 5 年間增加的發電度數 1.5 兆度中絕大多數為燃煤機組所提供。

台灣目前電力系統乃數十年來全國辛苦建立，總裝置容量 42GW。大陸 5 年之間增加的裝置容量 560GW 即為台灣總裝置容量 13 倍，每年平均增加 112GW 為台灣總裝置容量 2.6 倍。但在同期，2011 年到 2015 年間台灣電力建設全面停擺，5 年間完工機組為零，這主要是環保人士的功勞。台灣這幾年經濟低迷，薪資未見調昇，怪得了誰？

如前述，台電在 2005 年規劃在 2015 年完工的 11 部燃煤機組，總裝置容量不到 9GW，但因減碳抗暖救地球而停擺。相較之下大陸 5 年內建設了 273GW 的燃煤機組，台灣停建這 9GW，除了自我傷害，對減緩地球暖化有任何意義嗎？

依中國大陸十三五計畫（2016～2020 年）之規劃，中國電力總裝置容量將由 2015 年的 1530GW 增加 470GW 而成為 2000GW，約為美國總裝置容量 2 倍。

在未來 5 年風電及太陽光電將分別增加 80GW 及 68GW，建成後大陸

風電及太陽能裝置容量將分別為 210GW 及 110GW，兩者均遙遙領先全球各國，但未來 5 來大陸仍將增加近 200GW 的燃煤機組。

表 6-2　中國電力指標

	2010	2015	2020
總用電量（兆度）	4.2	5.7	7
人均用電（度／年）	3132	4142	5000
人均裝機（瓩／人）	0.7	1.11	1.4

資料來源：中國發改委，能源發展「十三五」規劃（公開發布稿），2016

　　表 6-2 為中國電力發展指標，由表中可看出中國大陸總用電量，人均用電度數及人均裝置容量在 10 年間都有極大長成，到 2020 年，各項指標都將遠超全球平均。

6.8　全球燃煤發電趨勢

化石能源與燃煤發電

　　上節討論了中國大陸電力的發展，中國在大力發展風力、太陽光電及核能等無碳能源方面很受全球稱道，但中國電力仍極度依賴燃煤發電，燃煤發電仍是中國電力結構的核心。

　　許多人總認為中國能源發展還是過分偏向化石能源，世界趨勢未必如此。但中國能源發展趨勢其實反映了世界能源發展趨勢，表面上看來化石能源占比降低，但絕對值快速上昇，圖 6-3 為 1980-2012 年間全球能源使用占比。

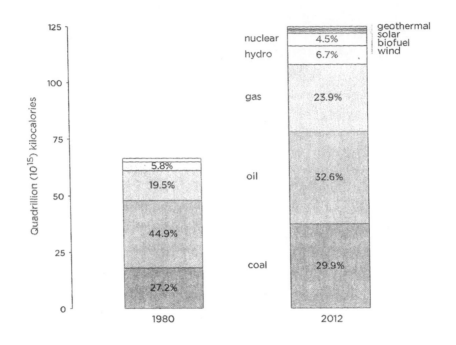

圖 6-3　全球能源使用占比（1980 與 2012 比較）

　　圖 6-3 顯示在 1980 年煤、油、氣在全球能源中各占 27.2%、44.9%及19.5%，這三種化石能源占了全球能源供應的 91.6%。在接近 1/4 個世紀後的 2012 年，三者在全球能源供應占比分別為 29.9%、32.6%及 23.9%，總占比為 86.4%。表面上看來這 22 年化石能源占比降低，但實際上因全球能源使用成長快速，化石能源總消耗量在這 22 年間增加了 80%。

　　依英國石油公司（BP）預估，到 2035 年，煤、油、氣在全球能源供應占比相同，均為 27%。由 2012 年到 2035 年 1/4 世紀間化石能源占比將由 86.4%降為 81%，但由目前全球經濟發展趨勢預估，2035 年全球能源總消耗又將大量成長，與過去歷史相同，化石能源縱使占比降低，總消耗量仍將巨幅上昇。

　　因經濟發展，人類生活完全依賴能源供應，化石能源在能源供應中占絕對主導地位。為維持全球社會運作，經濟發展，每年全球於化石能源相關產業建設之投資超過 1 兆美元。這種龐大投資建設之能源基礎建設都要使用數十年，投資才能「回本」，表示化石能源仍將持續使用至少一個世

代。以上討論的是全球能源使用，能源使用主要分為電力及石油兩大區塊。目前全球電力燃煤發電占比約 40%，依目前全球氛圍，燃煤發電占比將會降低，但如同化石能源在全部能源使用中占比降低，但總消耗量增加。燃煤發電在全球發電占比降低，但因全球用電在未來 30 年仍將快速成長，燃煤發電仍將繼續成長。

據能源研究機構報導，目前全球已規劃的燃煤機組不下 2000 座，建造中的燃煤機組也不下 500 座。所謂減碳抗暖並沒有減少全球燃煤機組興建的腳步，台灣政府及人民應認清此一現實。

亞洲燃煤發電趨勢

若檢視除中國外的亞洲國家，將發現燃煤發電仍是「硬道理」。印度能源部長高耶（Piyush Goyal）直語：印度五年內需要增加一倍用煤量，以滿足經濟成長對能源的需求。

印度在 2014 年產煤 500 萬噸，高耶希望在 2019 將產量增為 1000 萬噸以達到供電 2 兆度的目標。印度總理莫迪（Navendra Modi）也完全支持此一目標。印度目前正以每週完成一部燃煤機組的速度供電，希望能消除印度目前仍有 1/4 人口無電可用的窘境。脫貧是印度政府的首要目標，抗暖只好向後靠了。

日本在福島核災後停用了近 50 部核能機組。核能原占日本用電 25%，因再生能源緩不濟急，日本只好提高火力供電以填補此一缺口。不論燃煤發電或燃氣發電占比都比核災前增加。但因燃煤電廠原來就擔任基載電廠任務，增加供電能力有限，主要電力缺口由燃氣電廠補足。與台灣相同，日本燃氣電廠的天然氣也是由伊朗、卡達等國家以液化天然氣的方式進口，液化天然氣價格又極為昂貴，造成每年 3 兆日元的額外支出。日本原想早日恢復核電使用，但因核電機組恢復運轉要經地方政府同意，進度極為緩慢。日本在此窘迫情勢下也只好規劃增建燃煤機組，日本目前規劃在 2030 年增建 45 部燃煤機組以增加 2100 萬瓩（21GW）的供電能力。

東南亞國家中印尼、越南、菲律賓無不大力建設燃煤機組，身處東北亞的韓國也不例外，依報導這幾個國家加上日本在 2019 年前將增建 2 億

瓩（200GW）的燃煤機組。對電力的需求孔急者不止東亞國家，緊鄰印度的巴基斯坦缺電極為嚴重，全國處於輪流供電的窘境。巴基斯坦原先準備向世界銀行貸款 170 億美元興建 10 部總計 700 萬瓩（7GW）的燃煤機組，但世界銀行以該計劃不符合永續發展予以拒絕。巴基斯坦轉而向中國求援。為了推動一帶一路計畫，中國新成立的亞洲基礎設施投資銀行（Asian Infrastructure Investment Bank，AIIB）立即接手，成為該計劃的貸款銀行。

西歐燃煤發電趨勢

當然許多人認為雖然亞洲國家大力新建燃煤電廠，但環保模範生的歐洲國家應全面停用燃煤發電，完全不是這回事。

歐盟龍頭老大是德國，德國多年來是再生能源（風力及太陽能）的全球領頭羊，為世界各國表率。在福島事件後，德國宣布在 2022 年廢核，但在再生能源建設已達飽和的德國，廢核後走的還是加建燃煤發電的老路。德國碳排原先年年下降，但過去 2 年碳排已連續增加，德國在 2013 年完工商轉的燃煤機組是過去 20 年的最高峰。德國總理梅克爾夫人說燃煤發電是「不可或缺」的，德國經濟部長戈布里（Sigmal Gabriel）說「德國不能一夜間放棄燃煤發電」。在原東德地區，煤礦還是重要產業，提供許多就業機會，德國一向予以補貼。但美國發生頁岩氣革命，燃煤使用大量減少，許多美國煤就外銷歐洲，德國將漸漸減少國內礦業補貼，進口較便宜的美國煤。

德國的天然氣由俄國進口，價格較美國國內天然氣高了 2 倍，燃氣發電無法與燃煤競爭，德國甚至停用許多新燃氣機組而改用燃煤發電。

西歐另外兩個大國是法國及英國。法國是全球最依賴核能發電的國家，核電占比在法國高達 70%，所以燃煤在法國電力占比一向不高。

英國情形也十分特殊，英國在過去 30 年基本上是一個「去工業化」的過程。在 1979/1980 第二次石油危機時，英國在 18 個月內喪生了 25% 的工業產值，英國開採北海油田也使英磅昇值，更影響其工業競爭力。英國經濟中重工業（鋼鐵、化工）占比逐年降低，經濟重心轉為服務業（銀行等）。北海油田也生產大量廉價天然氣，英國順勢發展燃氣發電取代燃煤

發電。表面看來英國經濟成長同時碳排降低。其實最主要的原因是英國將製造業外移，大量進口國外產品。所以雖然英國自 1990 年到 2005 年碳排減少 15%，但若計入進口貨物的「碳含量」，其實同期英國「碳足跡」增加了 19%。燃煤發電在英國占比雖大幅下降，但在 2014 年仍占英國發電量 30%。英國宣布在 2025 年前將現有燃煤機組全部除役，除了增加離岸風力外，主要是增加燃氣發電及核能發電。英國的核能發電政策與德國完全背道而馳，德國廢核但英國要增加核電，核電才是英國減碳抗暖的王牌。

東歐燃煤發電趨勢

東歐國家其實對減碳抗暖並不熱衷，東歐國家在過去 20 年碳排減少的最主要原因是在共產集團解體後，整個東歐經濟崩潰，到目前還未完全恢復元氣。但在東歐國家中，經濟發展最好的波蘭及捷克，都高度依賴燃煤發電，這兩個東歐國家加上德國，人口只占歐盟人口 1/4，但燃煤發電量占了歐洲 1/2。波蘭對歐盟減碳目標十分不滿，波蘭威脅要否決歐盟 2030 年減碳 40%的目標。波蘭說這將摧毀歐洲一半的工業。

德國雖說鼓吹減碳不遺餘力，但卻大力外銷燃煤機組及提供新建燃煤機組融資貸款。過去 10 年德國銀行提供了 35 億歐元的燃煤發電貸款，希臘是主要接受貸款的國家。希臘環保團體對此極為不滿，宣稱德國大力支援希臘的燃煤發電摧毀了希臘的風電及太陽能產業。

東歐第一大國俄國從來就對減碳沒有太大興趣。俄國總統普丁還曾戲言：暖化說不定不是壞事，俄國人可以少穿一件毛衣。

俄國煤礦蘊藏量豐富，外銷五十餘國。煤礦工人 15 萬人，相關上下游產業員工 150 萬人，煤礦仍是俄國重要產業。

俄國電力系統有 170 個燃煤機組，80%機組完工超過 20 年，效率較差。

6.9　最低度開發國家（LDCs）

LDCs 特徵

目前許多文獻只將世界國家依經濟發展程度分為「已開發國家」與「開發中國家」，其實是非常粗略的分類。因為所謂「開發中國家」涵蓋太廣。假設定義每年國民平均所得 20000 美元以上為已開發國家，則國民平均所得為 15000 美及 1500 美金都是「開發中國家」，但國民平均所得其實差了10 倍。所以聯合國 IPCC 報告中特別將「開發中國家」又細分一類「最低度開發國家」（Least Developed Countries，LDCs），其定義平均國民所得未達 1000 美元的國家。目前全球有 49 個國家，共 8 億 5 千萬人屬於 LDCs，其中 33 國位於非洲。除非洲外，赤貧人口最多的國家為印度。

前述世界有 18 億人無電可用，30 億人仍用「生質燃料」煮食，這 8 億 5 千萬人過的就是這種接近原始的生活。

對於這一群全球最貧窮的人也有另一種稱呼：「底層 10 億人」（The Bottom one Billion）。全球先進國家人民生活如此富裕，但世界上竟然還有10 億人生活如此困頓，顯然是極不合理的現象。所以如何協助這些國家及人民「脫貧」，就成為聯合國與「減碳抗暖」同樣重要的兩大目標。在 21 世紀初，聯合國有一個千禧年發展目標（Millennium Development Goals，MDGs）訂了在 2015 年前協助 LDCs 脫貧的多項指標，2016 年又提出了 2030 永續發展議程（2030 Agenda for Sustainable Development）將 MDGs 的目標延長 15 年，希望到 2030 年能達到全球脫貧。聯合國十分了解，以這些 LDCs 的經濟情況，如何將這些國家也納入「減碳抗暖」大業一定要有不同思維。

IPCC AR5 WGIII「減緩氣候變遷」（Mitigation of Climate Change）共有18 章，全面討論各種減緩措施，幾乎每一章都有專節討論 LDCs 與其他較為發達國家面臨不同的挑戰。WGIII 指出在 LDCs 因資金緊俏（這是窮國最大問題）所以在 LDCs 國家利息都遠高於國際水準，利息高不利於設置初始成本高，但營運成本低的投資。再生能源正屬於這一種投資，所以在LDCs 推廣再生能源極為困難。WGIII 也指出在 LDCs 國家，行政效率低落，

國家機器落後，無力推行行政程序繁瑣的政策，而碳交易正屬於這類政策。WGIII 指出 LDCs 國家正處於剛開始城市化及興建基礎建設階段，應避免某些先進國家的錯誤發展路徑。IPCC 以上的觀察及建議頗為正確，但 IPCC 有些建議則有可商榷之處。

　　IPCC 一貫立場是鼓勵發展再生能源，對 LDCs 也不例外，鼓勵 LDCs 國家發展再生能源（主要為太陽能）。但試想太陽能成本較火力發電成本高出一倍，表示同樣投資於太陽能的經費可投資 2 倍的火電設備，提供更多的電力給缺電的大眾。各國政府會作何種選擇，不辯自明。

LDCs 經濟發展

　　其實真正最大問題是「脫貧」與「減碳」是完全背道而馳的兩個目標。化石能源雖有大量碳排但仍是全球最便宜的能源。今日已開發國家無不經過使用大量化石能源發展本國經濟的階段。今日為了減碳，反而阻撓 LDCs 國家利用化石能源脫貧（不予燃煤電廠貸款即為一例），在道德上完全站不住腳。

　　許多已開發國家的環保人士常以悲天憫人的姿態，一再指出氣候變遷受害最大的是貧窮國家。所以為了拯救廣大第三世界開發中國家人民，全球各國都應大力減少化石燃料的使用，包括開發中國家本身。但這種論述有兩個極大的盲點。一個攸關產業發展，一個攸關基礎建設。

　　一國產業基本上可分為農業、製造業及服務業，已開發國家與開發中國家的產業結構迥然不同，前者農業占比極低，製造業及服務業占比高。後者農業占比高，製造業及服務業占比低。只要知道一個國家三種產業比重，立即可以知道該國在經濟發展光譜的位置。由農業而製造業而服務業正是所有國家經濟發展的歷程。

　　一個國家如果農業占比高，表示其製造業及服務業都不發達，國民大部分務農，這是典型落後國家特徵。為何落後國家受氣候變遷的影響遠大於先進國家？理由很簡單，農業是受天候影響最大的產業。氣候變遷不論造成旱災增加還是水災增加，受到衝擊最大的就是農業。在普遍有室內空調的先進國家，製造業與服務業基本上受氣候變遷的影響極微。

但經濟發展要依靠廉價的能源,如果為了抗暖而阻礙開發中國家使用化石能源,這些國家經濟發展就會大幅減慢甚至停滯。國家產業無法由農業進步為製造業及服務業,該國就極易受到氣候變遷的影響。

經濟由農業進步為製造業及服務業,還有一個重要指標:都市化。農業產值占比越高的國家,都市化的程度越低。製造業及服務業越發達,人民由務農轉為在工廠工作的藍領階級或辦公室工作的白領階層,都市化程度就越高。都市人口集中,防災救災建設效果顯著,遠較鄉間易於應付天災。

經濟進步的另一個指標就是一般建築及基礎建設是否堅固。

5.6 節曾解釋海地與多明尼加因經濟發展不同,對天災的承受能力極為不同。

台灣與菲律賓都位於太平洋西側,都是常受颱風侵襲的國家,但同樣強度的颱風侵襲兩國造成的災害完全不同。台灣較菲國經濟發展領先不只一個檔次,兩國行政效率,一般建築及基礎建設的堅固程度都不可同日而語,所以對承受天災的能力也有天壤之別。

國際間也注意到此一現象,在比較兩國承受颱風能力之巨大差別後,對台灣也都讚譽有加。

由產業發展和基礎建設兩個角度研討,都可發現經濟發展才是落後國家抗暖的唯一道路。今日環保人士勸阻落後國家使用可促進經濟發展的化石能源,還宣稱是為這些國家人民著想,不是頭腦不清就是別有用心,無怪乎有人譏諷目前的減碳政策是「犧牲非洲救地球」。

6.10　減碳展望

碳排增加快速

全球經濟在過去 40 年快速成長,能源是經濟成長的動力,所以能源使用也大幅增長。依國際能源總署(International Eenergy Agency,IEA)統計,1971～2010 四十年間全球人均能源使用增加了 31%,可是全球各地增長速度相差很大。在已開發國家成長率為 13～14%,在亞洲(主要是中國)成長率為 200%。這 40 年間全球人口也急速成長,所以這 40 年間全球能源

消耗增加了 130%，與 1800 年相較成長了 50 倍。

全球人造碳排以能源部門占比最大，達總碳排 35%。全球能源碳排在過去 20 年有加速增加的趨勢，在 1990～2000 年間，能源碳排年增率為 1.7%，在 2000～2010 年間，年增率為 3.1%。

2010 年能源部門年碳排為 144 億噸，如無減碳規劃則到 2050 年能源部門年碳排將增為 240～330 億噸。

2000～2010 十年間煤消耗年增率為 4%，在全部能源增長中，煤占了 44%，煤使用成長最主要的原因是燃煤發電機組大量增加，中國產煤世界第一，在 2012 年占了全球產量的 47%。

在 2010 年時，亞洲碳排已是世界第一，占了全球碳排 41%。目前中國碳排已超過美國，印度碳排已超過俄國，在 2010 年中國人均能源碳排為 2.86 公噸，超過歐洲的 2.83 公噸。能源部門碳排最主要是在初級能源（煤、油、氣等）轉換為次級能源（電力、汽油、焦炭）等「製造」過程。但能源開採時之能耗及輸配電損失也不可小覷。以原油開採為例，投入每一單位能量可產出 10 單位能量，但以油頁岩為例，每投入一單位能量只能生產 3 單位能量。以全生命週期碳排而言，油頁岩碳排就遠高於傳統油田。

以輸配電而言，先進的 OECD 國家線損約為 6.5%，在許多開發中國家輸配電損失可高達 20%，台灣輸配電損失只有 4.09%（2014 年數據），優於全球大多數國家。

全球減碳困難

許多人並不了解減碳極為困難。溫室氣體會導致暖化在 19 世紀已為科學家所發現，但一直到 1980 年代世界各國才嚴肅檢視碳排對氣候的影響。1997 年通過了具有法律約束力的「京都議定書」，但簽約國中，除前共產東歐國家因共產集團解體導致的長達 20 年經濟衰退，因而達到減碳承諾外，極少國家達成減碳目標。大氣中的二氧化碳濃度也由 1997 年的 365PPM 增為超過 400PPM。工業革命前大氣中二氧化碳濃度約 278PPM，表示在京都議定書通過後，大氣中人造二氧化碳總量增加了近 30%。我們不能說世界各國對減碳不重視，鋪天蓋地的暖化報導對各國都造成極大的

壓力，但二氧化碳排放就是減不下來則是無法否認的現實。但許多對減碳充滿「信心」的人士昧於現實，十分天真的以為減碳很容易，提出各種減碳時程，可嘆的是這種言論影響了許多不了解化石能源極難被取代的一般民眾。實際上 IPCC 氣候模型也是假設二氧化碳排放每年會增加 1%為基礎進行模擬，這倒是較為接近事實。歐盟國家減碳最為積極，但近日也改弦易轍。德國原先減碳目標為 2020 碳排較 1990 年降低 40%，目前也已放棄。德國主管經濟與能源的副總理戈布里說：「很明顯，2020 年的減碳目標是達不到的。」

德國近年由美國、俄國、澳洲、斯洛伐克進口大量廉價煤礦而關閉其碳排較少的燃氣機組。

德國越來越依靠煤電，德國政府甚至發函瑞典煤礦公司 Vattenfall，要求其不要放棄在德國布藍登堡的新煤礦計劃。

英國政府減碳也不遺餘力，但過去 5 年碳排減少極緩，這還只是計算國內生產的碳排，而「消費碳排」（計入由中國大陸等地進口貨物之碳足跡），則快速增加。

過去十年英國電價漲了 50%，若要達成歐盟在 2050 年減碳 80%的目標，未來電價更要飛漲。

歐盟中許多國家對歐盟的「減碳大計」早已吃不消。這是在最為熱衷減碳的歐盟現況，台灣許多人還一心以歐盟為學習榜樣。以全球減碳前景而言，歐盟並不重要，亞洲才是重點。中國未來數年每年新增車輛將達 3000 萬輛，Exxon 公司預計中國汽車總量將在 2023 年超過美國（詳圖 6-4）

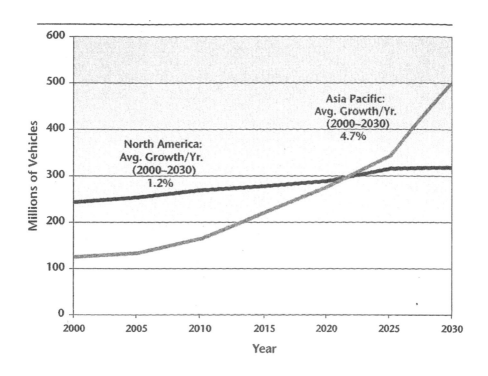

圖 6-4　中美汽車銷量比較

資料來源：R. Bryce, Crusher of Lies (2008)

　　台灣在全球而言最多只是一個中小型國家，台灣碳排約占全球 1%。世界各國在經濟與減碳的角力中，都傾向於「個人顧性命」。除少數歐盟國家外，像台灣如此政府帶頭，不惜犧牲經濟也要減碳的國家可說是少之又少，台灣民眾應保持清醒的頭腦，採取正確而將決定國家的命運的能源政策。

6.11　PM2.5

　　本章最後一節要討論最近在台灣變得極為熱門的 PM2.5 議題，這也是台灣獨有現象。在全球各國燃煤發電遭民眾反對的主因是暖化議題，但暖化究竟是一個全球性問題。因二氧化碳在大氣中停留時間很長（數百年），

而二氧化碳在排放到大氣後一年之內就會平均分布於大氣中,所以不論全球任何地方的碳排,受影響的是全球,碳排造成的暖化到底不是一個地方性議題。從另一角度,因為碳排後果是全球分擔,任一國家減碳再多,如果其他國家繼續排碳則對降低全球暖化並沒有太多助益,這也造成各國人民實際上並不真正熱衷於減碳。全球許多民意測驗均可看出「減碳抗暖」的重要性在民眾心目中遠低於其他民生議題。但燃煤電廠排放的「傳統空氣污染物」如懸浮微粒(PM2.5 等),硫氧化物(SO_x),氮氧化物(NO_x)與二氧化碳相較有一個完全不同的特性。這些污染物在大氣中停留時間很短,並不會平均分布於全球,而只是造成地方性污染,所以反而較受地方民眾重視。

台灣民眾反對燃煤電廠近兩年有突然昇高的現象。其實燃煤發電在台灣少說有半世紀的歷史,為何這兩年才忽然變成環保團體及地方民眾誓死反對的對象?

原因也頗為奇特,2015 年初,中國大陸前央視記者柴靜拍了一部「穹頂之下」,討論中國因 PM2.5 造成民眾健康的危害。以環保為主題的該片在台灣迅速走紅,PM2.5 立刻變成人們朗朗上口的新名詞,人人避之唯恐不急,會排放 PM2.5 的燃煤電廠就成為最顯著的目標。

「愛民如子」的各地地方首長當然不落人後,只要有燃煤電廠的地區,地方首長必然率先表態,要麼要求「關廠」,要麼要求「降載」,不論台電或民營燃煤電廠都吃盡苦頭。位於台中龍井區的台中燃煤電廠共有 10 部 55 萬瓩的燃煤電廠,不但是台灣最大的燃煤電廠,在 2016 年前還是全球最大的燃煤電廠(2016 年為內蒙的燃煤電廠超越)。台中電廠 10 部機每年發電 420 億度,提供台灣 20%電力。台中市政府就多次要求台中電廠「降載」以維護台中地空氣品質。

位於雲林的台塑麥寮電廠是規模極大的超臨界燃煤機組,自然成為雲林縣政府「規範」的對象。雲林縣政府強行通過禁燒生煤的地方自治條例,規定在一定年限內禁止燃煤及燃燒石油焦,並縮短生煤使用量執照年限,對麥寮電廠運轉造成重大衝擊。

台化在彰化有一個燃煤汽電共生廠,彰化縣議會也通過所謂「高污染特性燃料自治條例」強行逼迫台化汽電廠關廠。

　　各地方政府紛紛出手是仗著民氣可用，今日台灣只要有任何環保抗爭，環保團體及民眾似乎就占了「道德制高點」，任何無理要求都可無限上綱，這是台灣社會過去 30 年嬌縱環保運動的後果。以 PM2.5 而言，其實電力排放只占極小比例，但因為電力業目標大，就成為環保團體及地方民眾的頭號目標。但依環保署資料，PM2.5 境外來源占了 43%，國內來源可分為原生及衍生兩類。原生來源中以家庭、製造業及交通占最大宗，在總 PM2.5 排放中，電力原生排放占比約 1%，衍生排放分為硫氧化物（SO_x），氮氧化物（NO_x）。前者主要來源為工業，後者主要來源為交通，電力也不是衍生排放的主要來源。依環保署資料，在全部 PM2.5 排放中電力占比約 3%，但台灣大型燃煤電廠為了方便由海外進口煤及利用海水冷卻冷凝器，均設於海邊，即使排放占 3%，但有一半排往大海，在內陸的排放源不論交通、工業排放之 PM2.5 反而都落在排放源附近。

　　行政院長賴清德於 2017 年 12 月接受廣播專訪談及空污問題表示，他擔任行政院長會努力解決問題，減少火力發電廠的燃煤使用量。賴院長指出台灣的空氣污染來源，三分之一來自中國，三分之一是汽機車移動污染源，三分之一為工廠等固定污染源，其中火力發電只占二‧九%。

　　賴院長提出之火力發電空污占比數字與上段環保署資料相符。

　　媒體也常報導近兩年中部空污惡化的元凶為台中燃煤電廠，十分「懷念」十年前台中的好空氣。這種指控已造成地方政府削減台中電廠燃煤額度。

　　台中電廠共十部機，1 至 8 號機在 1997 年前完工商轉，已超過 20 年。9、10 號機於 2005/2006 年完工商轉也有 10 年歷史。將最近兩年台中空污惡化怪罪台中電廠，豈不是怪事？

　　台電台中電廠 10 部機之總裝置容量 550 萬瓩，圖 6-5 顯示環保署曾模擬若台中電廠降載 40%（220 萬瓩），附近鄉鎮 PM2.5 減少約 1%。

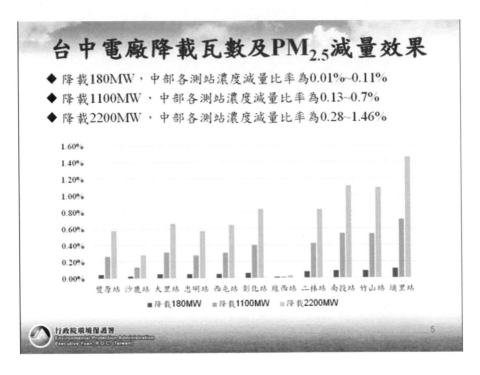

圖 6-5　環保署模擬 PM2.5

資料來源：行政院環保署
彩圖詳見 P281

　　由以上說明可知電力對台灣 PM2.5 的「貢獻」極為有限，要改善 PM2.5 排放，其實要由交通（尤其機車）及工業入手，以 PM2.5 為由反對燃煤電廠並經不起實際數據的驗證。
　　以日本為例，在福島核災後，日本一度成為「無核家園」，但日本燃煤電廠在核災前就處於滿載（基載電廠特性），只好增加燃氣電廠發電以彌補核電全停後留下的供電缺口。但如同台灣，日本天然氣也來自國外，也要經過「液化」再進口的過程，奇貴無比。
　　日本各電力公司實在吃不消龐大的天然氣進口成本，只好規劃興建大量燃煤電廠，日本各電力公司目前規劃在 2030 年前增建 45 部燃煤機組，總裝置容量達 2000 萬瓩。

日本電力公司目前正在東京附近興建 5 部大型燃煤機組，詳圖 6-6。

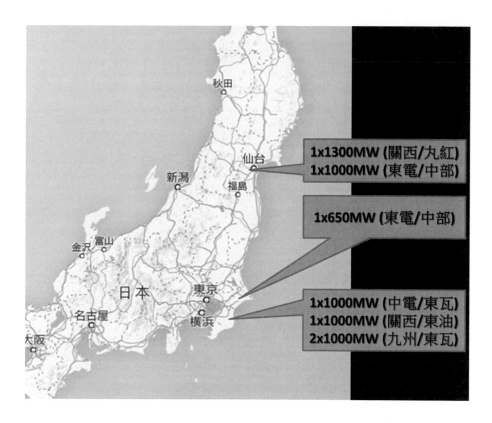

圖 6-6　東京市興建中燃煤機組

資料來源：東京電力公司
彩圖詳見 P282

　　東京人口近 2000 萬，目前在東京周遭正興建五部大型燃煤機組也未見東京市民因 PM2.5 為由而反對。有人或以為日本燃煤機組效率較高，環保設備先進，環保法規嚴格，所以燃煤電廠建於東京可為市民接受。台灣電子業很強，但台灣並沒有製造發機組的重工業，所以台灣興建電廠一律開的是國際標，由歐、美、日一流廠商得標，供應電廠主要機組設備，台灣發電機組都是世界最先進的機組。

以近日完工及即將完工的林口三部，大林二部超超燃界燃煤機組而言，得標廠商正好都是日本廠商。台灣電力機組污染防制控制系統（Air Quality Control System，AQCS）成本占總電廠成本 1/3，目的就是確保空氣品質。

由表 6-3 也可知台灣環保法規也絕不遜於世界先進國家法規。

表 6-3　各國懸浮微粒空氣品質標準

空氣品質標準		我國	日本	中國大陸		歐盟	美國	
				一級	二級		聯邦	加州
PM$_{2.5}$	年平均值	15	15	35	35	25	12	12
μg/m^3	24 小時平均值	35	35	75	75	---	35	---

資料來源：蔡顯休等，火力電廠空污排放對細懸浮微粒（PM2.5）之影響與因應對策，台電工程月刊（103 年 8 月）

個人深感誤以為電力為 PM2.5 主因是國人在核災，暖化之後第三個因不了解而遭誇大的環保議題。

台灣民眾何時能以理性態度面對各類恐懼，不但攸關國家經濟建設，也是台灣是否成為成熟國家的指標。

第 7 章

環保運動

　　本書到目前為止討論了再生能源、核能、氣候變遷、化石能源等議題。這些都是科學及工程議提，有確切的數據可供參考並進行理性的討論。社會各界本來都可以依據正確數據，充份討論後，選擇對國家社會最有利的方向前進。但很不幸，台灣社會在討論以上議題時，經常是背離事實，而以情緒化，極端價值判斷的心態，以有色眼鏡面對以上議題。其後果就是目前莫名所以，令國家及全民受害極深的錯誤能源政策。

　　何以致此？最主要原因就是台灣患了「環保病」。全球各國都有環保運動，但像台灣這般極端環保思維所向披靡，影響社會正確判斷，可能絕無僅有。在台灣，不論中央或地方政治人物，學者專家，在媒體本身也搞不清楚而推波助瀾的情勢下，對環保言論是毫無抵抗力。只要沾上「環保」兩字，就像吃了迷幻藥，失去獨立判斷能力。

　　本章僅針對許多重要環保思維的發展作一檢視，並指出其謬誤，希望能提供大家一個不同角度的思考。

7.1　人口與糧食

人口論

　　環保人士大力鼓吹深入人心的「地球末日論」其實集中於兩個重點：1.世界人口太多；2.地球資源有限。環保人士最喜引用的比喻就是地球是個太空船，但太空船的乘客太多了，太空船負荷不了。

　　這類言論的祖師爺是鼎鼎大名「人口論」作者馬爾薩斯（Malthus）。馬氏的「人口論」出版於 1798 年，距今超過 200 年。馬氏的主要論點是糧食增產的速度趕不上人口增加的速度，所以總有一天，人類會因糧食不足而發生大飢荒。馬氏著重的是地球資源中的「糧食」一項。200 年來除了糧食外，也有許多人大聲疾呼地球其他資源即將枯竭，人類社會無法「永續」，人類文明面臨重大危機。但自從人口論發表 200 年來，地球人口越來越多，人類越來越富裕，分享的地球資源也越來越多，為何這些「末日論」的預言都一一破產？本章即分析人口、糧食、資源等重大「永續」議題。希望讀者經由實際數據檢視人類過去 200 年的發展歷史，對此一重大議題有較清晰的認知，不要人云亦云輕易為「末日論」所迷惑。

　　先討論馬爾薩斯所擔心的人口與糧食議題。馬爾薩斯的擔憂其實並不是杞人憂天，馬氏的憂慮其實直指「末日論」的精髓。當然馬氏的擔憂到今天並沒有發生，到底為何？

全球人口成長

　　在人口論出版時（約 1800 年），全球人口約 10 億人。100 年後到了 1900 年，全球人口增為 16 億人。20 世紀見證了人口的「大爆炸」，由 16 億人增為 20 億人（1930），30 億人（1960），40 億人（1974），50 億人（1987），60 億人（1999）。20 世紀 100 多年來人口增加了幾乎 4 倍。20 世紀人口爆增主要原因是醫藥進步，尤其是在二次大戰後，各類藥品及預防針發展神速，以前的許多「絕症」，如天花、肺炎，都難不倒醫生。幼兒接種水痘、麻疹、百喉、百日咳、破傷風及小兒麻痹症等疫苗也使幼兒免除了以上病症的威脅，健康成長。因為醫藥的發達，各國人民平均壽命都大幅延長，以上對人類而言的大好消息，在末日論者看來簡直就是惡夢，人口再如此飛速成長，馬爾薩斯的預言豈不馬上就要實現了？

人口炸彈

在 1968 年，全球人口增加最快的年代，美國有位環保學者艾利希（Paul Ehrlich）出版了一本「人口炸彈」（Population Bomb），大力闡述地球這個太空船已經無法承載全球人口（當年全球約 35 億人），全球飢荒發生在即，印度將是第一個倒下的骨牌。印度人口成長太快，糧食無法自給自足，他指出印度爆發全面性大規模飢荒迫在眉睫。

印度在 60 年代中確實生了飢荒，依賴各國援助。但印度人口增長太快也令許多國家感到救援糧食給印度簡直是個無底洞。

美國詹森總統在 1966 年就曾一度拒絕再援助印度，禁止美國大麥無償輸往印度救荒。詹森說：「我不會再將援外資源浪費在不自行控制人口成長的國家。」

綠色革命

在 60 年代中，印度前景極為暗淡，馬爾薩斯的預言在 150 年後似乎終於成真。

但奇蹟發生了，20 世紀的科技不但在醫藥領域大放異彩，在農業科技也未遑多讓。二十世紀農業科技除了發明了人造肥料及殺蟲劑外，並培育了新的短桿小麥品種。這種新品種小麥的產量是其他品種小麥的 3 倍，發明這種新品種小麥的科學家為博勞格（Norman Borlaug）。博勞格在 1966/67 年間將這種新品種小麥及人造肥料、殺蟲劑等科技引入印度。印度糧食因而大豐收，完全擺脫了全面飢荒的危機，數年後，印度甚至成了糧食出口國。

博勞格在 1970 年獲得諾貝爾和平獎，得獎理由是他使十億人脫離了飢荒的威脅。1960 年代博勞格等科學家帶給了人類綠色革命。人類以科技再次破除了「馬爾薩斯魔咒」。

但認為人口過多是大問題的艾利希卻抱以異樣的眼光看待綠色革命。在印度大豐收之初，他預言綠色革命終將失敗，因為植物病蟲會改變基因使得殺蟲劑失效。在全球年年豐收後，他則認為綠色革命是「偽裝的祝福」，

因為綠色革命使全球人口繼續增加，只會使人口炸彈越變越大，未來爆炸時更為可怕。

綠色革命距今已 50 年，全球人口也由 1965 年的 35 億人倍增為今日的 70 億人。如果沒有綠色革命，說不準全球還真的只能養活 35 億人。今日全球人口不但倍增，每人攝取食物的營養也遠超過半世紀前，人人本應感謝慶幸綠色革命的發生，環保人士「異於常人」，有不同思維。

綠色革命成功最重要的原因之一，就是使用人工肥料及殺蟲劑。但今日環保人士掛在嘴邊的口號是「有機食物」。何謂有機食物？有機食物就是不用人造肥料及殺蟲劑的「自然」食物。當然，如果全球都返璞歸真，放棄綠色革命科技，全面恢復「有機栽培」，全球農產減半，一半人口餓死，環保人士可管不了這麼多。

人口成長率

現在回頭來討論人口問題。綠色革命如此成功使全球人口在 50 年內倍增（1965 年 35 億增為 2015 年 70 億）。拉長時間檢視，20 世紀百年間人口由 1900 的 16 億在 1999 年增為 60 億，百年增加了近 4 倍。如果全球人口在 21 世紀，如同 20 世紀般的成長，21 世紀末人口是否會又將增加 4 倍而成為 240 億人？許多人還真以為如此。20 世紀人口爆炸性成長 4 倍的主因是醫藥進步，使死亡率顯著降低，人均壽命大幅延長。但死亡率大幅降低與人均壽命大幅延長這兩個人口成長的重要原因在 21 世紀已經不會重演。因為死亡率降到某種低比率，再降低空間已有限。壽命延長到一定程度，人均壽命再延長也很困難。醫藥進步對死亡率降低及壽命延長最有效的發明，在 20 世紀基本上已大致結束。已有許多數據證明，未來醫藥的發展對人口增加的貢獻，已進入報酬遞減的範疇。

出生率

但全球人口成長快速更重要的一個因素是出生率。20 世紀大家擔心的是人口爆炸，「人口炸彈」這類書籍就是在這種背境之下應運而生。但 21

世紀許多國家擔心的是「人口老化」甚至「人口負成長」，台灣就是顯例，日本更早已面對此一難關。即使世界第一大國的中國都擔憂人口老化而取消推行 35 年的一胎化政策，允許每家生兩個子女。由以上背景說明，大家都應該鬆一口氣，因為 20 世紀的人口爆炸看來在 21 世紀不會發生，20世紀的人口爆炸實為特例。

　　死亡率降低與人均壽命延長是拜醫藥進步之賜，大家很容易接受。但如果說出生率降低也是因醫藥進步之故，一般人就不易立刻體會，甚至還有些困惑。在醫藥不發達的時代，人均壽命較今日少 30 年的主因是因為有太多嬰兒活不過 1 歲，有許多兒童活不過 5 歲。其實只要活過 5 歲，享壽 50 歲的機會很高。但因有太多兒童早夭，將人均壽命大幅拉低。落後社會沒有養老金，老年生活完全要依靠子女。在兒童夭折率高的時代，為了確保老後有依，唯一的方法就是「買保險」，多生一些子女。

　　在許多貧窮落後地區，婦女平均生育 7、8 個小孩稀疏平常。但如果子女夭折率低，人口就會爆增。大多數國家在 20 世紀都經過這個階段。原先父母為了確保有後代可以存活，生了「超額」子女。但醫藥在 20 世紀突飛猛進，許多原先活不到 5 歲的兒童都未夭折而成長為成人。另一方面因醫藥進步、成年人壽命也因而延長，兩大因素同時發生，各國人口都發生爆炸性的成長。但父母很快就發現子女不易夭折，為了保險超額生育已無必要，因為要拉拔子女長大成人到底還是十分辛苦。父母們立馬就決定少生孩子，生育率逐年降低，這就是醫藥進步使生育率降低的最主要原因。

　　孟加拉是全球人口密度最高國家（台灣排名第二），1955 年每名婦女平均生育 6.8 個子女，今日已降為 2.7 人，印度由 5.9 人降為 2.6 人。中國更不必說了，因為一胎化之故，基本上每位婦女只生了一個孩子。夫妻兩人要生兩個孩子才能保證人口不下降。中國政府廢除一胎化政策也是不得不與現實妥協。

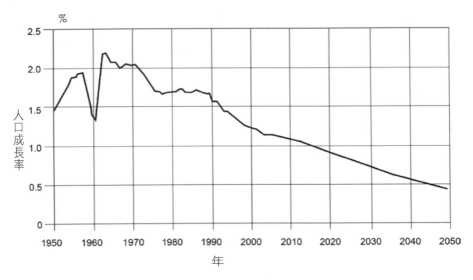

圖 7-1　全球人口成長率

資料來源：US Census Bureau, International Data Base-World Population Growth Rate (2009)

　　圖 7-1 為全球人口成長率，由圖可知全球人口成長率在 1960～1970 間達到高峯，1970 年後逐年快速下降。1960 年代人口成長率達到 2.2%，到 2015 年已降為 1%。人口成長率降低最主要的原因是出生率降低。

　　但人口成長率急速降低是艾利希等末日論的環保學者所未預測的，「人口炸彈」一書出版於人口成長率最高的 1960 年代不是沒有道理。上述人口成長率在高所得國家低於發展中國家，最主要的原因在於發達國家的婦女生育率降低。婦女生育率最主要的指標為婦女教育程度及就業比例。發達國家婦女教育程度及就業比例都遠高於開發中國家婦女，生育率也遠低於後者。

　　只要世界經濟持續發展，世界各國持續進步，教育日漸普及，尤其是女童入學率提昇，世界人口成長率較今日還會近一步降低。依聯合國預測，世界人口將在 21 世紀達到峯值 95 億人後逐年下降。

　　下一個問題就是全球糧食生產足以供應 95 億人口嗎？

基改食物

　　人類的生存發展還是得依靠科技。1960 年代綠色革命使全球糧食生產倍增，解決了當時迫在眉睫大規模飢荒的威脅。40 年來科學家在糧食生產的科技上有許多更驚人的成就，其中最重的一項即為基因工程。

　　其實從某個角度而言，人類進行基因改造已有數千年歷史。人類由狩獵時代進入農業時代，就因老祖宗將野生稻麥以雜交的方式育出人類可生產的五穀。今日台灣水果又大又甜。有些水果甚至突破以前季節限制，全年供應，都是人類以雜交方式改變植物基因所得到的重大發展。

　　今日因為人類掌握了大自然遺傳密碼，可以在實驗室內以更精準的方式改造植物基因。有些基因改造使農業產量增加，同樣面積的土地可以生產更多農作物。有些基因改造使農作物不受特定病蟲害的影響，可以減少殺蟲劑的使用。有些基因改造使農作物抗旱，減少灌溉用水，不一而足。基因改造農作物的主要目的是希望最有效的利用現有土地資源，以增加人類福祉。全球已有 10%的農地種植基因改造農作物。

　　對於基因食物這種造福人類的科技，人類不都應心存感恩，大聲歡呼嗎？非也，50 年來反對綠色革命，堅持「返璞歸真」，回復「有機食物」的環保人士，怎麼可能心甘情願的接納基因食物？今日環保人士豈不是仍將基因食物描繪為「洪水猛獸」？環保人士對基因食物的敵視實在令人難以了解。環保運動祖師娘瑞秋・卡森女士（Rachel Carson）在其名著「寂靜的春天」（Silent Spring）指出殺蟲劑對環保的危害。指出因為 DDT 的使用使鳥類蛋殼變薄，對鳥類繁殖形成威脅。該書出版後全球禁用消滅瘧蚊最有效的 DDT，造成瘧疾至今無法消滅一事即為卡森反對化學藥劑的後果。卡森呼籲人類應少用化學殺蟲劑，而以生物方法解決植物蟲害問題。基因工程正是使用生物方法解決蟲害，因而大量減少使用化學殺蟲劑，僅此一例即知基因工程正符合卡森女士的呼籲，為何環保人士堅決反對基改食物令人不解。

　　環保人士指出基改食物有害人類及大自然，所以歐盟禁止基改食物。但美國農產品中有大量經過基因改造，數十年來三億美國人從未發生因食

用基改食物造成任何健康問題。豈不是基改食物有益無害的最佳證明？

歐盟不止本身禁用基改食物，也威脅非洲國家不得種植植改農作物。甚至在非洲發生飢荒時，歐盟也以「農產品禁運」，威脅非洲國家不得接受美國救災的基改食物，造成非洲飢民大量餓死。由反對 DDT 及基改食物，不禁令人納悶何以環保人士如此草菅人命？全球人口由今日 70 億在 21 世紀預計將成長為 95 億，對農產品需求自然造成極大壓力。尤其是若 21 世紀全球經濟持續發展，各國人民對糧食品質的要求也會越來越高。解決未來糧食需求的重要手段之一就是基改食物。依農業專家統計，若人類大量採用基改農業，輔以其他農耕科技的改進（如滴灌技術等），地球要養活 95 億人並非難事。

以上僅簡單討論人口及糧食議題，但此兩項議題只是環保人士「地球末日論」的一環。「末日論」者認為地球資源有限並不止於糧食一端，下節將進一步討論其他的地球資源議題。

7.2 地球資源——悲觀論點

英國煤碳危機

一提到地球資源，人們很容易就想到礦產。250 年前瓦特發明蒸汽機開啟了工業革命，蒸氣以煤燒水產生，煤礦就成為工業革命後人類最為重視的地球資源。

工業革命在英國發生，在瓦特發明蒸汽機一百年後，小小英倫三島竟征服世界許多地區，成了大不列顛帝國。但就在英國國勢如日中天時，有人提出了「煤碳危機」。1865 年極負盛名的英國經濟學家傑凡斯（W. S. Jevons）出版了一本，《煤碳問題》（The Coal Question）。出版後立刻成為暢銷書。在書中傑氏預測英國未來經濟成長及用煤成長，同時也估計了英國煤礦生產的年成長率，其結論是很悲觀的斷言英國煤礦產量不足供應英國用煤成長，英國的繁榮不能永續。

傑氏也引用了馬爾薩斯的人口論。他認為煤礦問題較糧食問題還嚴重，因為只要有土地、陽光、水源及種籽，糧食可以每年成長。但煤碳不

同，人類無法製造煤碳，煤碳只會越用越少，所以依賴煤礦的英國經濟無法永續，傑氏還真是今日「永續發展」的祖師爺。傑氏「煤碳問題」一書出版後在英國引起極大震動。英國首相格拉史東（Glaston）與傑氏唔談時，稱該書為一「巨著」。著名學者彌爾（John Mill）甚至建議英國應將國債償清，因為未來英國必然無力償還國債。

今日回顧傑氏理論當然覺得錯得離譜，因為傑氏完全未能預見石油在20世紀的發展。傑氏也未能預見使用石油的內燃機，取代了使用煤碳的蒸汽機。

氮肥危機

當然煤碳並不是末日理論者擔心的唯一礦物。在 19 世紀末人類面臨了另一個危機，這危機與糧食生產習習相關。土地生產糧食需要施肥，否則植物生長所需的氮肥在土地中很快就會消耗殆盡。

在 19 世紀初，人類發現在南美洲及非洲外島的島嶼堆積了數萬年累積的鳥糞，是最佳的有機氮肥。但經人類不斷開採，到 19 世紀末基本上所剩無幾。英國名化學家克魯庫斯（W. Crookes）在學會演講中指出氮肥危機迫在眉睫，因為全球「氮磷礦」蘊藏已所剩無幾。因肥料的缺乏，人類將如馬爾薩斯預測，面臨糧食危機，歐洲文明社會將無以為繼。

但人類的智慧又再次克服了此一困境。20 世紀初兩位德國人哈柏（F. Haber）及波許（K. Bosch）發明了利用空氣中的氮氣與人造氫氣合成氨的工業製氨法。利用氨製成無機化學肥料，一舉解決了有機肥料消耗殆盡的危機。兩人因此一偉大貢獻而在 1918 年獲頒諾貝爾化學獎。今日人類生產農作物使用的肥料，幾乎都是以「哈柏法」製造的無機化肥。當然今日環保團體不顧人類生存，拚死反對化學肥料而要回歸「有機肥料」又是另一回事。

成長的極限

煤碳與氮磷等並並不是唯三的礦物資源，既然人們擔心煤礦與氮磷礦

會枯竭，人類難道不擔心其他礦物也有用盡的一天嗎？

1972 年有一本新書出版，出版後譯為上百種語言，在全球暢銷 1200 萬本。這就是有名的「成長的極限」（The Limits to Growth）。該書作者名號也很嚇人：《羅馬俱樂部》（Club of Rome）。

1960 年代正是電腦初登場的時代，人們對電腦盲目崇拜。成長的極限一書，就是利用「電腦模型」模擬人類的未來。除了預測耳熟能詳的出生率、死亡率、人口成長率外，也預測了人均食物消耗、工業污染及全球資源的枯竭。

該書出版引起了極大的震憾，有的報紙社論稱其為「喚醒人類的號角」，羅格斯大學（Rutger）教授莫瑞（B. Murray）指出人類不過是生態圈的一員，仍受生態圈規律的限制。紐約時報專欄作家路易士（A. Lewis）讚揚該書為「本時代最重要的著作」。該書也成了環保界的聖經，成了「末日論」最佳宣傳品。

第一次石油危機

該書出版一年後的 1973 年發生了一件國際大事，以色列與阿拉伯國家發生了「六日戰爭」。歐美國家多半支持以色列，阿拉伯國家就針對支持以色列的國家實行「石油禁運」。國際油價由每桶 3 元猛漲 4 倍成為每桶 12 元。造成石油短缺，加油站大排長龍，這是「成長的極限」預言實現的最佳寫照。

1973 年的石油禁運是第一次能源危機，造成了全球經濟大衰退。環保人士及末日論者遇到這大好機會，大力宣揚全球資源有限，經濟成長是種錯誤思維。人們應返璞歸真，回歸自然。美國環保運動風起雲湧，在這種背景下，卡特（J. Carter）在 1976 年當選美國總統。卡特極為重視能源議題，卡特 4 年任內不論內政與外交都圍繞著能源議題、中東和平打轉。

卡特曾說能源議題是與戰爭一樣重要的道德問題，為節省能源，卡特規定聯邦政府辦公室在冬天溫度由華氏 65 度調降為 55 度。在炎熱的夏天在白宮也不得開冷氣，內閣閣員在白宮內汗流浹背的開會，白宮幕僚無不私下報怨。卡特預測 1980 年代初全球石油生產量就趕不上供應量。為了減

少對石油的依賴，卡特轉而支持回頭使用煤碳，及其他非傳統能源如油頁岩及太陽能，卡特甚至率先在白宮屋頂裝置太陽光電板。卡特大力支持太陽能研發，目標是在 2000 年太陽能發電占全美國用電 20%。當然由今日回顧「成長的極限」的預言，及卡特總統的擔憂都完全錯誤，但可嘆的是近半世紀後的今日，許多環保人士仍然緊抱「末日論」並影響一般大眾。

石油峯值理論

在此僅再舉一例。現代人類社會實在太依賴化石能源，化石能源主要為煤碳、石油及天然氣，在三者之中石油最為重要。人類對石油到底還能再開採多久一直保持高度興趣。

美國地質學家赫伯（M. Hubbert），在 1956 年發表論文預測美國石油產量在 1970 年達到最高峯，之後就會年年下降。赫伯也預測全球石油將在 2010 年耗盡，當然兩者都不正確。美國近年發生的頁岩油及頁岩氣革命，油氣產量大增，當然開採頁岩油、氣的水力裂解法（Hydraulic Fracturing）技術是赫伯所未預見的新科技，世界石油也並未在 2010 年枯竭。即使以傳統方式開採都至少還有 40 年的儲存量，更不用說加上非傳統方式開採的儲存量了。赫伯的石油峯值理論僅在數年前還頻繁於出現於各類報章雜誌及學術研討會，但這兩年頁岩油開採，全球油價由每桶 150 美元崩跌到 50 美元（最低達 30 美元）後，石油峯值理論也鮮少被提及了。

由以上討論英國的「煤碳問題」，羅馬俱樂部的「成長的極限」，卡特總統的憂慮及赫伯對全球石油蘊藏量的估計，似乎人類對地球資源的預估是一貫錯誤。難道就沒有正確的預估，正確的思維嗎？當然不是，對於地球資源問題當然有不同的看法。人類對未來的預測並非一貫錯誤，也有睿智的預測。

7.3　地球資料──樂觀論點

保障自由的資源

　　1951年韓戰正酣，當時美國總統杜魯門十分擔心資源短缺會決定戰爭勝負。他記取二戰德國戰敗主因之一是石油短缺。杜魯門任命了培里（W. Paley）組成了一個「物質政策委員會」（Materail Policy Commission），研究美國政府對資源問題應採取何種政策。杜魯門說：「我們不能讓資源缺乏成為一個國家安全問題，我們也不能讓其成為經濟成長的瓶頸」。該委員會不負所託，完成了一本近900頁的報告：「保障自由的資源」（Resources for Freedom）。為何該報告將資源與「保障自由」相連結？因為當時美國自許為自由世界的盟主，數年前在二次大戰擊敗以納粹德國為首的軸心國，當年又對抗以蘇聯為首的共產世界。美國認為是否能引領自由世界阻止共產主義的擴張與資源問題習習相關，所以該報告名為「保障自由的資源」有其歷史背景。

　　該報告對全球資源抱持樂觀態度，認為社會上認為資源有限，當資源使用殆盡後，社會就無以生存的流行思維是錯誤的。該報告認為經濟發展有賴資源的使用，認為目前應減少資源使用，以為後代之需的想法與人類歷史發展經驗不符。因為科技進步及新資源的發現會使未來「資源問題」完全改觀。

　　該報告有三個基本信念：1.鼓勵經濟成長；2.鼓勵私有企業；及3.鼓勵國際貿易。

　　該報告認為美國無需事事「自給自足」，而應採取「最低成本原則」（Least Cost Principle）。任何物質或產品，如果進口比自產便宜，就應鼓勵進口，美國應降低妨礙國際貿易的進口關稅。

　　該報告對美國有強大自信，所以鼓勵國際競爭及國際貿易。但美國國內既得利益者的保護主義思維仍極為強大，就在該報告問世當年，美國國會通過了「國內礦產法」，規定美國礦物應儘量自產，減少對進口的依賴。但這政策是否正確？在50年後2003年的一次國會聽證中，美國地質調查

局局長承認全球礦產其實是處於「生產過剩」而非「缺乏」的情勢，市場機制解決了礦物供需問題。

就長遠而言，該報告也不認為人類有資源枯竭問題，因為占全球面積七成，尚未探勘的海洋更為人類提供了無窮的資源。

該報告的許多結論與建議極為罕見，在近代各國報告或國際組織的報告都鮮有類似大膽創新思維，但時間證明該報告的建議極具遠見。

什麼是資源？

要討論社會資源問題，就一定要提一位美國經濟學家賽蒙（Julian Simon）。賽蒙是反對「末日論」的代表人物。賽蒙與出版「人口炸彈」的艾利希為同時代的學者，賽蒙也是艾利希的對照組。賽蒙對艾利希「人口炸彈」書中的論點極為「感冒」。賽蒙本人對人口問題有深入的研究，對於艾利希「人口爆炸」及因而導致的全球飢荒等預言嗤之以鼻，認為毫無科學根據。賽蒙基本上視人類為「資源」而非「負擔」。當然賽蒙並不否認人類會消耗資源。但他認為人口越多，越有更多的好主意，發展更好的科技，提出更好的解決方法。賽蒙也有一本名著，書名就是「最終的資源」（The Ulimate Resources），賽蒙認為人類才是最終的資源。

在此很值得思考一個重要議題：什麼是資源？煤礦是資源？石油是資源？各類金屬礦藏是資源？如果一地礦產豐富，當地居民就因有豐富的資源而經濟大為發展，生活水準大為提高？

這是十分有意義的問題，請讀者仔細思考。

由直覺，上述問題的答案是肯定的，但事實上答案是否定的。試想在工業革命前，地球礦藏從未開採，地球礦藏是否遠較今日豐富？但工業革命前人類生活極度貧困，因為地球礦藏對人類而言並非資源，人類根本不知道如何使用這些礦物。一直到工業革命後，人類知識及科技大幅躍進後，人類才知道如何使用這些礦藏，在工業革命之後，這些礦藏才成了對人類有用的資源。

礦物本身並不是資源，隨著人類知識的進展，新科技的開發，越來越多的礦物成了可為人類所用的資源。以矽為例，20 世紀前半葉，無人認為

矽是工業資源。全世界到處都是沙，沙的主要化學成份就是矽，無人認為矽有什麼重要。但在 20 世紀後半，科學家發明「半導體」後，矽立即「昇級」為極為有用的資源。資源的定義隨著人類科技進步而改變，賽蒙認為人類才是最終的資源，本意在此。

十年之賭

賽蒙和艾利希對人口及資源議題的看法完全南轅北轍，兩人又是同代的學者，自然少不了相互批評。以資源議題而言，艾利希一貫認為地球資源有限，在人口及經濟持續成長的況狀下，資源只會日益減少，價格必然日益上漲。

賽蒙看法完全不同，他指出依歷史資料，資源單價其實一直下跌，原因一方面因為新礦產一直被發現，另一方面因科技進步，工業製程使用資源日益節省。

在 1981 年賽蒙向艾利希提出了一個挑戰，賽蒙讓艾利希任選五種金屬，10 年後（到 1990 年）依五種金屬國際價格漲跌決定兩人輸贏，雙方對五種金屬各下注 200 美元，總「賭注」1000 美元。

艾利希譏諷賽蒙是自討沒趣，10 年後贏 1000 美元是小事，主要是可以暴露賽蒙的看法完全錯誤，可令賽蒙從此後閉嘴。

艾利希參考過去資料，選出在 70 年代漲幅最大的五種金屬：鉻、銅、鎳、錫及鎢。這五種金屬在工業生產上都十分重要，鉻為不銹鋼之重要抗蝕原料，銅是導電和導熱性極佳的金屬，鎳在不鏽鋼及電池生產都有十分重要之地位，錫是抗腐蝕能力很強的金屬，鎢抗熱性高，在製造燈泡，陰極射線管等耐高溫產品扮演重要的角色。

賽蒙及艾利希的對賭成了很大的新聞，報紙稱之為「十年之賭」，意表這是十年來最重要的一個打賭。1990 年 10 月某天賽蒙收到了一封信，信中附了一張 1000 美元支票及一張金屬價格的剪報，寄件人是艾利希。1980 年到 1990 年全球人口爆炸性成長，增加了 8 億人，由 1980 年的 45 億人增加為 1990 元的 53 億人。但賽蒙與艾利希打賭的五種金屬價格全部下跌，平均下跌 50%。

賽蒙與艾利希的這次打賭，經紐約時報報導後，聞名美國。這次打賭成為環保陣營與保守陣營經常引用的事例。當然環保團體的末日論因這次有名的打賭為大家所質疑，顯然人口成長與資源匱乏並沒有直接的因果關係，以金屬價格為例，其受經濟循環的影響遠大於人口成長的影響。

當然賽蒙與艾利希的打賭只是全球資源問題討論的一個插曲，但自羅馬俱樂部出版「成長的極限」一書以來，幾乎沒幾年就有新的末日論論點產生，但為何這些預言都全部摃龜？

悲觀論點的錯誤

本書第 4 章提到耶魯大學名經濟學家諾德豪斯（W. Nordhaus），就曾指出「成長的極限」這類論述有幾個致命的錯誤。諾氏提出這類論述都假設經濟是靜態的，忽略了科技的發展，忽略了發現新資源的可能性，忽略了發明替代物質的可能性，也忽略了市場價格機制，使不同資源相互替代的慣例。換句話說，世界經濟並不是依這些末日論的模式運作。

諾氏理論是針對較廣泛的資源問題的觀察，若吾人聚焦於「石油峯值理論」為何失靈，也會有同樣結論。

赫伯的石油峯值理論失靈有以下四個原因：

1.尚未探勘的地區仍多

地球有許多地區還沒探勘，所以沒有準確的數據來進行預測，北極冰洋下方可能有相當大的油氣儲存，但從未進行探勘。

2.開採技術提升

以往石油公司開採石油時，每 3 桶原油蘊藏量只能開採出 1 桶的原油，現在已進步到 2 桶，所以即使石油蘊藏量不變，可開採量及使用年限都將倍增。

3.需求改變

人類的科技不斷進步，能源使用效率也年年提升。效率越高，使用能

源相對越少，使用年限就將延長。另外價格若因供需不均上漲，也使人們更加節約能源並尋求替代方案。

4.「非傳統」油、氣的使用

非傳統的石油包括加拿大阿伯特省藏量極為豐富的油砂及美國中西部猶他州等地有大量蘊藏的油頁岩，油砂及油頁岩的石油蘊藏量均約為全球原油蘊藏量的兩倍，兩者只要油價分別在每桶 50 美元及 100 美元就具有經濟開採價值，換言之，一舉可以將石油可用量由 40 年延長為 200 年。

最近幾年，石油及天然氣開採術有極為重大的突破，已能在頁岩中開採石油及天然氣，美國的天然氣蘊藏量也因此超過俄羅斯成為世界第一。

世界能源總署在 2009 年估計，因此一技術之突破，使全球傳統加非傳統天然氣蘊藏量增為 3 萬兆立方英尺，依目前全球天然氣消耗量計算，還可以維持 200 年使用。由石油峯值理論的失敗可驗證諾德豪斯論點。

假先知

由兩百年來悲觀的末日論者對糧食的預言，對煤碳的預言，對氮肥的預言，對石油的預言及賽蒙與艾利希針對五種金屬價格的預言，再再顯示末日論者的論述過於悲觀。

但十分奇特的是這類末日論述很有市場，鼓吹這類論述的「學者」極受推崇。艾利希作過極多錯誤預言，但得獎無數，聲望極高。賽蒙就曾感嘆：一個先知要錯多少次，人們才會發覺他是個「假先知」？賽蒙曾說其 1970 年以來關於石油及環境趨勢的預言都被證明是正確的。但是環保界仍一貫的販賣末日論理論，對末日論的抗爭可說是對謊言之戰。

7.4 三本誤導書籍

每個世紀都不缺對人類未來憂心忡忡的先知。每個時代也都有不同的環境議題。以今日而言，環境議題聚焦於暖化與能源的糾葛。

當代有三位赫赫有名，對暖化與能源議題著有專書，指導人類未來走向的「專家」。

特別舉出這三位是因為其著作都有中譯本，在台灣很有影響力。第一位是美國前副總統高爾，當然高爾曾著有一本極有名的《不願面對的真相》，討論暖化問題，本書第 3 章也曾簡要指出其重大錯誤。本節要討論的是高爾在 2009 年出版的另一本書《我們的選擇》（Our Choice），該書在 2011 年譯為簡體中文。

第二位是紐約時報專欄作家湯馬斯・佛里曼（Thomas Friedman）。湯氏在 2008 年出了一本《世界又熱、又平、又擠》（Hot, Flat and Crowded），該書有繁體譯本。

第三位是著名經濟學家傑瑞米・里夫金（Jeremy Rifkin），2011 年著有《第三次工業革命》（The Third Industrial Revolution），該書也有繁體譯本。

如前述，這二本書都有大量篇幅指導人類未來能源應走的方向。但若深入了解，將發現這三位先知都沒有任何能源實務經驗。

高爾不用說了，背景是律師，職業是政治家，擔任過美國參議員及副總統。佛里曼是政治學者，中東問題專家。里夫金則是經濟教授及「未來學」學者。以三者對能源專業知識的程度，最多只能跟著流行走，三者著作都一律強調氣候變遷的可怕，化石能源的危害，並大力鼓吹「再生能源」。有人說讀環保人士的書，簡直是千篇一律（you read one, you read all），個人深有同感。但這三本書雖有共同的盲點，但還是各有不同重點，仍值得分別予以簡要討論。

這三本著作分別出版於 2008～2011 年，正是油價高漲的年代，三本書當然大力描述地球資源（特別是石油）的匱乏。當然，在石油每桶 150 美元的年代，這類論述極易打動人心。許多人預測每桶油 200 美元的時代即將來臨，但誰能預料隨後幾年油價竟然跌到每桶 30 美元。幾位大師基於化石資源匱乏，能源價格飛漲，而鼓吹「再生能源」的經濟基礎立即崩塌。

我們的選擇

　　高爾《我們的選擇》基本上分為四大部分。首先討論各種電力減碳方式（再生能源為主），其次討論「生命系統」之森林／土壤／人口，其三討論節能及電網，最後討論哲學／政治。

　　環保人士擁抱再生能源最喜歡舉的例子就是太陽能、風力、地熱有多大潛能，人類只要利用到其零頭就解決了人類全部能源需求。

　　高爾也不例外，高爾說地球上全部石油、煤碳及天然氣等化石能源的總蘊藏能量只等於 50 天的陽光照射能量。這類說法實在太常見了。

　　曾任英國能源與氣候變化部首席科學顧問的劍橋大學物理教授馬楷博士（D. Mackay）是位貨真價實的能源專家，他對這種說法就很「感冒」。他指出這種說法基於夏日正午在赤道大陽垂直照射能量約 1000W/m² （每平方公尺 1000 瓦）計算而得。

　　但全球各地太陽並非直射，夜間沒有陽光，陰雨日太陽能也不管用。以英國而言，24 小時之地面太陽能平均強度為 100W/m²，只有 1000W/m² 的 10%，（台灣比英國稍好，平均約 12.5%）。以價格最低廉使用最普遍的單晶矽太陽光電板而言，轉換效率約 15%，再考量地球表面 2/3 為海洋無法裝置太陽能設備，就算全球陸地（包括南極洲、亞伯利亞）全部裝設太陽能光電廠，人類能由太陽取得的能量只有高爾等人所引用數據 1% 的零頭。但全球陸地真可滿佈太陽能板？要將亞馬遜森林全數砍伐裝太陽能？

　　高爾也提及全球風能及地熱各一個月的能量都足以滿足人類一年所需。台灣鼓吹地熱人士也常說台灣地熱潛能超過十部核能機組。這類說法與太陽能相似，都是將再生能源理論值與實際上經濟可行，可為人類所利用的再生能源搞混。很不幸，一般人不見得了解，老實說，筆者也懷疑高爾等人是否了解。

　　高爾書中也犯了一個環保人士搞不清各種火力發電「效率」問題，只知追求「效率」而指責電力公司為何不用最有效率的機組發電。針對此點本人在「能源與氣候的迷思」一書中有詳細解釋，在此僅簡單說明。

不論燃煤或燃氣電廠經鍋爐加熱之水蒸汽，經由汽輪機發電都有熱力學上的能源轉換效率限制。燃氣複循環機組因為有氣渦輪機及汽輪機兩階段使用熱能，所以較單單只有汽輪機的燃煤機組效率高。但全球天然氣價格普遍遠高於煤價（產氣國例外），所以在提供廉價電力的考量下，多數國家還是優先興建燃煤電廠。因燃料價格不同，「效率」高不見得發電成本低。

高爾也提到熱電機組（Combined Heat & Power, CHP），效率更高於複循環燃氣機組，CHP 在台灣稱為汽電共生（Co-generation）。不論稱之為熱電機組或汽電共生機組，其效率高的原因是此類機組除供電外也供熱（水蒸汽），效率當然高於只供電的機組。但為何全球電力公司並未全面採用汽電共生機組發電？原因也很簡單，電是每個工廠、賣場、家庭都需要，但並不是人人都需要水蒸汽。在寒帶國家，用戶可利用水蒸汽供暖，所以汽電共生機組占比較大，在熱帶地區，只有工廠製程或需用到水蒸汽，就限制了汽電共生機組的發展。

與許多環保人士相同，高爾缺乏基本物理及能源知識，但很不吝於指導人類能源走向，實在勇氣可佳。高爾在書中最後討論社會及政治問題時，也一再感嘆抗暖是有史以來最大的市場失靈，也是實行民主政治以來的最大失敗。這一看法三位作者都不謀而合，下節將進一步討論。

地球又熱又平又擠

紐約時報專欄作家佛里曼的《世界又熱又平又擠》一書，實在是部「巨著」，中文版近 500 頁，但有如在圖書網站亞馬遜讀者留言所指出：實在看不下去。

該書當然也由暖化、能源、人口切入，嚴厲批評傳統化石能源（尤其石油），大力鼓吹再生能源、智慧電網，最後討論綠色經濟並提供政策建議。

佛氏在書中列舉了五大「關鍵問題」：1.能源及天然資源愈來愈稀有。2.全球財富轉移至產油國。3.氣候變遷。4.全球形成電力富裕和電力匱乏兩個不同世界。5.動植物大量滅絕。

　　1、3、4、5等問題互相牽連，本書都有所討論，弗氏提出的第二大關鍵議題則十分獨特。其他討論暖化及能源的書籍，很少將所謂「全球財富轉移至產油國」列為關鍵議題。弗氏將此一問題特別列出，其實暴露了他本身的背景。

　　弗氏是猶太人，中東問題專家，立場當然是親以色列而反阿拉伯國家。弗氏對於全球各國都成為石油「癮君子」，大筆鈔票流向中東阿拉伯國家，以進口石油（台灣即為其一），簡直是深惡痛絕。他認為流向阿拉伯國家的「油元」資助了恐怖份子。書中列舉了石油財富阻礙民主發展的五個機制。書中以各種角度陳述石油價格上漲的「惡果」。以弗氏的政治立場，希望再生能源大行其道，各國戒除「油癮」，造成油價大跌，阿拉伯國家破產，實在不足為奇。

　　弗氏大作大多拾人牙慧，無甚新意，但書中也引述了一些可能弗氏自己都忽略的真知卓見。書中引用荷蘭皇家殼牌石油公司對未來 50 年能源的可能演變：「一般說來，在把某種能源以初級能源形式引進商業市場後，還需要 25 年的時間，才能占有全球經濟市場的 1%」。這句話呼應了本書第 6 章指出全球能源轉換時程極為緩慢，基本上是以一個世代（30 年）為單位的事實。太多環保人士不了解這一極為重要的現象，以為再生能源可在短時間取代化石能源，完全昧於歷史事實。

　　弗氏對能源實在外行，即使出版了這本「巨著」，在美國也沒人將其視為「能源專家」。但其中譯本在台灣發行後，弗氏在台灣儼然成為「能源專家」，甚至被邀請入總統府討論能源問題。弗氏在台灣找到「知音」，感激零涕，甚至在紐約時報撰文承認除美國外，台灣是他最喜歡的國家。台灣政府對能源的無知也非一朝一夕。

第三次工業革命

　　經濟學者里夫金（Rifkin）出版的《第三次工業革命》實在太重要了。並不是說這本書如何偉大，實際上高爾及佛里曼兩人所犯的錯誤，本書也一樣沒少。這本書重要的原因是這本書是民進黨政府能源政策的聖經，是民進黨能源政策的燈塔。2014 年民進黨智庫新境界文基金會發表了

《新能源政策》白皮書，開宗明義第一節標題即為「迎接第三次工業革命」。
該段全文如下：

> 我們正處在能源體系轉型的關鍵時代，可再生的綠色能源正扮演
> 著引領第三次工業革命的關鍵角色。放眼世界能源趨勢，過去以
> 石油、煤碳、天然氣與核能為主的能源體系，正逐漸被太陽能、
> 風力、地熱、海洋與生質能等綠色能源所取代；能源不再只是推
> 動經濟成長的動力來源，綠色能源與節約能源本身就是帶動經濟
> 發展的新引擎。這是一次能源科技產業的革命，也將啟動新的綠
> 色生活型態。

　　本人第一次讀到此白皮書時，並不十分確定民進黨所謂的第三次工業
革命是否即指里夫金所倡議的第三次工業革命。但 2016 年蔡英文選上總統
不久，報上刊載了一篇〈蔡英文目前正在讀的幾本書〉，列出了準總統埋
頭苦讀的五本書，里夫金的《第三次工業革命》赫然出現。蔡英文不會無
緣無的讀這本書，顯然是其能源幕僚所推薦。由此一新聞明顯看出本書正
是民進黨新能源政策，也就是目前政府能源政策的「理論基礎」。里夫金
是位「未來學大師」，他的大作其實比高爾及佛里曼的「格局」更大。不
只討論新能源，還要重寫經濟理論，提出分散式資本主義理論，認為工業
時代已經終結，並要教育全球第三次工業革命的願景。

　　里氏曾著有 18 本涵蓋多種領域的著作。問題就在此，里氏是位「門
門通」但「門門鬆」的學者。

　　里氏大作較高爾及佛里曼更強調「石油峯值」理論，以此作為其鼓吹
再生能源的基礎，當然這幾年油價崩跌一定令他跌破眼鏡。

　　里夫金在書中明列「第三次工業革命」的五大支柱：1.化石能源轉換
為再生能源；2.將建築物轉化為「微發電廠」；3.以氫儲能；4.利用網際網
路連接五大洲電力網；5.將目前汽車轉化為插電式電動車及燃料電池車（氫
能車）。這所謂五大支柱有何新意？不都是環保人士鼓吹了 2、30 年，但
困難重重的「支柱」？

　　以台灣而言，以不穩定的再生能源提供 20%電力都困難重重，再生能

源即使提供了 20%電力，占全部能源使用也不到 10%（另外一半是交通及工業使用的石油及煤碳等化石燃料）。建築物屋頂有多大面積？各國推廣太陽能主要不是都靠地面型太陽能？所謂以網際網路連接全球五大洲電力網也是沒有工程實務者的異想天開。

最「有趣」的是以氫儲能及氫氣車（燃料電池）這一部分。小布希總統在 2003 年國情咨文，就提出要讓當年出生的嬰兒 16 歲取得駕照時，開的就是氫氣車，目前進度如何？燃料電池如果能提供經濟有效的儲能，德國也不必在再生能源發電過多時，貼錢給鄰國輸出多餘電力，中國大陸也不必因電輸不出去，而大規模的將再生能源電力予以「棄電」。

可嘆的是目前蔡政府正亦步亦趨的追隨里式的「五大支柱」，再生能源部分本書已多有討論。氫能部分蔡政府正大力推動「台日氫能開發合作」，不但要利用燃料電池儲電，還要用氫能發電。最令人嘆為觀止的是要在台灣以再生能源製氫後降溫到-253°C 成為液態氫，再外銷日本。目前在台南沙崙開張綠能科學城就扮推動氫能重要角色。

里氏書中也大力鼓吹分散式能源及電力自由化，鼓吹「廠網分離」，2017 年政府大力推動的「電力法」修正案也是追隨里式藍圖前進。

人類科技未來進展如何無人可以預測，高爾、佛里曼及里夫金在書中大力描繪的未來智慧生活，智慧城市等遠景在 30、50 年甚或 100 年後或可普及，但台灣面臨的是 7 年後（2025 年）電從哪裡來的問題。民進黨「新能源政策」完全將遠景與燃眉之急搞混，在時間尺度掌握上完全失焦，正是其新能源政策註定失敗的主因。

7.5 環保運動新發展

反對自由經濟

若將焦點拉到現在，環保團體近年來的偏頗主張有變本加厲之勢，原因在於「氣候變遷」一躍成為最重要的環保議題。環保團體一再指出自京都議定書簽定 20 年來，減碳努力的失敗完全是資本主義「市場機制失靈」之故，對自由經濟發動了猛烈的攻擊。環保團體聲稱目前全球發展自由經

濟的四大主張：1.私有化；2.法規鬆綁；3.減稅；4.國際貿易，都與降低碳排的目標相抵觸。環保團體因兩個原因對國際貿易展開猛烈攻擊。一個是環保團隊大力鼓吹的「農產品在地生產，在地消費」運動，另一個則是認為 WTO 規則妨礙了綠色能源的發展。

食物里程

　　環保團體指出目前全球農業溫室氣體排放占了人類碳排的 20%。環保團體認為這是因為各國沒有推行「自給自足」而由國際市場購買農產品，使國際運輸量大增，碳排也隨之增加。環保團體提出了「食物里程」的計算，並以此為理由反對泛太平洋貿易協定（TPP，Trans Pacific Partnership），也反對北美自由貿易協定（NAFTA，North American Free Trade Agreement）。其實農產品極具地域性，某些農產品就是合適在某種氣候及地理條件下生長，如果各國非得「自給自足」，浪費的資源及產生的溫室氣體一定遠大於經國際貿易互通有無。

　　實際上運送糧食之碳排只有糧食供應鏈總碳排的 5%，糧食主要碳排，還是生產過程的碳排。試想在陽光雨量充足的熱帶地區種植農產品的碳排與在寒帶地區以溫室種植農作物何者碳排較多？經濟學家早已指出食物里程的概念是有嚴重缺失的永續指標。

　　今日美國川普總統認為氣候變遷是一個「騙局」，當然令環團十分憤怒。但為了保護美國產業，川普也反對 TPP 及 NAFTA，這倒合了環保團體之意。但美國的保護主義也可能激發其他國家的保護主義，減少世界貿易將使各國福祉都降低，受害最大的是「開發中國家」。在環保團體反對國際貿易及川普總統的保護主義政策之下，「開發中國家」人民脫貧之路益加艱辛。

反對 WTO 規範

　　為何環保團體對 WTO 的一些基本規範也極力反對呢？
　　WTO 反對保護國內產業，但各國政府在推動綠能時都希望能「順便」

扶持國內綠能產業（台灣也不例外）。各國政府規定綠能設施要有一定的「國產」比例，此為綠能的「保護主義」。

為此各國紛紛向 WTO 投訴，較為著名的案例就是美國控訴中國補貼風電產業，中國則指控歐盟國家（特別是意大利及希臘）保護國內再生能源產業。美國也控訴印度保護其太陽能產業。

依環保團體的意見，為了推動綠能，「保護主義」應被允許。

但如前述，保護主義正是妨礙國際貿易最大的障礙，此例一開，影響太過深遠。WTO 目前立場是「綠能」並不享有特殊待遇，不可因發展綠能而有保護國內廠商的行為。

人類的黃金時代

由本章敘述可明顯看出環保運動的理論基礎充滿謬誤。不幸環保人士不思調整其謬誤思維，更以「減碳抗暖」為由大力攻擊自由貿易，依其思維真不知會將人類帶到何方。

幸好人類發展是依循經濟發展的正途邁進，人類文明及福祉都大為提昇。

但不幸有許多人就是昧於事實，目前台灣社會上「政治正確」的思維竟是認為今日社會物慾橫流，戕害自然。返樸歸真、回復自然才是拯救地球的唯一道路。許多人認為人類目前完全走錯方向，繼續發展下去，人類文明只有毀滅一途。大家怎麼會有這種想法？不都是由書報媒體得到的印象嗎？但大家只要由書報中抬起頭來，不會發現現在是人類文明發展最燦爛的黃金時代嗎？

不錯，現在正是黃金時代。不論近 200 年或近 50 年的發展尺度而言，人類的進步都是「前無古人」。過去 200 年，地球人口增加超過 5 倍，平均壽命增加一倍，實質所得增加了近 10 倍。以近 50 年而言，人類平均壽命增加了三分之一，平均所得增加近 3 倍。

台灣 50 年來平均壽命增加 20 年，所得增加 10 倍。不止東亞，即使許多非洲國家，這五十年來各種發展指標都大幅提昇，全球赤貧人口大量減少。依聯合國統計，過去 50 年，人類脫貧速度遠快於過去 500 年。

不論是以過去 100 年或 50 年的尺度衡量，人類的生活品質也大幅提

昇。與前相較人們工作時數大量減少，食物占家庭支出比例也節節下降，整體物價與人們收入比較也急速下降。工作之餘人們有更多的閒暇時間從事各類休閒活動，越洋航空也變得便宜，數十年前只有「富人」有出國機會，目前年年出國渡假者比比皆是。

許多環保人士的「地球末日論」與現實世界完全不符。

台灣環保運動

縱觀 200 年來環保思維與世界發展現實，在此應嚴肅檢討台灣今日的「環保病」。

本章對環保運動多所批評，但環保運動並非一無是處。環保運動對環境保護當然有一定的貢獻，問題在於環保運動及其思維「走火入魔」，事事環保掛帥，極為可怕。環保決非社會發展的唯一目標或唯一指標。如何在社會發展不同目標中求其平衡，將環保置於適當位置，是今日台灣社會極為缺乏，但應努力的目標。

台灣今日經濟發展是經過 60 年，兩代人共同努力的結果。1950 年代離二戰結束不到 10 年，國共內戰也剛結束，台灣是一個接受美國「援助」，極為貧窮落後的社會。台灣經過半世紀的努力才達到今日經濟高度發展，社會富裕，人民安居樂業的現況。但十分不幸，今日社會有許多人「忘了我是誰」，忘了台灣的經濟發展及全民奮鬥的艱苦過程，以為今日的經濟發展成果是天上掉下來的。滿口環保口號，經濟發展幾乎成為萬惡之源，更可怕的是這種思維竟是「政治正確」，成為社會主流思維，越年輕世代。越不知天高地厚。

君不見今日各縣市首長都以建立「綠能環保縣」為努力目標？一心只想驅逐核電及煤電而後快，竟然還真以為發展綠電就足以支撐該縣市電力需求。

以國家層級而言，依「環境教育法」全國各級公務員每年都要參加 4 小時「環境教育課程」，這種惡法不正是今日台灣「環保掛帥」的明證？

今年教育部又發展 12 套「能源教育模組」推廣到國小、國中及高中。其能源教育模組不外乎大力推廣占台灣今日能源供應零頭的風力及太陽

能等間竭式再生能源，完全不提供應台灣能源九成以上的化石能源及核能等真正重要的主力能源。在這種洗腦教育下成長的公民，在未來有為台灣前途作正確的判斷與選擇的能力嗎？台灣的未來實在令人萬分憂心。

媒體責任

社會上熱衷參與環保活動人數其實極其有限，但掌握了極大發言權。其環保掛帥言論在過去 20 年洗腦了台灣社會，造成極為惡劣的影響。何以至此？

環保團體掌握不成比例的發言權，主因在於媒體的推波助瀾。個人在《沒有人敢說的事實》一書第五篇〈媒體責任〉，沉痛指出此一現象。

多年來，「反核」、「暖化」，近來之「PM 2.5」等議題，媒體報導壓倒性的採取環團立場。對基於科學事實正確言論之報導，反而如同鳳毛麟角。不用說社會大眾，就是政府官員，民意代表，所謂學者專家，社會賢達，在長年浸淫於錯誤資訊中，不遭洗腦者幾希矣。

許多媒體也不知自身已淪為環保團體傳聲筒，又不知因本身失察，對台灣社會已造成極嚴重的影響。今日蔡政府能源政策如此荒腔走板，媒體實有不可推卸之責任。

媒體為社會公器，在先進國家受到何等敬重，但在今日台灣淪為「大害」之一。媒體實應深刻檢討何以淪落至此。如能改正現有偏頗立場，全民幸甚。

第四篇

台灣能源政策

第 8 章　脫序的能源政策

第8章

脫序的能源政策

8.1 蔡政府能源政策

本書前三篇分別討論綠能與核能，氣候變遷及能源與環保運動。這些討論放諸四海皆準。但本書目的是在基於這些知識討論台灣能源議題，本篇即聚焦台灣能源政策。

多年來台灣能源政策為環保思維所綁架，這可說是「古已有之，於今為烈」。

今日既然是民進黨執政，討論台灣能源議題就得先檢視民進黨能源政策。

民進黨能源政策長年來只有一個堅持：反核。自三十年前「非核家園」列為民進黨黨綱後，即成為民進黨兩個神主牌之一（另一為台獨），不容挑戰，無可妥協。

但三十年前將非核家園列為黨綱真有什麼理論或實務基礎？其實也沒有。非核只是當年「反威權」的一個象徵，非核是基於政治考量而非實務考量。

三十年前民進黨建黨之初，急於集結社會上反政府力量。環保運動在台灣也初萌芽，反核是當年全球環保運動主軸，也是台灣環保團體首要目標，此與當年政府推動核能政策正面衝突。民進黨與環保團體因反核反政府而相互結盟，相互利用，有其歷史背境。

但三十年前，反核容或為全球環保運動主要議題，但三十年後全球最熱門的環保議題是「減碳抗暖」。

但減碳又與能源使用密不可分，民進黨一不了解暖化科學，二不敢違背世界潮流，其能源政策也不得不在「非核」之外加上「減碳」。

要了解民進黨的能源政策，提網挈領就是「非核」、「減碳」四字。非核與減碳是民進黨能源政策兩大目標，一切政策規劃與施行細則都為了達到這兩個終極目標。

民進黨智庫新境界文教基金會能源政策小組，於 2015 年 3 月 11 日發表了「民進黨新能源政策」，及進一步闡述其政策重點之投影片。此二文件即為民進黨為了 2016 總統大選正式提出之能源政策。在蔡英文當選總統後，該文件即成為蔡政府的能源政策。民進黨智庫能源小組召集人吳政忠也成為蔡政府「科技政務委員」，主導蔡政府能源政策及落實其政策目標。檢討民進黨選前提出之「新能源政策」，即為檢討蔡政府之能源政策。

該「新能源政策」雖洋洋灑灑，但深入探討就只環繞「反核」、「減碳」兩個終極目標。不幸，這兩個目標完全背道而馳。核能是台灣單一最重要的減碳工具，要達到減碳目標就非得使用核能。要達到非核目標，就非得放棄減碳目標。兩個目標相互矛盾，無法共存。今日蔡政府將兩者列為其能源政策兩大目標，有如要落實「又要馬兒好，又要馬兒不吃草」。為落實矛盾目標的各項行動方案必然極為勉強，滯礙難行。非要推行相互矛盾的目標，必將陷於難以自圓其說的困境。

既要非核、又要減碳，在廢核後的無碳電力缺口就不能以火電（煤電或氣電）取代，只能以無碳的綠能取代。

所以在民進黨「新能源政策」中，開宗明義即為「綠能取代核能，2025 年綠能占發電 20%」。因現有三座核電廠 6 部機，每年可發 400 億度無碳電力，為了取代廢核後無碳電力缺口，蔡政府目標即為在 2025 年「增加」400 億度綠電。

但即使新增 400 億度綠電只能勉強填補無碳核電缺口，碳排最多持平，沒有達到「減碳」目標。因為綠電增加 400 億度已達飽和，任何增加的用電需求都必將由火力發電供應，碳排必然增加，所以電力一定要維持「零成長」。

電力不但要零成長，一定還要減少用電才能「減碳」，所以推動「智慧電網」以節電也成為減碳手段。但以上兩者，還是遠遠不能達到減碳目標，只好再使出殺手鐧：大力規劃火力電廠碳捕捉與封存（CCS）。針對智慧電網及 CCS 也都提出了有數字的「硬指標」。

本書第一篇綠電及核電兩章已仔細討論綠電不可能取代核電，也詳細解釋了社會上對核電的諸多誤解。

8.2 及 8.3 節將討論蔡政府能源政策中為達到電力零成長之「節能」，及進一步「減碳」兩大目標之手段是否可行。

8.2 蔡政府節能規劃

蔡政府能源政策中節能部分之重點表現於圖 8-1。

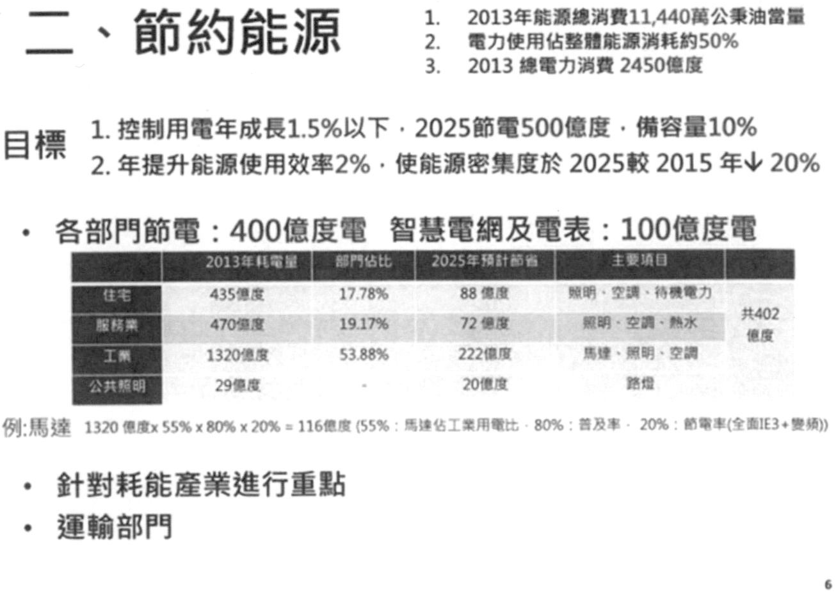

二、節約能源

1. 2013年能源總消費11,440萬公秉油當量
2. 電力使用佔整體能源消耗約50%
3. 2013 總電力消費 2450億度

目標
1. 控制用電年成長1.5%以下，2025節電500億度，備容量10%
2. 年提升能源使用效率2%，使能源密集度於 2025較 2015 年↓ 20%

- **各部門節電：400億度電　智慧電網及電表：100億度電**

	2013年耗電量	部門佔比	2025年預計節省	主要項目	
住宅	435億度	17.78%	88 億度	照明、空調、待機電力	共402億度
服務業	470億度	19.17%	72 億度	照明、空調、熱水	
工業	1320億度	53.88%	222億度	馬達、照明、空調	
公共照明	29億度	-	20億度	路燈	

例:馬達 1320 億度 x 55% x 80% x 20% ＝ 116億度 (55%：馬達佔工業用電比，80%：普及率，20%：節電率(全面IE3＋變頻))

- **針對耗能產業進行重點**
- **運輸部門**

6

圖 8-1　蔡政府節能規劃

資料來源：新境界文教基金會「民進黨新能源政策」（2015）

　　圖 8-1 中明白指出節能目標為：控制用電年成長率在 1.5%以下，並要達到在 2025 年節電 500 億度的目標。

　　該投影片指出，台灣 2013 年總電力消費為 2450 億度（含電力系統及汽電共生自用部分），即使以每年 1.5%成長率緩慢成長，2013 年到 2025 年 12 年間用電將增加約 20%（約 490 億度）。民進黨第二個目標是節電 500 億度，表示 2013 年到 2025 年間「用電零成長」，這可能嗎？在先進 OECD 國家，1990－2010 年用電平均成長率為 1.76%，日本在過去「失落的 20 年」，用電仍以年均 1.31%的幅度成長，2007－2014 台灣經濟成長緩慢，但電力年平均成長率仍有 1.4%。圖 8-1 明示其目標為各部門共節電 400 億度，另外再以智慧電網及電錶節電 100 億度。吾人先逐一檢討表列之三大部門（住宅、服務業、工業）之節電規劃。

工業部門節電

　　依該表三大部門中以工業部門用電最多，2013 年用電 1320 億度，但到 2025 年預計節電 222 億度（17%），其中最重要的是馬達節電。該投影片列出一算式：

1320 億度 × 55% × 80% × 20% = 116 億度

55%為馬達占工業用電比，80%為普及率，20%為節電率（全面 IE3+變頻）

　　該算式表示全部工業節電（222 億度）中一半要靠馬達節電（116 億度），吾人應仔細檢視馬達節電目標是否可行。

　　依據工研院產業經濟與趨勢研究中心的調查結果，顯示工業用馬達有超過 90%是中、大型馬達。檢視馬達效率圖（圖 8-2），可發現大於 90kW 以上的馬達，由 IE1（效率 93%）昇級到 IE3（效率 95%），其節電率只有 2%。因此，民進黨使用 20%節電率明顯高估。

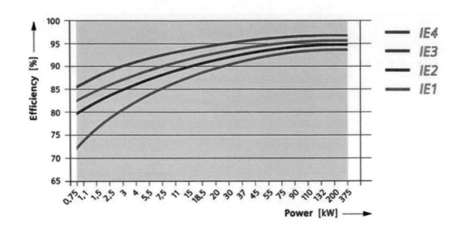

圖 8-2　馬達效率

資料來源：A Briet Look at Three Efficient Motor Designs
彩圖詳見 P283

　　至於變頻器，如使用在定速設備，由於變頻器本身也需要電力，所以
反而耗能。如使用在有變速、降載需求的設備，才會有節電的功效。因此，
不是蔡政府所說的可應用在所有的 IE3 馬達。

　　能源局 102 年年報「高效率馬達動力機械技術推廣」一節有一段文字：
「第一階段（民國 103 年）補助 IE2 或 IE3，第二階段（民國 104，105 年）
補助 IE3 等級以上馬達，補助經費 1.8 億元，預計推廣高效率馬達 54 萬
kW，全程累計節電 1.05 億度，之後每年可持續節電 0.4 億度」。依此資料
計算，節電率也在 2%上下。能源局數字與民進黨能源政策計算馬達每年
省電 116 億度有百倍差距。

　　若謂馬達效率除單體馬達效率提昇外，亦可由系統面提升能源，但此
工程較更換單體馬達遠為複雜。各公司財務考量，資本運用均將影響其馬
達政策。雖全球各國也都朝此方向努力，但成效如何仍有待觀察。但沒有
國家敢如蔡政府般輕率的將十年內馬達效率提昇 20%作為制定國家能源政
策的基礎。

服務部門節電

　　以服務業部門而言，圖 8-1 中列出本部門 2013 年共用電 470 億度，但到 2025 年要節電 72 億度（15%）。依 2015 年全國能源會議資料，以服務部門用電而言，依用電度數與營業額比，2011 年國際平均為 121.27 度／千美元，我國為 97.09 度／千美元，表示我國服務部門每單位營業額用電只有國際平均八成，低於美、日、韓、大陸等主要國家，在此用電效率已極高的基礎上再省電 15%困難重重。

住宅部門節電

　　以住宅用電而言，蔡政府認為住宅部門可在 2013 年用電 435 億度為基礎上可省電 88 億度（20%）。

　　但以家電而言，我國有強制性家電能源使用基準（MEPS, Minimum Energy Performance Standards），已規範 18 項耗能產品，另有 16 項完成草案，其中耗電最大的電冰箱及冷氣機全球規定最嚴。或謂我國人口成長趨緩，住宅用電或因此而減少。但住宅用電與住宅戶數關連較大（非人口數目）。以台灣而言，雖國發會預估台灣人口在 2024 年將達最高峰，但我國每戶平均人口卻在 2003-2013 十年間由 3.21 人降為 2.85。十年來戶數成長 16%，未來此一趨勢仍將持續，戶數增加用電必然增加。

　　如由以上家電效率及全國總戶數持續增加的數據檢視，蔡政府所謂 2025 年時，家庭節電 20%也不切實際。

智慧電網及電錶

　　除三大部門省電 400 億度外，蔡政府認為裝置智慧電網及電錶可省電 100 億度。

　　許多人對智慧電網及電錶充滿誤解。光是智慧電錶這個名詞就太神了。「智慧」，真是不簡單，難怪很多人都以為裝上「智慧電錶」就自動會

省電。其實智慧電錶是數位電錶，與傳統機械電錶不同處在於可遙控抄表回傳數據，省去人工抄錶的成本。國外許多地方地廣人稀，人工抄錶費用很高，智慧電錶有其優勢。但台灣地窄人稠，大多數人都住在都市公寓，抄錶成本低廉（每年每戶 35 元），智慧電錶每個 8000 元，與傳統電錶每個 1500 元相較，成本效益實在不符。

依台電說明，2014 年全額補助 1 萬戶裝設智慧電錶中只有 700 戶願意配合參與「時間電價」，平均也不過省 5%的電。政府在推出「智慧電網建制」時的宏願是在五年內佈建 200 萬戶，十年內達到 600 萬戶，總經費高達千億元。

裝置智慧電錶及實施住宅時間電價後，用戶仍需改變用電習慣才能省電。以我國而言，工業及大型服務業等高壓用戶均已裝設智慧電錶並實施時間電價，政策花費 1000 億元設置目標在於住宅用電。

依台電目前試裝 10000 戶家庭用電中只有 700 戶願配合嘗試節電，而最多也不過節電 5%的數據計算（與 IPCC 數據相符）。若全國住宅用電 435 億度省電 5%約 20 億度左右，何能如蔡政府所期望的省電 100 億度？

學術單位電力成長預估

吾人可嘗試將蔡政府的「電力零成長」預測與國內學術單位電力成長預測作一比對。

台灣綜合研究院曾針對 102~121 年長期電力負載預測作深入研究。其研究報告參照美、日、韓等國預測方法與模型，依過去二十年三級產業（農業、服務業、工業）用電趨勢，並細分各次級產業之成長率以建置負載預測模型，研究未來尖峰負載，平均負載及用電量（全國及分區）走勢。

模型中針對自然趨力（氣溫），經濟趨力（產業附加價值，生產模式，人口結構），各部門（工業、運輸、住商）節電管理及經濟成長預測，並考慮電價走勢，需求管理，以動態迴歸分析預測我國未來用電成長。

依台綜院嚴謹分析，預測我國 2025 年用電較 2015 年將增加約 610 億度。若不計汽電共生，單以台電系統而言，用電將成長 540 億度。台電綜合研究所及企劃處也曾針對台電系統未來十年用電量預測（分別增加 580

億度及 510 億度）與台綜院預測相當。

　　經濟部能源局也曾針對我國電力需求零成長提出評估報告，在其總結中指出「以上評估係基於最樂觀積極節電措施情境下，即使投入較高資源、付出最大努力後，至 2030 年仍無法達成用電零成長；亦即如為達成用電零成長，將損及經濟發展，衝擊人民生活、產業生產與就業生計。」

　　節能不但是台灣的目標，也是全球各國的目標，但絕不是如蔡政府能源政策宣稱所謂未來十年台灣可以達到電力零成長。如果以此一錯誤假設規劃全國能源大計則台灣危矣。

8.3　蔡政府減碳規劃

　　蔡政府能源政策的第二個目標是「減碳」。蔡政府能源政策開宗明義就強調氣候變遷、京都議定書等議題。當然上篇「節能」也是蔡政府「對抗全球氣候變遷」的重要手段。蔡政府在節能之外對於減碳也著力很深。但蔡政府一面「反核」，一方面又「減碳」，表現其能源政策極為矛盾的一面。反核和減碳完全背道而馳，怎麼可能一方面追求「減碳」另一方面又倡議「廢核」？

核電減碳功能巨大

　　2014 年當六部核能機組都正常運轉時，我國電力系統發電度數中火力發電占 76%，無碳的核能發電占 19%（其他無碳之水力、再生能源占 5%）。

　　核能發電是台灣發電組合中最重要的無碳能源，核一到核三每年可發電 400 億度，核四每年可發電 200 億度，核一到核四共可發電 600 億度。若執行非核家園政策，而以燃煤或燃氣來取代這 600 億度的無碳電力，則每年二氧化碳排放將分別增加 4800 萬噸及 2400 萬噸。假設燃煤燃氣各取代一半的核能發電度數，則每年碳排增加 3600 萬噸。全台交通碳排約 3000 萬噸，表示即使全台各類車輛全都停駛，交通碳排歸零，還不足以平衡火力發電取代核能發電所增加的碳排。核電對我國減碳貢獻之巨大實無可言喻。

　　當然蔡政府廢核後維持碳排不變的主要手段是以無碳的再生能源（太陽能、風能等）取代核能。吾人也可進一步討論此一規劃是否可行。

　　蔡政府能源政策中列有減碳目標：希望在 2025 年之碳排降為 2000 年水平。圖 8-3 之投影片指出，全台近年碳排平均約為 250 百萬噸，2000 年為 208 百萬噸，吾人可進一步探討以綠能（再生能源）取代核四是否能達到此一目標。

二、節約能源：減碳

目標：2025年碳排放回到2000年的水準：208百萬噸(MT)
(以2015為基礎年，2025為目標年，分10年期程，近幾年平均為250MT。)

一、提高燃煤發電效率：下降 10 MT (36%→50% 改善發電效率)
二、15%的燃煤發電轉為燃氣複循環發電：下降 4.4 MT
三、碳捕捉及封存(CCS)：下降 10 MT
四、產業轉型、改善能源使用結構：下降25MT

圖 8-3　蔡政府減碳規劃

資料來源：新境界文教基金會「民進黨新能源政策」(2015)

廢核無法達到減碳目標

　　依蔡政府規劃，2025 年再生能源每年發電度數將由 2015 年的 93 億度，增加 422 億度而成為 515 億度，但請注意，現有核電廠每年發電也是 400 億度，表示十年內投資 2 兆建置完成的再生能源也不過取代廢核後原來核

電提供的 400 億度的無碳電力。又假設台灣未來十年經濟蕭條，真如蔡政府所言達到「電力零成長」，表示 2025 年全國碳排將與 2015 年（再生能源與核電抵消）相同，維持在 250 百萬噸。

民進當能源政策中針對如何將 250 百萬噸碳排降為 208 百萬噸也有所規劃。蔡政府規劃降低碳排有四大手段（詳圖 8-3），吾人可一一檢視。

提高燃煤發電效率

圖 8-3 中表示可將現有燃煤電廠 36% 之效率提升為 50% 以減碳 10 百萬噸。蔡政府於其新能源政策中有一段「若能敦促台電公司加速機組的更新，採用最佳可行技術的效率機組，將發電效率只有 35-40% 的亞臨界更新為發電效率 41-45% 的超臨界機組（例如：林口電廠），甚至是發電效率達 50% 的超超臨界機組，亦可兼顧節能省碳與電力供應。」。這一段話顯示蔡政府並不了解燃煤電廠效率。

在談燃煤電廠效率時先要清楚定義「效率」。電廠效率有許多不同定義方式，要比較不同機組效率，必需用同一基準相比較才有意義。

1.毛（Gross）效率與淨（Net）效率

毛效率是指發電機發電度數與燃料（煤）熱值相除的效率。但電廠有許多設備本身都消耗大量電力，扣除電廠使用電力（廠用電）得到的「淨」發電度數與燃料（煤）熱值相除為淨效率。毛效率永遠大於淨效率，差別在 2% 左右。

2. HHV（Higher Heating Value, 高熱值）與 LHV（Lower Heating Value, 低熱值）

這觀念較為複雜，因為煤中含有水份，煤之熱值依燃燒時水分子由液態變為氣態之潛熱（Latent heat）是否計入而不同，若計入則為 HHV，不計入則為 LHV。因而計算熱效率時依 HHV 或 LHV 計算而有所不同。以台電使用的煙煤，次煙煤而言，兩者計算差異在 2% 左右，在德國常用的褐煤，其差異在 4% 以上。

3.設計值與運轉值

設計值是假設一定的運轉條件，機組真正運轉時可能與假設值不同。比方計算設計效率時一般假設機組全速出力（Full load），實際運轉時可能為部分出力（Partial load），也會影響其效率計算。

4.海水溫度

這也為許多人常常忽略。機組效率是以汽水循環在一定蒸氣壓力時其最高蒸汽溫度與最低水溫（冷凝器之海水溫度）之溫差決定，溫差越大效率越高。因同一機組最高蒸汽溫度均相同，但寒帶海水溫度遠低於熱帶，所以同一機組在寒帶運轉之效率均高於在熱帶運轉的機組。同一型機組在美國紐約州電廠效率就高於佛羅里達州。同一機組在德國、日本運轉效也高於台灣。其差距可達 2%，這是自然條件不同所造成的，所以將台灣機組效率與寒帶國家相較，要特別注意這一點。

由以上說明可看出，同一型機組若以不同方式計算，再加上自然條件不同，效率相差可達 10%。比較各機組時，應特別注意效率是否在同一基準上計算。

本文以下討論機組效率均以 1.毛效率，2.LHV（低熱值），3.運轉值作為基準。如使用不同基準將特別註明。

對於次臨界、超臨界、超超臨界也應予以定義。一般而言，若鍋爐蒸汽壓力在 22.1MPa（百萬巴斯卡）以下，即稱為次臨界機組。壓力在此值以上即稱為超臨界機組。台電現有燃煤機組壓力都在 22.1MPa 以下，所以均為次臨界機組。超臨界機組又以蒸汽溫度 593°C（1100°F）分為超臨界機組及超超臨界機組。

台塑麥寮電廠蒸汽壓力為 24.5MPa，主蒸氣／再熱蒸汽溫度為 538°C/566°C（1000°F/1050°F），所以是超臨界機組。台電之新林口及大林機組，其蒸汽壓力為 25PMa，主蒸汽及再熱蒸氣溫度均為 600°C，所以就是所謂超超臨界機組。

台電現共有十四個燃煤機組，分布在兩個電廠（林口燃煤機組已在 2014 年除役）。其中台中十個機組，2014 年運轉效率為 39.91%，興達四

個機組，2014 年運轉效率為 39.62%。以上效率均以毛效率／LHV／運轉值為基準。

以台中 9、10 號兩部機為例，2014 年運轉效率為 39.92%，但設計效率為 42.4%（如前所述運轉效率均低於設計效率）。台電新林口及大林電廠為超超臨界機組，設計效率為 45.6%（毛效率，LHV，設計基準），與台中 9、10 號機（次臨界機組）相較，效率增加 3.2%，並沒有如蔡政府所稱次臨界機組效率為 36%，提早退休改以超超臨界機組效率會增加為 50%之事。蔡政府所謂提高燃煤發電效率可下降碳排 10 百萬噸完全是知識不足造成的錯誤結論。

氣電取代煤電

蔡政府降低碳排的第二個手段是將15%的現有燃煤機組改為燃氣複循環機組，號稱可下降碳排 4.4 百萬噸。

蔡政府可能不知道以氣電取代煤電是極昂貴的減碳方式。燃煤電廠每度電碳排 0.8 公斤，燃氣電廠每度電碳排 0.4 公斤，以燃氣取代燃煤每度電可減少碳排 0.4 公斤。但 2010 年到 2014 年每度電成本燃煤為 1.52 元，燃氣為 3.48 元。換句話說以氣代煤每公斤單價為 4.9 元，每噸單價為 4900 元（160 美元）。今日歐盟碳交易市場每噸碳價不到美金 10 元，以氣代煤的減碳成本為歐盟碳交易價格的 16 倍。這是許多熱衷於鼓吹以氣代煤來減碳的環保人士渾然不知的數字。

碳捕捉與封存（CCS）

蔡政府鼓吹的第三種減碳手段是碳捕捉與封存（CCS），蔡政府認為此舉可降低碳排 10 百萬噸。台灣有個碳捕存再利用協會，個人曾忝為理事，也曾擔任科技部國家型能源計畫之淨煤主軸計劃評審委員，十分關注全球 CCS 技術進展。十分遺憾，目前全球 CCS 技術發展較預估遠為緩慢，到 2014 年還沒有任何大型燃煤機組有商業化裝置 CCS 捕捉大部分碳排的實例（只有小規模實驗廠或在較大機組捕捉小量碳排）。

依台電慣例，為維持用電安全及品質，一向不會身先士卒作為國外廠商新技術的實驗場，通常會等待某種技術成熟並裝置於國外大型機組有數年成功運轉實績後才會考慮引進於本國電廠。但依目前全球 CCS 技術開發進度遲緩的現實推估，十年內台電不可能在現有大型燃煤機組加裝 CCS 設備以減少 10 百萬噸碳排。

事實上台電原本規劃在 2025 年以 CCS 封存 1 百萬噸 CO_2 也因附近居民抗爭而停擺，蔡政府信口開口增加十倍極為不負責任。

產業轉型

蔡政府以上三項減碳手段均不可行，但其總減碳量也不到 25 百萬噸。但蔡政府大筆一揮推出第四個減碳方案「產業轉型，改善能源使用結構」，號稱此單一目標可減碳 25 百萬噸。蔡政府在能源政策中多處指出工業部門中之化工、水泥、鋼鐵、造紙等能源密集產業對台灣 GDP 貢獻低，但事實上台灣單一用電最大產業為電子業。個人 2015 年受邀於電電公會會員大會發表「台灣的能源危機」專題演講時，曾指出電電公會會員 2013 年用電 420 億度占全國工業用電 1050 億度 40%。台積電一家用電即超過全部工業用電之 6%，約全國用電的 3%。但電子產業為台灣明星產業，蔡政府對此一耗電最大，碳排最多的產業，不敢要其「產業轉型」。

產業轉型談何容易，製造業是台灣強項，服務業台灣並無全球競爭力。棄己之長取己之短侈言「產業轉型」，以祈減碳 25 百萬噸（約全國碳排 10%，工業部門碳排 15%），也提不出什麼落實產業轉型的路徑，只能說又是一個紙上談兵之計。

減碳階段性目標

由以上分析可知，民進黨智庫減碳 40 百萬噸之目標絕對無法達成。但蔡政府最新發布的減碳目標可達成嗎？

2017 年 11 月環保署發布了最新減碳目標：為了達成 INDC 承諾，在 2030 年碳排較 2005 年降低 20%，階段性目標為在 2025 年碳排較 2005 年降

低 10%。依環保署資料 2005 年全國碳排為 266 百萬噸，表示 2025 年碳排要較 2005 年減少 26.6 百萬噸。

我國碳排在 2007 年 277 百萬噸創最高記錄。2008~2009 發生金融海嘯，碳排大幅降低，之後碳排逐漸回昇，但都沒有超過 2007 年記錄，依環保署資料，2013 年碳排約與 2005 年持平。

因電力碳排約占我國總碳排之半，所以檢驗電力碳排是否降低即可知減碳目標是否可以達成。因 2013 年全國碳排與 2005 年（基準年）類似，茲比較 2013 年與 2025 年之電力碳排即可知環保署之「階段性」目標是否可以達成。

表 8-1 為 2013 年及 2025 年各種發方式的發電度數及碳排比較。表中煤電、油電、氣電碳排分別以每度 0.8 公斤、0.6 公斤及 0.4 公斤計算。

2025 年發電配比乃依蔡政府能源配比目標，並保守假設每年電力成長只有 1.1%。

表 8-1　2013 年及 2025 年碳排比較

	2013 年			2025 年		
	發電度數億度	佔比（%）	碳排百萬噸	發電度數億度	佔比（%）	碳排百萬噸
核電	408	19%	0	0	0%	0
煤電	893	41%	71	750	30%	60
氣電	709	32%	28	1250	50%	50
油電	63	3%	4	0	0%	0
綠電	119	5%	0	500	20%	0
總計	2192	100%	104	2500	100%	110

資料來源：2013 年資料，台灣電力公司 102 年統計年報（2014）

由上表可看出 2025 年碳排較 2013 年高出 6 百萬噸。在能源轉型後碳排不但沒有減少 40 百萬噸還增加 6 百萬噸。這是怎麼一回事？

全球各國能源轉型都是一方面增加無碳電力，一方面減少火力發電。但細察 2013 年我國無碳電力（核電、綠電）佔比 24%，2025 年廢核後，無碳電力反而降為 20%，火電佔比由 76%增為 80%，與全球各國能源轉型

目標完全背道而馳。另一方面，2025 年用電較 2013 年成長之 300 億度也全由火電提供。

　　蔡政府能源轉型是要花 2 兆元增加綠電並花 1 兆元增加氣電，其能源轉型後果是每年電力成本將增加 2500 億元，全國 2300 萬人，每人每年負擔增加 11000 元，但其成績單是碳排增加。

　　2017 年 10 月小英總統在中央研究院舉辦的「2017 永續科學國際研討會」開幕式致辭時指出：台灣能源轉型將可達到在 2030 年及 2050 年將碳排較 2005 年分別減少 20% 及 50% 之目標。

　　蔡總統似乎不知道花 3 兆元（綠電加氣電）的能源轉型後果是碳排增加，還在國際會議中信誓旦旦承諾減碳可達標，實在茲事體大。

8.4　電力配比

蔡政府電力配比目標

　　由以上兩節討論可知。「節能」、「減碳」談何容易，蔡政府選前規劃的節能減碳各種手段在仔細分析後均為畫餅，根本不可能實現。

　　蔡政府即使使出渾身解數，廢核後碳排離溫減法目標及向國際社會承諾的減碳目標（INDC）都還差得遠，這一點蔡政府也心知肚明。蔡政府上任後為了表現其減碳決心，提出了在 2025 年將碳排最大的煤電配比降為 30%，減少的煤電缺口則以增加燃氣發電補足。此一政策形成了大家耳熟能詳 2025 年綠電、煤電、氣電各占比 20%、30%、50% 的電力配比目標。

　　能源政策可以有各種手段，但終將落實於能源配比。蔡政府為達成其非核，減碳兩大目標的終極手段說穿了就是：

綠電取代核電，

氣電取代煤電。

　　若 2025 年以上兩個手段果真落實而發電配比也如蔡政府所規劃，對台灣影響實在太大，本節將詳細討論。

降低煤電廠配比

小英總統一向關心能源議題，但其發言多半只是政策宣示，較少提出具體數字。2017 年初小英總統在出席工商團體春節聯誼會致詞時，倒很明確的提出了兩個重要數字：1.從今年到 2025 年，國內投資能源相關建設金額，將高達台幣 3 兆元；2.在 2025 年實現再生能源占 20%、天然氣 50%、燃煤 30%的發電結構。

個人曾多次看到經濟部提出 2025 年發電配比目標，但因過於荒謬，從未當真。但由總統口中說出，非同小可，不得不較深入檢討此一目標。

要檢討 2025 年發電結構，要先預估 2025 年總發電度數。依蔡政府宣示 2025 年再生能源發電度數約 500 億度，占發電 20%，可推估政府預估 2025 年總發電度數為 2500 億度。依台電資料 2015 年台電系統總發電度數約 2200 億度，10 後成長為 2500 億度應不太離譜。

依總統所言，2025 年再生能源，燃氣發電及燃氣發電各占 20%、50%、30%則再生能源將發電 500 億度，燃氣發電 1250 億度，燃煤發電 750 億度。

依台電資料，2016 年台電系統燃煤發電約 900 億度（台電、民營電廠及收購汽電共生燃煤部分），檢視台電 10505 電源開發方案可發現 2015 年供電之燃煤機組無一在 2025 年前除役，所以現有燃煤機組屆時仍可發電 900 億度，高於 2025 年燃煤發電目標之 750 億度。

興達燃煤機組

本節至此要詳細討論幾部燃煤機組的命運。如上段所述，依台電 10505 電源開發方案，2025 年前並無燃煤機組退休除役。該方案規畫興達電廠 1、2 號燃煤機組，共 100 萬瓩，將於 2026 年除役。但依 10605 方案，興達電廠 1、2 號燃煤機組將提前於 2024 年除役，相反的，在 10505 方案中原規劃於 2024 年除役之興達 3-5 號燃氣機組，共 133 萬瓩，在 10605 方案中延至 2026 年除役。

換句話說台電於 106 年方案中更動 105 年方案中除役順序，而將燃煤

機組提前除役而將燃氣機組延後除役。

燃煤發電比燃氣發電成本便宜，台電105年原先規劃較貴的燃氣機組先除役，成本較低廉的燃煤機組後除役，完全符合經濟考量。

但106年方案反其道而行，唯一理由是「配合」降低燃煤發電比例，並不合理。以下仍將以未受政治干擾之較合理時程，即興達燃煤1、2號機2025並未提前除役之基礎進行討論。

麥寮燃煤機組

除興達燃煤1、2號機外，民營麥寮電廠3部機，共180萬瓩之存廢也極為重要。麥寮3部機組分別於1999/2000年完工。當時與台電簽訂25年之售電合約，將於2024/2025年到期。

目前政府規劃降低煤電占比，當然無意與麥寮電廠續約。但麥寮電廠為超臨界機組，其發電效率較台電台中電廠次臨界燃煤機組為高。台電燃煤機組設定運轉年限為40年，所以台中1-8號燃煤機組雖較麥寮三部機組「資深」，但仍繼續運轉。麥寮三部較先進，效率較佳之機組反而在營運25年後即被迫除役，完全違反全球燃煤機組至少運轉40年方除役之常規。

麥寮機組運轉25年除役之電力缺口將由成本高昂之燃氣電廠補足，增加之電費仍將由全民負擔。故麥寮電廠提前除役不只是麥寮電廠的損失，更是全民的損失。如回歸正常經濟規律，台電應在麥寮電廠承諾改善效率與減少空汙後與其續約15年。

本書電力配比之討論都基於國家最大利益，故以下討論均假設興達與麥寮燃煤機組在2025繼續運轉。

封存新建燃煤機組

更進一步檢視，將可發現2020年前台電將有5部規模極大之燃煤機組陸續完工商轉（林口電廠3部機組，大林電廠2部機組）。這5部機組每部機裝置容量80萬瓩，5部共400萬瓩。依台電燃煤電廠容量因數（每年可發電時間）均為85%以上計算，這5部機每年可發電約300億度。所以

如果沒有所謂的 2025 年發電結構目標，2025 年燃煤發電應有 1200 億度，占總發電 2500 億度的 48%。但目前小英總統宣示 2025 年燃煤發電占比目標為 30%，表示原本可發 1200 億度的燃煤發電將硬生生減少 450 億度。詳表 8-2。

表 8-2　2025 年電力配比

電廠	維持現狀		政府目標	
	億度	%	億度	%
核電	400	16	0	0
煤電*	1200	48	750	30
氣電	800	32	1250	50
綠電	100	4	500	20
抽蓄	—	—	—	—
總計	2500	100	2500	100

*加林口、大林新機組 300 億度

　　若政府 2025 年燃煤發電占比目標為 30%，相當於花費近 2700 億元（與核四興建成本相當）建設的林口及大林 5 部機組均將面臨與核四相同命運──予以封存。不但這 5 部新建機組要封存，現有燃煤機組也要降載或提前除役，燃煤發電才能由目前的 900 億度降為 750 億度。

　　其實上只要稍有電力常識就可看出政府 2025 發電結構目標之荒謬。

　　近日來各媒體多有文章指出政府能源政策之荒謬，但相關人士就是將頭埋在沙中，聽而不聞，視而不見，好官我自為之。政府決策官員豈不應勇於面對事實，向全體國人誠實解釋降低煤電配比的代價？

發電成本衝擊

　　本段將檢視以綠電取代核電及以氣電取代煤電的代價。

　　圖 1-6 為 2012～2016 年 5 年間核能，燃煤及燃氣之平均發電成本。政府大力推動之太陽能及離岸風力因近年成本頗有降低，所以取 2016 年政府公布在之躉購費率為準。

　　由圖 1-6 可知綠電、核電每度差價約 4 元，以綠電取代 400 億度核電，每年增加發電成本 1600 億元。

　　社會上大家比較關心核電、綠電。因為核電本來就是社會關注的重大議題，綠電在政府舖天蓋地的宣傳下，也吸引了全民的注意。不少人知道綠電很貴，綠能很便宜，但恐伯很少人知道以綠電取代核電每年發電成本將增加 1600 億元。

　　社會上很少人關心政府以氣電取代煤電的政策。

　　但由圖 1-6 可知煤電與氣電每度電發電成本差價約 2 元。由表 8-1 也可看出 2025 年將煤電占比降為 30%，表示原本煤電可提供之 1200 億度電將下降 450 億度成為 750 億度。450 億度煤電由氣電取代，每年發電成本又將增加 900 億元。

　　以綠電取代核電每年發電成本增加 1600 億元，加以上氣電取代煤電的 900 億元，表示在 2025 年落實蔡政府能源配比目標，每年發電成本將增加 2500 億元。

　　2016 年台電營業額約 5500 億元，增加 2500 億元表示電費要增加 45%。

　　以綠電取代核電與以氣電取代煤電兩招，7 年後每年發電成本增加 2500 億元，全國幾人知曉？台灣人口 2300 萬元，每年發電成本增加 2500 億元表示每人平均電費負擔增加約 11000 元，3 口之家每年增加 33000 元。像電力這種基礎建設，使用壽命及折舊年限很長，走錯路再回頭要 30 年時光，30 年下來每家多負擔 100 萬元。

暖化思維重創能源政策

　　本書重點在討論台灣能源，但為何在第二篇以極大篇幅討論氣候變遷？在此也可作解釋。

　　由本節討論可知目前蔡政府能源政策在 7 年後（2025 年）將造成 2500 億元的電價衝擊。但仔細思考，這完全是因為廢核所造成？並非如此。這是因為反核又加上減碳思維所造成。試想如果沒有減碳思維，蔡政府何須以無碳之綠電取代核電？以氣電取代煤電的唯一原因即為減碳。以下將檢討，如果非核而沒有減碳考量，對電價的衝擊為何？

　　如果廢核而無減碳考量，就沒有理由要以綠電取代核電，完全可以用煤電取代核電，以氣電取代煤電的手段更不會發生。

　　圖 1-6 顯示核電每度成本 0.9 元，煤電每度成本 1.3 元，每度電差價 0.4 元。以煤電取代 400 億度核電，每年電力成本增加 160 億元，但碳排增加 32 百萬噸。以每噸碳價 500 元計，碳排成本增加 160 億元。所以即使加上碳價，廢核代價每年 320 億元，遠低於蔡政府非核又要減碳造成之 2500 億元差價。

　　非核又減碳正如腹瀉還服瀉藥。

　　減碳思確如此深入人心是台灣社會對暖化並無正確認識之後果。極端暖化威脅論述洗腦台灣社會久矣。但能源政策與氣候政策又不可切割，討論能源政策就一定要澄清暖化真相，這正是本書花極大篇幅討論氣候變遷之根本原因。

不漲電價的誤導

　　媒體經常報導經濟部保證發展綠電不漲電價。

　　政府談電價不漲很有技巧，有兩大但書。

　　第一，政府說「民生」用電不漲，政府從來不說工商業電價不漲。但政府一再說「民生電價不漲」，給一般人的錯覺就是電價不漲。一般民眾怎麼知道電價還分什麼民生，商業，工業？今日台灣工業用電約占 6 成，民生與服務業（商業）約各占 2 成。，政府一再掛保證，其實是說占用電 2 成的民生電價不漲，電價上漲完全由工、商業承擔。但這樣就皆大歡喜？

　　服務業包括百貨公司、便利商店、電影院、餐飲業及各公司行號。工業也包羅百象：如電子業、鋼鐵業、化工業等。這些工商業是外星人開的？服務業電價上漲不會反映在物價？工業電價上漲不會反映在物價？不會影響產業國際競爭力？不會使工廠倒閉或外移增加失業率？

　　以綠電取代核電不漲民生用電，只漲工商用電就天下太平？以這種說辭來誤導民眾，心態可議。

　　政府說不漲電價的第二個但書是「今年不漲」。但核電除役以綠能取代是 7 年後 2025 年的事，目前核電仍然提供大量廉價電力，綠電占比仍低，

以綠電取代核電的後果尚未浮現，但 7 年後呢？

經濟部官員說目前綠電占比低，只有 4.8%，所以即使綠電貴也不影響電價。但政府規劃 2025 年綠電占比 20%，怎麼不說 7 年後的電價呢？立法院預算中心也並不擔心今年的電價，大家擔心的是 7 年後綠電果真大行其道後的電價，政府為何避而不談呢？

政府既然有勇氣推動綠電取代核電、氣電取代煤電，就應承擔後果，勇敢向民眾說明「非核家園」理念的代價。而不是一再欺騙民眾「電價不漲」。不敢面對事實，不敢承擔政治責任。

氣價迷思

政府也常指出氣價近年下跌，增加氣電占比不影響電價。

但其實重點不是燃氣發電成本，重點是燃氣發電與燃煤發電的成本差異。政府大力發展燃氣發電目的在於取代燃煤發電。國際油價這幾年崩盤，連帶使我國進口液化天然氣價格也下跌。但因油、氣、煤等化石燃料相互有一定替代性，所以近年國際煤價也崩跌，台電 2016 年每度燃煤發電成本較最高時也幾乎腰斬。所以雖然燃氣發電成本下降，燃煤發電成本也同樣下降。

政府指出英美兩國大量採用氣電，但兩國生產天然氣，氣價低廉。以美國頁岩氣為例，每百萬英熱單位（MBTU）3 美元。但台灣進口的是降溫到攝氏零下 162 度的液化天然氣，每 MBTU 約 10 美元。每度氣電發電成本台灣也是英美兩國的 2-3 倍。

以氣電取代煤電的根本原因在於減碳。但以氣電代煤電每度可減碳 0.4 公斤，但成本貴 2 元。相當於減碳成本每公斤 5 元---每公噸 5000（160 美元）。但目前歐盟碳價每公噸 10 美元，液化天然氣進口國以氣電做為減碳手段本來就愚不可及。

8.5　電業法與綠能產業

電業法

由以上討論可知蔡政府能源政策將導致電力配比嚴重失衡，此為國安層級的重大錯誤。但 2016 年蔡政府上台後極力推動的卻是「電業法修正案」。此一提案其實在民進黨選前之「新能源政策」中即有跡可尋。

在該文件之政策主張中有一段「能源事業革新」列舉三大目標：

1.重整並改革能源市場。2.建立強而有力的獨立監管機制。3.確保弱勢優先與社會正義的能源供應體系。此段即埋下其執政後大力推動「電業法修正案」之伏筆。

在蔡政府初推修法議題時，社會上實在看不出電業法修正有何急迫性，主管電業法的經濟部長即出面解釋。但個人拜讀李部長提出修正電業法的發言後感到大失所望。

李部長解釋為何要修法的理由及舉例有八大疑點：

1. 改進台電效率：李部長開宗明義說修電業法是要讓台電與民營企業競爭，改進「效率」，好像台電經營不善有很大的改進空間。2016 年台電慶祝成立七十週年所舉辦的大型學術研討會中，中華經濟研究院梁啟源董事長指出電力公司經營最重要的四個指標：1.線路損失率 2.停電時間 3.火力電廠效率 4.每位員工售電量，台電與全球先進國家電力公司相較，成績均傲於同業。部長如果認為台電經營「效率」可經由電業法修法大為改進，可能是個誤會。

2. 電業法 30 年未修：法律如果是惡法，即使頒佈未久，也要立即修定。反之，運作良好的法律並沒有因立法時間較久而非修不可之理。立法時間長短與是否應修法，並無直接關連。

3. 日本電業自由化：台灣和日本電力經營環境完全不同。日本國土、人口及用電都遠大於台灣。日本本土有九家電力公司（加琉球十家）。台灣因市場規模小，維持一家台電是有其經濟規模考量。有九家電力公司的日本推動電力自由化並不表示台灣也應比照辦理。

4. 設電廠應考慮「碳排」：李部長如果有此先進思維，應大力推動現有核電廠延役及核四啟封。因為核電是台灣減碳單一最有效方式。多花兩兆元推動再生能源提供的無碳電力度數與核電廠延役的無碳電力度數相同。

5. 直供綠電：李部長以 Google 希望直供綠電為例，認為宜推動廠網分離。但全國到底有多少企業有此需求？值得為此大動干戈？

6. 澎湖再生能源：部長以澎湖為例，指出將燃氣、柴油與再生能源配合成效頗佳。但不知部長是否查過這種能源配比一度電多少錢？備用容量占比多少？

7. 綠能發電與供電穩定：部長進一步以澎湖為例，認為同時要達到綠能發電與供電穩定並非不可能。但澎湖為一小島，用電量不到本島 0.2%，「澎湖經驗」真能適用於台灣本島嗎？

8. 電價不上漲：部長指出電價受電業管制相關管制，依公式定價，不會因修法上漲。個人對此深表困惑，修法目的不是要推動「自由化」嗎？怎麼又要管制電價？但未來電價必然大幅上漲的主因為政府一意孤行，以綠電取代核電，以氣電取代煤電所致。部長強調修電業法不影響電價，顯有轉移焦點，避重就輕之嫌。

修電業法茲事體大，修法引發的問題極為複雜。李部長提出之修法八大理由也不具說服力。未來十年台灣電力絕對是多事之秋，台電集全公司之力都必將捉襟見肘，手忙腳亂。在此緊急時刻，為何非要強力推動修法，裂解台電？

李部長非能源專業，說明未必準確，但主導修法的能源局在向社會說明的投影片倒可出修法目的還是在推廣綠電。

能源局明白指出修法的三大目的為：1.多元供應，綠電先行；2.用戶自由選擇購電；及 3.公平公正使電網。說穿了還是要為推廣綠電鋪路。但個人十分懷疑修法真能達到推廣綠電目標？修法很重要的一點就是綠電直供。但電力用戶向台電購電平均每度 2.7 元，向太陽能或離岸風電購電平均 5 元，目前購買綠電的附加費為 1.06 元，為企業形象而購買綠電總度數不到全國用電 0.5%，到底有多少企業會花兩倍價錢購買「直供」綠電？

為了如此少量綠電，大動干戈修電業法拆解台電，是否搞錯重點？修

正電業法很重要的一個口號就是打破台電壟斷，增加競爭以降低電價。但電業法目標是在推廣較目前電價貴兩倍的綠電，如何增加競爭降低電價？

全球有許多國家及地區也曾推動電業自由化，但失敗的例子很多。

世界著名經濟學者，麻省理工學院教授，長年主持該校能源與環境政策研究中心的 Paul Joskow 對「能源自由化」有以下警語：

> 許多國家的經驗均指出成功落實能源自由化不是一件簡單的任務，在轉變過程中，若政策錯誤或思慮不週均有造成昂貴後果的危險。

政府對 Joskow 教授的警句實應引以為戒。

綠能產業

要檢討蔡政府能源政策還不能不討論綠能產業，其實發展產業與能源政策何干？世界各國能源政策三大目標是提供充足能源，提供廉價能源及顧及環境保護。這三大目標都沒有所謂發展產業。以台灣政府組織而言，制定能源政策是能源局業務範圍，發展產業則是工業局業務範圍，本來也分工清楚，井水不犯河水。

但蔡政府一向將能源政策與產業政策混為一談。原因也很簡單，因為以能源政策三原則來檢視綠能很難自圓其說，只好搬出原不相干的「發展綠能產業」，作為推廣綠能的重要理由。

蔡政府指出我國為再生能源設備（主要為太陽能）生產大國，但本身再生能源占比很低，意謂再生能源設備生產大國就應該是再生能源使用大國。本書已解釋台灣因地狹人稠，自然條件不佳，並不合適大力發展再生能源。再生能源業者應努力將太陽能面板外銷自然條件遠較我國為佳的許多國家，而不應強逼台灣人民大量使用太陽能。在此可另舉一例，冰上或雪上活動通常都有許多特殊設備或器材，我國製造業很強，自然可發展此類產業外銷冰天雪地的外國。但即使我國在此一產業全球市占率高也不代表我國合適發展雪上，冰上運動。此為生產大國與使用大國不宜劃上等號的明顯例證。

蔡政府的「綠色能源 20～20 方案」提出提升再生能源發電量比重，至2025 年讓台灣綠色能源發電量占總發電量 20%，並創造二十萬個「綠領」就業機會。所謂創造二十萬工作機會也值得深入檢討。

以兩兆元創造二十萬工作機會表示以一千萬元創造一個工作機會，以機會成本比較：服務業不用一百萬元即可創造一個工作機會，同樣兩兆元可創造超過兩百萬個工作機會。更可怕的是，若每年電價漲兩千億元，我國工業界將喪失國際競爭力，因而失業人數恐上看數十萬人。

蔡政府也常強調綠能投資 2 兆可提振經濟。

但投資 2 兆元的目的何在？投資 2 兆元是為了每年可增加 400 億度的無碳電力。但現有三座核能電廠每年也可提供 400 億度無碳電力，延役二十年費用約 500 億元，為何要捨近而求遠？

經濟大師凱因斯曾說過一個故事：政府付一筆錢給一群人白天挖洞，再付一筆錢給另一群人在夜間將白天挖的洞填回，如此可增加就業率，刺激經濟。

政府目前能源政策與此一故事類似。將核能電廠除役（挖洞），再花 2兆元建設綠能（填洞）。在這過程中創造了 2 兆「商機」，增加就業，刺激經濟。如果政府經濟思維果真如此，個人野人獻曝可提供另一妙計：將花費 5000 億元建成的高鐵及 6000 億元建成的台北捷運全部拆除，同時再花1.1 兆元重建此二交通系統，豈不創造了 1.1 兆元的「商機」？

風電產業一場空

前述蔡政府以「發展綠能產業」作為推廣綠能之理由有一現成案例：離岸風電。目前政府以高於歐洲決標價格兩倍之躉購費率以遴選方式招商的唯一理由是建立台灣離岸風力產業。

離岸風力技術分為兩大區塊，一為風機製造，一為海事工程。

以離岸風機製造廠商而言，2016 年全球前五名中三家為中國大陸廠商，歐美廠商各一（德國西門子及美國奇異公司）。

海事工程更是一個區域性極強的產業，建設離岸風機基礎及塔架要動用十餘種施工船。施工船以日計租，遠洋而來之施工船絕對無法與附近國

家之施工船隊競爭。

以風機製造而言，台灣實在落後世界其他國家太遠，中國陸域風機產業原本就極強，2016 年離岸風機產能又佔全球一半以上。

以海事工程施工能力而言，只要看中國近年在南海填海造地的規模，即可窺其一斑。台灣離岸風機開發商原本要租用中國施工船隊施工，但因政治原因而遭否決。

台灣即使依此一波 300 萬瓩，600 架風機機會建立海事工程施工船隊，也要先研討國外市場究竟在何處。

東亞國家中，中、日、韓都自產離岸風機，海事工程施工能力也強過台灣，台灣目標顯然是東南亞市場。東南亞國家中，星、馬、印三國位於赤道無風帶，以地理條件而言，不會發展離岸風電。

越南、菲律賓或有值得開發離岸風電之海域，但其陸地面積約為台灣十倍，海岸線極長，極多地點合適設立陸域風機，何必大力設置較陸域風機貴上一倍的離岸風機？越南現有之小規模離岸風機也是在美國援助之下，裝設十座美國奇異公司小風機（1.6MW）作為「節能減碳」面子工程。

基本問題是越南、菲律賓政府遠較蔡政府務實，發展電力之主力仍為燃煤電廠。兩國都有缺電問題，近年都大力投資建設供電穩定，價格低廉的燃煤機組。開發中國家實在沒有經費及意願大力發展大而無當，又貴又不能提供穩定電力的離岸風電。

台灣不但風機產業，海事工程能力薄弱，環顧四鄰也並沒有真正離岸風力市場，為何台灣人民要花 1 兆 3000 億元電費成立「離岸風電」產業？

大型離岸風機投資金額均極為龐大，蔡政府目前預估要 6000 億元建設經費，問題是國內沒有銀行敢貸款。中國開拓海外工程市場多有國家銀行為後盾，反正都是國企，一切好談。目前為了一帶一路而成立之亞洲基礎設施投資銀行（AIIB），目標即為投資各國基礎建設。爭取東南亞市場，台灣是財力強過競爭對手還是外交影響力強於競爭對手？

所謂綠能產業終為畫餅，正是竹籃打水一場空，白忙一場。試問這種比貪污還可怕的「綠能產業」政策造成的災難未來何人負責？誰負得了 1 兆 3000 億元責任？即使未來大舉辦案也已太遲，台灣已老早被出賣了。懸崖勒馬，正在今日。

8.6　國際諍言及指標跳票

國際諍言

國內能源專業人士常指出，蔡政府能源政策大有問題，倒不是有什麼真知灼見，獨得之密。國外有識之士也洞若觀火。華爾街日報是全球聞名經濟商業專業報紙，對台灣能源政策就迭有批評與建言。2014年核四封存時，華爾街日報有一篇社論 Fukushima's Taiwan fallout（福島的台灣落塵），社論立論十分中肯（詳 2.4 節）。

該社論總結為台灣激進的民粹政治只會將國家帶入沒有任何國家可以忍受的危險領域（Risky Territory）。

2015 年民進黨公布其「新能源政策」後，華爾街日報也以「Taiwan Choose Vulnerability」（台灣自我弱化），對其有嚴厲批評。華爾街認為文件中的反核思維將傷害台灣經濟，以擴大風力、太陽能取代核能是一廂情願的幻想（Fanciful Vision），廢核四將導致台電破產。該社論指出許多民進黨執政縣市，不但反核還反煤，對台灣能源安全構成極大威脅。台灣是全亞洲唯一反核國家，在總統大選時未見能源辯論是台灣政治家不認真（Lack of Seriousness）的表現。

當時民進黨吳秘書長立即投書華爾街日報，老調重談的引述「新能源政策」之論述辯解，但立論實為薄弱。

2017 年彭博能源顧問團隊（Bloomberg）提出報告指出「蔡政府再生能源目標訂得過高，既要廢核又要減碳，遙不可及」。

彭博基本論述有二：1.投資金額難達標 2.技術與供應鏈無法配合。

第一個論述與本人警告「綠能，融資是罩門」論述不謀而合。在颱風與地震頻仍的台灣，銀行對融資自然遲疑。

第二個論述可分兩方面討論。

第一，如彭博所言，台灣相關產業供應鏈不成熟。但建立產業鏈要花時間，如果要扶植本土綠能產業，綠能建設就要慢慢來。但小英政府又有 7 年內廢核以綠能取代的壓力，結果就是沒有時間培植本土產業。

第二、彭博指出技術無法配合應是指在台灣興建離岸風機面對的的颱風及海象，海事工程等挑戰與歐洲迥然不同，技術一時還跟不上。

能源指標全跳票

本章開宗明義即指出蔡政府能源政策目標有二：一為廢核，一為減碳，廢核則以綠電取代核電為前提。

為表示其並非空口說白話，蔡政府針對以綠電取代核電及如何達到減碳目標各有四個及五個有數字的指標，不妨稱之為蔡政府能源政策九大硬指標。因為非核家園以 2025 年全部核電機組除役為目標，蔡政府九大硬指標也以 2025 年為目標年，吾人不妨先行檢視這九大硬指標是否能達成。

以綠電取代核電而言，蔡政府有以下四大硬指標。

1.太陽能裝置 2000 萬瓩（20GW）

要裝置 17GW 地面型太陽能需要 255 平方公里土地，幾乎等於台北市面積。目前盤點全國各種可能設置太陽能之土地約 80 平方公里，其中還有 30%是「水域空間」。即使有上兆元閒錢裝置 20GW 太陽能（屋頂及地面型），在地狹人稠的台灣，找得到土地嗎？即使找到土地，值得蠻幹嗎？

2.地熱發電裝置 200MW

200MW 地熱發電建廠成本近 500 億元，2017 年國內首座民營地熱電廠環評過關，總裝置容量 100MW，但台灣地質條件不合適設立地熱電廠，不論技術或融資都面臨巨大挑戰。

3.以綠能製氫後將其降溫液化輸往日本

全球並無類似將虧大錢的無腦規畫，純為異想天開。

4.增加再生能源發電 400 億度

檢討上述各項綠能發展困境，即知此為「不可能的任務」。

要達到減碳目標，蔡政府有以下五個硬指標：

1.電力零成長

2016 年尖峰用電與全年用電量雙雙成長。單單一年尖峰用電成長即超過 2.5%，似問到 2025 年要如何達成電力零成長？

2.智慧電網節電 100 億度

花費千億元在全台裝設智慧電網，依歐盟經驗，可省電 20 億度，而非 100 億度。

3.以碳捕捉與封存（CCS）減碳 1000 萬噸

目前台電目標為在 2025 年以 CCS 減碳 100 萬噸，因地方居民反對已無法進行。信口加碼 10 倍，是極不負責的喊價。

4.降低燃煤發電占比至 30%

現有燃煤機組加上興建中的林口、大林 5 部超超臨界燃煤機組在 2025 年可提供全台 48%用電。除非蔡政府要封存花費 2700 億元建成之大林、林口兩電廠並將現有燃煤電廠提早除役，代以極為昂貴的燃氣發電，否則燃煤發電占比降為 30%是痴人說夢。

5.減碳 4000 萬噸

此一目標是要配合國際減碳承諾。但由綠能開發之困難，電力零成長，智慧電網，CCS 及降低煤電占比等目標均不切實際，已知絕無可能達成。

檢驗以上蔡政府能源政策的九大「硬指標」發現沒有一個可以達成，全部跳票。令國人驚懼的是蔡政府死不認錯，一意孤行，變本加厲的推動將帶來七兆元災難害死台灣的能源政策。

2025 年距今不過 7 年，吾人均可驗證蔡政府的九項硬指標可否達標。

8.7　台電公司對策

受蔡政府無厘頭能源政策衝擊最大的是台電公司，台電首當其衝，是政府能源政策的最大苦主。

台電不當替死鬼

為慶祝成立七十週年，台電在 2016 年 5 月舉辦了一個大型的國際研討會。在開幕致辭中，台灣黃董事長語驚四座的說：「未來限電，誰當替死鬼？」。一個月後台電公布了台電長期電源開發方案報告（10505 案），個人讀後不禁感慨：台電真的不準備當限電替死鬼了，因為在新的方案中大家最關注的「備用容量率」已經不見了。

何謂電源開發方案？電源開發方案是規劃新建電力機組的上位計劃。台電評估未來十年每年尖峰用電成長，並考慮每年退休除役機組後再規劃要新增多少機組才能達到一定的備用容量率（目前目標為 15%）以確保供電無虞。

備用容量率是規劃新機組最重要的參數。近年因新機組建設受阻（如核四封存），而新建電廠都極花時間（以十年計），未來數年備用容量率都遠低於目標值。全國瀕臨限電危機，國人均極為擔憂。所以每年台電公布新電源開發方案時，大家首先檢視的就是未來數年預估的備用容量率為何？電力供應是否吃緊？電力建設趕得上用電成長及機組除役後的供電缺口的嗎？

但在 2016 年電源開發方案中，國人最關注的備用容量率欄位消失不見。為什麼？台電在方案前言中也有所解釋。但在今日政府「新能源政策」的指導綱領下，台電能說得太白嗎？個人嘗試將台電「微言大義」作進一步的解說。

預估備用容量率；要分別預估用電的「需求」及「供應」。也就是尖峰負載（需求）及尖峰能力（供應）。先談需求：只要經濟成長，電力一定成長，問題只是成長多少。台灣經濟未來不成長嗎？不論政府機構，學

術單位及各智庫對未來經濟成長率預估或有不同，但沒有單位預估台灣未來經濟不成長，表示電力也一定會隨之成長。台電難處就是根本不敢預估未來尖峰負載成長率，因為蔡政府新能源政策中最重要的假設就是未來十年「電力零成長」。台電若預估未來電力成長不是直接打臉政府「新能源政策」？這一點台電前言中提都沒提。

針對電力需求的不確定，台電前言中提的是「電力自由化」。今日除了本身設有「汽電共生廠」的工廠外，全國用電一律由台電供應。但未來電力自由化後，用戶有選擇電力供應商的自由。如台電方案前言所述：「台電用戶可能隨著移轉，流失」。在電力自由化，電力大洗牌的前景下，全國電力需求並不等於台電客戶的用電需求，台電預估電力成長馬上面臨極大困難。

但台電無法預估備用容量率的真正難處是「電力供應」這一塊。在短短的數頁前言中，台電三次引用 2016 年 5 月 25 日經濟部長在記者招待會中宣誓的：「經濟部將全力以赴開發綠色新能源，使 2025 年再生能源發電量占總發電量達 20%。」經濟部長這麼宣誓，台電就算有疑慮能怎麼辦？台電只有「再三」強調這是經濟部說的，台電可沒這麼說。2025 年再生能源供電如果達不到 20%，供電出了問題，限電責任在蔡政府不在台電。

針對再生能源，台電在今年電源開發方案中也只臚列台電本身規劃的再生能源裝置容量，對政府所謂在 2025 年太陽能裝置達 2000 萬瓩（20GW）則有勞政府鼓勵民間努力達成，台電恕不背書。

但供電的不確定，何止再生能源一端？在前言中台電也明指不但核能前景的不確定，國家減碳承諾（INDC）及空氣品質（PM2.5）總量管制，對火力發電前景也都造成極大變數。既然再生能源、核能、火力都面臨這麼大的不確定性，台電何能準確預估未來十年「尖峰能力」？既然「尖峰負載」、「尖峰能力」都無法預估，台電只好雙手一攤，欠難提供未來十年的「備用容量率」了。

電力何等重要，電力前景充滿了這麼大的不確定性，台電甚至連「備用容量率」都無法提供了，傳達給國內外企業是什麼訊息？還有人敢在台灣投資設廠嗎？這可是影響經濟發展及就業的頭等大事。台電懸崖撒手，全國將墮入萬丈深淵。

但責任在台電嗎？個人很能體會台電的無奈及困境。所謂電力零成長、電業自由化、再生能源極大化、國家減碳承諾、限燒生煤、核能不確定，那一個不是政府政策所造成？台電不願當限電替死鬼也是情有可原。解鈴還需繫鈴人，要避免台灣墮入萬丈深淵還有賴政府全面檢討其「新能源政策」。

全面放棄基載電力

台電 10505 電源開發計劃展現了一個極為奇特的趨勢，對國家影響極為巨大。這個趨勢證實了華爾街日報之前的一篇社論：台灣自我弱化（Taiwan choose vulnerability）。

為什麼說台灣自我傷害，自我弱化？全世界國家製定能源政策最重要的兩個考量就是「確保供應」及「成本低廉」。每個國家自然條件不同，所以最佳能源組合也各不相同，但上述兩個條件是各國製定能源政策的「鐵律」。

以台灣而言「穩定而價廉」的電力就是大家耳熟能詳的「基載電力」。在台灣符合基載電力條件的就是核電及煤電。

但如詳細檢視台電電源開發計劃將會發現在十年內不但核電全部除役（這一點眾所週知），更驚人的是除了已在施工中的燃煤機組及動工尚有疑慮的深澳機組外，未來十年新規劃的機組全部是再生能源及燃氣機組。

再生能源自然是新政府的「最愛」，台電也不得不「共襄盛舉」。但真正令人驚懼的是除了施工中的三部通霄燃氣機組外，未來十年（到 2028年）台電新規劃了十六部燃氣機組，扣除其間除役的燃氣機組，十年後台電燃氣機組容量將由目前的 1500 萬瓩增加到 2600 萬瓩。未來十年電力供應成長幾全由燃氣機組擔綱。

台灣電力只有四種選擇：核電、煤電、氣電、綠電。以確保供應而言，核電每更換一批次燃料棒可運轉一年半，燃煤有一個半月存量。相較之下，在電力需求最為殷切的夏天，液化天然氣只有一週存量，再生能源在無風之夜供電能力為「零」。為何核電及煤電對「確保供應」遠勝氣電及

綠電一目瞭然。

以發電成本而言，核電與煤電相當，氣電及綠電（新政府最愛）成本分別為前兩者之 2 倍及 5 倍。

今日台灣社會除對核電極度誤解外，對煤電的誤解甚至有過之而無不及。對煤電之誤解主要集中於暖化及 PM2.5 兩議題。

但僅舉國人最喜仿效的德國及日本為例，兩國並未因上述兩議題而放棄煤電。德國是歐洲最積極新建燃煤電廠的國家，日本規劃在 2030 年前興建 45 部燃煤機組，目前已有七部大型燃煤機組正在興建中，其中五部比鄰東京（詳圖 6-6），日本人可不擔心暖化與 PM2.5。

個人也十分了解為何台電在電源開發計劃中全面放棄煤電。目前蔡政府降低煤電占比大方向已定，開發新煤電可說是死路一條。為了解決廢核後的巨大電力缺口，只好全力推動阻力較小的燃氣發電。但以國家長遠發展而言，台電實不宜「自行」放棄煤電，否則未來被倒打一耙，又將成為「弱化」台灣電力結構的「替死鬼」。

8.8　未來十年電力預測

能源發展綱領

台灣未來能源應何去何從？應如何規劃正確的能源政策？

為了推動能源轉型，蔡政府於 2017 年 4 月核定了「能源發展綱領」。

能源發展綱領中明列四大綱要方針：1.能源安全；2.綠色經濟；3.環境永續；4.社會公平。全球各國能源政策都基於三大目標：1.能源安全（確保供應）；2.成本低廉；3.環境保護。但細查四大綱領方針，完全沒有成本考量。蔡政府對其能源政策將大幅提昇發電成本心知肚明，所以在其能源綱領中完全迴避「成本考量」，心術極為可議。

2016／2017 夏日台電備轉容量極為低迷，全國注意力都集中於「是否限電」，好像只要不限電就天下太平。絕非如此。以家庭食材為例，飯、麵、牛排、龍蝦均可達到果腹目的。但一般家庭絕對是以飯、麵為主食而不會以牛排、龍蝦為主食。後二者當然可以果腹，但一般家庭都會有成本

考量，決對不會棄廉價食材，而以昂貴食材作為主食。電力也相同，不是不限電就一切沒事，更重要的是要檢驗發電成本。

2017 年到 2020 年電力預測

　　蔡政府其實運氣非常好，馬政府時代所規劃動工的八部大型火力機組都在蔡政府第一任期內完工商轉。八部機組中有五部各 80 萬瓩（800MW）的燃煤機組（林口三、大林二），另有三部各 90 萬瓩（900MW）的燃氣機組，位於通霄電廠。這八部機組總裝置容量高達 670 萬瓩（6700MW）。總裝置容量為核四兩部機 270 萬瓩的 2.5 倍，絕對足以應付蔡政府第一任的用電成長。

　　2016／2017 年電力吃緊完全是蔡政府自作孽。在這八部大型火力機組尚未完工前，即高舉反核大旗將現有三部核電機組提前除役。雖然 2017 年發生了大停電，但 2018 年因已有五部火力機組完工商轉，將大大舒緩限電壓力，一般民眾還真以為「危機解除」。蔡政府第一任會有漲電價的壓力嗎？看來不會。這可以兩方面解釋：1.近年國際油價大跌，一方面我國進口液化天然氣價格與油價掛勾，所以燃氣發電成本大幅降低。另一方面因化石燃料有相互替代性，國際油價下跌使國際煤價也下跌，燃煤發電成本也同步降低。2.馬政府時期動工而在蔡政府時期完工的八部火力機組中有五部是發電成本低廉的燃煤機組。價格昂貴的燃氣機組動工較晚，有兩部機組（通霄 2、3 號機）在 2020 年 1 月才完工商轉，發電成本低廉的大型燃煤機組加入供電行列，大為改善台灣電力結構並降低發電成本。蔡英文運氣實在好，由以上兩項原因，不但在 2020 年前不會發生限電，電價也不會大幅上漲。蔡政府說不定還誤以為其能源政策很成功，吾人因而可相當確定蔡政府在 2020 年前不會改變其能源政策。

2021 年到 2025 年電力預測

　　但 2021 年到 2025 年呢？先不談 7 年後國際油價（上漲機率絕對高於下降機率），即由台灣 10605 電源開發方案可知因完工機組集中於 2024／

2025 年，2021 年到 2025 年 5 年間台灣恐又將面臨限電危機，更可怕的是電價將無可避免大幅大漲。

　　2021 到 2025 年間供應廉價電力的六部核能均將陸續除役，依台電 10605 電源開發方案，在這五年間，除深澳電廠一部燃煤機組外，台電規劃在大潭、高原、興達、台中、協和大興土木建成十部規模極大的燃氣機組。其中有六部機組規模為 130 萬瓩，與核四一部機規模（135 萬瓩）相當。不要忘記政府規劃到 2025 年也將完成 2700 萬瓩的再生能源發電設備（其中 2000 萬瓩為太陽光電，120 萬瓩為陸上風電，300 萬瓩為離岸風電）。在 2025 年發電成本極低的核電全部除役，代之而起的是十分昂貴的燃氣電廠及更為昂貴的再生能源，台灣電價能不暴漲嗎？

8.9　2025 年三種電力情境

2025 年三種電力情境分析

　　吾人在此不妨檢視三種在 2025 年的供電情境。

　　以碳排而言，因機組新舊、效率、燃料熱值、混拌比率不同，使用同樣燃料的機組碳排並不完全相同，但假設燃煤機組及燃氣機組每度電碳排各為 0.8 公斤及 0.4 公斤應與實際平均數字相去不遠。

　　依 2012～2016 年五年資料，現有核電及燃煤，燃氣機組之平均成本為 0.9 元、1.3 元及 3.2 元（詳圖 1-6）。但許多人強調火力發電應加上「排碳成本」才能反應其真實成本。目前溫減法訂定碳價每噸 500 元，此數字高於國際市場碳價，但以下討論均以此數字為準。每公噸碳價 500 元表示每公斤碳價 0.5 元。煤電與氣電每度碳排為 0.8 公斤及 0.4 公斤，則兩者每度電成本應加上 0.4 元及 0.2 元，（吾人不妨視其為「碳稅」）。故表 8-3 之煤電及氣電每度成本調整為 1.7 元及 3.4 元。三情境之碳排及總發電成本均將依表 8-3 數字計算。經此成本調整，煤電氣電都已分別增加「碳稅」，其碳排已有「懲罰」，總發電成本已含碳排成本，不必因碳排不同而另行調整。

表 8-3　不同發電方式之成本與碳排

	核電		火電		綠電	
	現有核電	核四	燃煤	燃氣	水力／生質能	風力／太陽能
成本（元／度）	0.9	2.0	1.7	3.4	2	5
碳排（公斤／度）	0	0	0.8	0.4	0	0

2016 年台電系統總共發電 2258 億度，假設 2025 年總發電 2500 億度應為合理，此亦與蔡政府預估值十分接近。

情境一假設 2025 發電配比如蔡政府規劃：綠電、氣電及煤電占比為 20%、50%、30%。由表 8-4 可知情境一總發電成本為 7725 億元，碳排為 1.1 億噸。其中無碳電力占比 20%，基載電力降為極低之 30%。

表 8-4　2025 年電力配比情境一

		發電（億度）	碳排（百萬噸）	成本（億元）
核電	核 1/2/3	0	0	0
	核 4	0	0	0
火電	煤	750	60	1275
	氣	1250	50	4250
綠電	水力／生質能	100	0	200
	太陽能／風能	400	0	2000
總計		2500	110	7725

情境二假設因蔡政府目前不計成本推動綠電，在其第一任簽約之綠電在 2025 年或可發電 150 億度，無法挽回。水力及生質能發電度數假設維持為目前之 100 億度。故情情二（表 8-5）假設再生能源總發電度數為 250 億度。

假設下任政府修正非核家園政策，不但現有核電延役，在 2025 年核四也完工商轉，煤電在 2025 年本可提供 1200 億度電，也維持不變，全年燃氣發電 450 億，雖只占全部供電 18%，但機組占比約 30%仍可依電力系統負載需提供求中載及尖載發電。

表 8-5　2025 年電力配比情境二

		發電 （億度）	碳排 （百萬噸）	成本 （億元）
核電	核 1/2/3	400	0	360
	核 4	200	0	400
火電	煤	1200	96	2040
	氣	450	18	1530
綠電	水力／生質能	100	0	200
	太陽能／風能	150	0	750
總計		2500	114	5280

情境二與情境一相較碳排幾乎相同，但發電成本驟降近 2500 億元。蔡政府目前能源配比 2025 年碳排高於 2013 年六部核能機組全部正常運轉時之碳排，當年核電及綠電共提供了 24%的無碳電力、火電占比 76%。在蔡政府能源轉型後，綠電占比 20%，火電占比反而增為 80%，這是蔡政府能源轉型的目標嗎？

若依情境二則無碳電力（核電及綠電）占比將為 34%，火電占比降為 66%，這豈不才真的是「能源轉型」？

同時基載電力（核電及煤電）占比大幅提高為 72%，遠高於情境一之 30%。

情境三則假設綠電與情境二相同，但核一兩部機組在蔡政府第一任慘遭除役，核電發電度數降為 500 億度。煤電發電度數因反煤情結，也降為 1000 億度，其餘 750 億度由氣電補上（表 8-6）。

表 8-6　2025 年電力配比情境三

		發電 （億度）	碳排 （百萬噸）	成本 （億元）
核電	核 1/2/3	300	0	270
	核 4	200	0	400
火電	煤	1000	80	1700
	氣	750	30	2550
綠電	水力／生質能	100	0	200
	太陽能／風能	150	0	750
總計		2500	110	5870

　　情境三之綠點、核電、氣電及煤電占比分別為 10%、 20%、 30%及 40%。無碳電力占比 30%，基載電力（核電及煤電）占比 60%。碳排與情境一相同，發電成本減少 1800 億元。情境三成本高於情境二，但可能是國人不得不接受之折衷方案。

廢核之雙重傷害

　　如 2.6 節所述，以 3E 標準檢視，核電原本就應為台灣電力首選。但在今日全球「減碳」風潮下，核電功能更為突出，但一般民眾未必了解。

　　試比較表一及表二。表二煤電發電度數較表一多了 450 億度，為何總體碳排增加有限？原因非常簡單，因為表一之配比中沒有核電，相對而言，表三之 600 億度核電提供了極大的無碳電力，這就是何以表二中煤電占比極大，但碳排總量與表一相差無幾。

　　蔡政府目前政策是廢核，但廢核又要減碳，只好犯第二個錯誤，以減少煤電增加氣電來減碳。蔡政府第一步非核，第二步減煤，重傷支持我國電力的兩大支柱。

　　核電、煤電、氣電三者碳排有一簡單公式。核電沒有碳排、煤電碳排為氣電一倍，所以一度核電加一度煤電之碳排等於二度氣電之碳排。

　　依表 8.2 現有核電、煤電、氣電加碳稅後之每度成本各為 0.9 元、1.7

元及 3.4 元。一度核電加一度煤電共兩度電之成本為 2.6 元，碳排與 2 度氣電相同，但 2 度氣電成本為 6.8 元。100 億度核電加 100 億度煤電共 200 億度，成本為 260 億元，碳排與 200 億度氣電相同，但 200 億度氣電成本為 680 億元。

現有核電可提供 400 億度無碳電力，加上 400 億度煤電，共可提供 800 億度電力，總成本 1040 億元，但碳排相同之 800 億度氣電成本為 2720 億元。

由以上分析讀者應可了解為何表 8-5 煤電占比很高，但碳排與表 8-4 近似，其成本低了 2500 億元。

讀者應可深刻體會在目前「減碳」氛圍之下，核電益形重要。非核政策造成的傷害不只是廢核本身而是將煤電也一併拖下水，非核家園政策造成的是雙重傷害。

2500 億元可做多少事？

真正可怕的是情境一較情境二每年發電成本將爆增 2500 億元。2500 億元數字太多龐大，一般人很難體會其代表的意義。在此不妨將這一數字與近日報端出現的其他數字作一比較。

年金改革是蔡政府自認的一大政績。年金政革在社會上鬧得沸沸揚揚，在立法院三讀通過次日，小英總統出面說明此一重要改革未來三十年將為國庫省下 1 兆 4 千億元。但目前能源政策將使發電成本每年增加 2500 億元，只要 6 年即超過年金改革未來三十年總共節省的金額。

過去 20 年，台北捷運及台灣高鐵對台北市及全省交通之貢獻有目共睹。兩項建設對台北市民及全國民眾提供了交通上的極大便利。兩項工程建設成本各約 6000 億元。換句話說，修正目前的能源政策等於每兩年半就可以在台灣進行如台北捷運或台灣高鐵相同規模之工程建設，造福全民。

最後談談前瞻計劃，原先 8 年 8400 億，現在是 4 年 4200 億。反對者一直說前瞻計劃是「錢坑」，但平均下來每年「不過」1000 億元，遠低於電力增加的成本—每年 2500 億元。前瞻計劃 8400 億元中有 4200 億元是軌道建設，省兩年發電成本也足夠打造前瞻計劃的全部軌道工程了。

以上將年金、捷運、高鐵及前瞻計劃等金額龐大的議題與電力多花的

成本相較都還算是「小兒科」，大家可能會對新能源政策的荒唐有更深刻的體會。

　　不論何種能源建設成本都極高昂，基本上都要使用一個世代才折舊完畢，所以能源有鎖定（Lock-in）現象，一但錯誤，很難回頭，修正錯誤的能源政策都要一個世代的時間。個人 2012 年出版「能源與氣候的迷思」副標題為 2 兆元的政策失誤。當年核四繼續施工，並未封存，但已有核一到核三不延役政策。當年政府是規劃「燃氣最大化」，以氣電取代除役後之核電。以氣電取代除役後核電每年將增加 1000 億元成本，以核電延役 20 年計可說是 2 兆元的政策失誤。

　　不想五年後，不但核四封存，蔡政府甚至規劃以較氣電還貴的綠電取代核電，又規劃降低煤電占比而以氣電取代核電，這將造成每年發電成本增加 2500 億元，若以經濟壽命 30 年之燃氣電廠計（核電，煤電 40 年），則目前的政策失誤是七兆元。因錯誤的能源政策將造成這種恐怖的天文數字。社會上幾人知曉？

8.10　煤電、氣電及缺電

　　本書第一章及第二章分別較深入的討論了綠電及核電。本書最後一節將進一步分別討論煤電與氣電，最後將討論缺電的影響。

煤電與全球減碳現實

　　台灣基載電廠嚴重不足，核電、煤電不可偏廢，因兩者正是我國基載電力的兩大支柱。

　　但許多人「擁核」理直氣壯，但對「擁煤」就頗為遲疑，原因在於對煤電造成環境的影響有所疑慮。煤電對環境的影響主要是對大氣的影響，可分為兩大區塊，一為傳統的「空氣污染」，如硫化物、硝化物、懸浮微粒等（$SO_x, NO_x, Aerosol$）。但煤電對此一區塊的空污「貢獻」極為有限。

　　煤電對大氣的影響的另一區塊就是「碳排」，因「節能減碳」為今日

全球顯學，煤電碳排較大就成了煤電不可承受之重。台灣政府「順應世界潮流」也糊裏糊塗的提出了所謂「國際減碳承諾」，媒體上舖天蓋地的極端暖化威脅報導也誤導了絕大多數民眾。

要討論台灣能源政策，減碳政策自然是重要考量。但減碳政策也應分兩區塊討論，一是「氣候變遷」議題，但更重要的是要了解人類未來能源走向為何？人類將如何應付氣候變遷？台灣政府要有縱觀全局的能力，才能制定合宜的能源政策。

氣候變遷本身就是極大的題目，本書第二篇有詳細討論。

深入了解「氣候變遷」議題將可發現，暖化威脅絕不像媒體報導的如此誇張。其實真正重點在第二大區塊：人類未來能源走向如何？人類會如何應付氣候變遷？深刻瞭解這兩項的答案，對制定台灣能源政策至關重要。

在歐盟的主導之下，今日世界各國抗暖走的是全球協議減碳路線，其代表作就是京都議定書及巴黎協議，但由今日檢視 1997 年簽定的京都議定書，可說是完全失敗。非常簡單：今日全球每年碳排約為 1997 年的兩倍，京都議定書完全沒有達到任何減碳效果。

全球能源使用模式，依各國經濟發展，可分為已開發國家（美、歐、日、澳），開發中大國（中、印），接近開發國家（台、韓），中度開發國家（中東、北非、南美）及低度開發國家（撒哈拉沙漠以南非洲國家）。低度開發國家仍有 10 億人處於極低度能源使用的狀態，全球無電可用的人口更有 18 億之多。暫不計其他中度開發國家，單以中、印兩國 20 年後 30 億人口，使用能源至少倍增，並將大量使用化石能源的前景看來，試圖以國際條約來抑制全球碳排可說是昧於現實。

未來世界碳排走向將由開發中國家決定，非由已開發國家決定。僅舉一例：今日歐盟碳排占全球碳排 10%，中國碳排占全球碳排 25%。假設歐盟真能達成在 20 年後減碳 50%目標（全球而言減碳 5%），中國只要連續兩年碳排增加 10%（全球而言增碳 5%），就完全抵銷歐盟 20 年的努力。這是世界現實，無關世人好惡。

由以上討論可知「巴黎協議」也必將失敗。國際能源總署（IEA）也不諱言，20 年後化石能源仍將是人類使用能源的主要來源。

　　未來數十年「能源科技」的發展才是決定全球「減碳」前景的唯一指標。更重要的是，許多人不知道「減碳」並不是人類解決氣候變遷問題的唯一手段，針對全球暖化的威脅，人類其實還有調適（Adaptation）及氣候工程（Climate Engineering）兩項法寶。

　　回頭檢視台灣：因環評及地方環保團體反對而延宕十年的彰工及深澳共 4 部燃煤機組若依原計劃時程，早已可為我國每年提供 250 億度以上的穩定、廉價電力，以氣代煤 250 億度每年增加的成本約為 500 億元。但在台灣延宕這 4 部燃煤機組的十年間，大陸增建了 600 部燃煤機組，全球燃煤機組更增加了 1000 部以上。台灣搞不清世界現實，「犧牲小我」，意圖以一己之力對抗「全球暖化」豈非螳臂擋車，自不量力？

　　如前所述，台灣政府實應體認世界現實，惦惦本身斤兩，全球暖化是全球問題，在全球尚有半數人類以「脫貧」為其最大國家發展目標的現實下，以為台灣「節能減碳」就可以「救地球」，實如井底之蛙。

　　更令人匪夷所思的是，蔡政府節能減碳的法寶之一竟然是減少煤電配比增加氣電配比。殊不知以氣代煤減碳成本每噸約 5000 元台幣，較歐盟目前碳交易成本每噸 5 歐元（200 元台幣）高出 25 倍，是最為昂貴，極為無腦的減碳手段。不錯，早年英國，今日美國都有以氣代煤政策，但台灣氣價為英美兩國 3 倍。能源是一個地方議題（Local Issue），切忌照抄國外政策。台灣政府緊抱「巴黎協定」衍生之「全球減碳承諾」完全是昧於世界能源及抗暖發展現實的表現，其結果是重創燃煤電廠及本國經濟，造成目前發電成本增加 500 億元並將年年繼續增加的惡果。

　　台灣人民及政府應保持清醒頭腦，體認全球減碳現實，不宜魯莽提出所謂「國際減碳承諾」，而以減碳成本最高的以氣代煤方式減碳。靜觀世界大勢，小國勿為天下先才是台灣在國際社會上求生存的不二法門。台灣政府必須要在了解世界大勢及國際現實的條件下才能制定最有利於台灣的能源政策。

　　核電、煤電，相輔相成，不可偏廢。

液化天然氣採購策略

我國目前每年液化天然氣（LNG）進口約 1500 萬噸，購買 LNG 多為長期合約，少量以短期合約或由現貨市場購買。每年進口 LNG80% 是用以發電。依目前政府規劃在 7 年內（到 2025 年），我國 LNG 進口將增為 3000 萬噸，增加的 1500 萬噸也以供應發電為主。

今後增購的 LNG 合約應儘量以短期合約或由現貨市場採購，避免簽定長期合約。此建議之原因細表於下：

為何我國要在十年間增加進口如此大量的 LNG？主要目的在於以氣電取代 450 億度煤電。過去 5 年每度電發電成本燃煤為 1.3 元，燃氣為 3.2 元。每度電發電成本，燃氣較燃煤高了 1.9 元，若以氣代煤每年發電成本增加約 900 億元，以電廠壽命 40 年計算，單單發電成本增加即近 3.6 兆元。此外，因電價高漲使得我國產業喪失國際競爭性所造成的經濟傷害更是難以估算。

中油規劃在 2025 年每年增加進口 1500 萬噸 LNG 主要為了供氣給新燃氣電廠。今日錯誤的政策將造成兩種成本支出：一為新建燃氣電廠的固定成本支出，一為購氣之變動成本支出。設若政府在任內不修正能源政策，台電勢必進行新增燃氣電廠計劃，固定成本支出難以挽回。但燃氣發電每度電成本結構中，建廠固定成本占不到 10%，如未來政府改變政策，新建燃氣電廠全數移為中尖峰電廠，損失有限。真正可怕的是燃料成本。

今日中油購買 LNG 以長期合約為主，即使下屆政府在電價飛漲造成嚴重經濟衰退及民意壓力下想修正政策為時已晚。如何使下屆政府在政策上有轉圜餘地，保留政策彈性，完全取決於今後購氣合約形態。

今日日本購買 LNG 方式可作為吾人借鏡。在 311 地震核災發生後，當時執政的民主黨菅直人政府決定全面廢核。但自從日本 50 座核電機組陸續停止運轉而成「無核家園」後，日本每年必需額外支出 3 兆日元（約 1 兆台幣）購買 LNG 以彌補無核後造成的電力缺口，日本數十年來首次成為貿易入超國。在強大經濟現實下，2013 年大選後執政的自民黨安倍政府不得不重新考慮廢核政策。目前自民黨政府的立場是在現有核電廠通過更

嚴格的檢驗後，將陸續予以重新啟用。

　　但今日日本政府得以修正廢核政策之重大關鍵原因在於近年日本主要是在國際以短期合約或現貨市場採購 LNG，極少簽訂無法動彈的長約購買 LNG 來填補廢核缺口。日本的 LNG 採購策略足為我國借鏡。

　　依日本今日教訓，我國未來十年為了核電逐步除役所增購的 LNG，在可行範圍內，應儘量以短期合約或在現貨市場採購，保留未來施政者有修正政策的彈性。未來十年短期合約或現貨市場價格未必高於長期合約，主要在於美國頁岩氣勢將逐漸開放出口，巴拿馬運河在拓寬工程完工後也必將對傳統 LNG 供應者增加極大的壓力。日本核電逐漸恢復運轉後，現貨市場也少了最大買主。東亞 LNG 進口國更思合力將氣價與油價脫鉤，不再以 JCC 為 LNG 定價標準。種種外在情勢都將使 LNG 未來現貨市場欲漲乏力。我國以短期合約或現貨市場採購 LNG 並不會較簽署長約來得吃虧。

　　能源政策之爭攸關國運，絕對是國家頭等大事。今日政府若無法修正錯誤政策，吾人只好寄望未來政府，但未來政府是否有修正現有政策之空間，完全取決於今後 LNG 採購策略。

　　設若蔡政府未來二年拒絕修正能源政策，則下任政府上任時，大量再生能源及天然氣接收站沉沒成本恐已發生，不論中油或台電之購氣合約若為沒有彈性的長約，新政府就算要避免數兆元能源黑洞，修正能源政策，恐也為時已晚。

　　中油、台電在未來數年一方面要避免急於簽訂購氣合約，另一方面也要儘量避免簽訂長期合約。

　　小英總統曾說過：「先試試看再生能源，不行再說」。但能源政策是極長程規劃，不能試試看。目前不計一切代價推動「能源轉型」，所為何來？個人曾指出全面修正能源政策的急迫性更甚於年金改革，決非危言聳聽。

缺電的影響

　　如前述，我國 2015 年到 2017 年的缺電限電危機或在 2018 年可暫時解除，但在 2021～2025 年間不但核電全數除役，也有大量火力機組屆齡除

役,缺電、限電危機將再度浮現。

能源是何等重大國安議題:蔡政府如此輕忽將其視為操弄選舉的工具,很基本原因可能是完全不了解缺電對台灣的傷害有多嚴重。僅舉缺電對台灣電子業的影響為例即可知電力的重要性。電子業為今日台灣明星產業,電子業撐起台灣經濟的半邊天。由今日電子業用電幾為全部工業用電之半(40%),即可知電子業在台灣經濟的份量。在電子業中有所謂兩兆產業:一為半導體產業,一為面板產業。

個人二十年前曾參與許多科學園區建廠工程,深刻了解電力對半導體產業的重要。以半導體製程而言,晶圓在生產機台之製程有數百流程,生產週期需要 1-2 個月。晶圓在如此長的生產過程中,經不起任何一秒鐘的斷電。台積電曾解釋晶圓廠暖機就要 24 小時,一旦停電就要重來。生產流程中不論濺鍍、蝕刻都是化學製程,一、兩個月的流程中一但停電,在機台上的晶圓全部報廢,連半成品都不是(張忠謀語)。台積電生產的積體電路是全球電子產品供應鏈極重要的一環,發生大規模延遲交貨影響台積電商譽的後果及對台灣經濟的影響,恐怕不是吾人可以想像的。

另一兩兆產業為面板產業。面板產業的上游是玻璃產業。目前美商康寧公司在台灣有上千億元的投資,在中科及南科都設有工廠,以矽砂為原料在熔爐中以高溫製造特殊玻璃,再提供下游廠商作為生產電腦或電視的面板。康寧製造玻璃之熔爐完全是以電力加溫,溫度極高(上千度),製程中溫度控制至為重要。熔爐加溫後不再降溫,直到廢舊爐換新爐為止。製程中若停電,必須以緊急電源將玻璃膏倒出以免凝於爐內。清爐後重新加溫,啟動生產,再開始製造玻璃歷時至少一個月。

康寧目前在中科、南科均有設廠,就近供應該二園區的面板廠商。康寧在台灣投資超過千億,是美國在台最大投資廠商。康寧製造之玻璃供應台灣過半面板業者,所以如果發生停電,不但康寧損失慘重,下游面板廠也將因缺料而停擺一個月,對台灣經濟的影響極為重大。

本篇是討論缺電對電子業的影響,並不表示缺電對其他產業沒有影響。大家可以想像中鋼高爐如因缺電造成鐵水凝固,高爐報廢的場景嗎?石化產業停電除停產外,也恐發生工安事件。

蔡政府經常指責台電「備用容量率」太高,並將降低電力備用容量率

列為其政績，致使台灣目前電力之備用容量率為全球最低。當然如果備用
容量率高表示有較多機組可能未充份利用而造成過度投資。這道理人人都
懂，但為何國外電力備用容量率都高於台灣？原因也很簡單，因為缺電所
造成的損失遠遠大於「過度投資」的損失。即使因電力需求預測失準造成備
用容量率過高，但只要經濟成長，電力需求持續成長，通常一、兩年內備
用容量率就會降為目標值。但如果備用容量率過低，如前所述，電力建設
為十年大計，缺電限電對國經濟造成的深遠影響決不是短期可以解決的。

表 8-7 為學術界調查後得到各行業之缺電成本，提供於此供各界參考。

表 8-7　我國各行業缺電成本

部門名稱	邊際缺電成本（元／度）
整體製造業	34.40
化學材料	19.10
紡織品	22.77
塑膠製品	23.14
非金屬礦物製品	23.22
紙漿、紙及紙製品	23.46
化學製品	24.14
鋼鐵	24.27
電子零組件	32.59
金屬製品	34.59
機械設備	38.98
電腦、電子及光學產品	40.05
整體服務業	104.56
住宿及餐飲	64.35
批發及零售	87.12
金融及保險	253.19

資料來源：柏雲昌，我國產業缺電成本估計及其利用於分級電價規劃方案之研究，2014

國家前途

孫子兵法第一章「兵者，國之大事，死生之地，存亡之道，不可不察
也」。在承平之世這句話完全可以改為「能源者，國之大事，死生之地，

存亡之道，不可不察也。」全球各國都深知能源的重要，全球地緣政治，大國博奕無不圍繞著「能源」打轉。

世界各國都深知能源是國家生存、社會運作的血脈。對能源政策都特別慎重，無人敢將影響國運的能源政策如蔡政府般視為兒戲。各國大選時各黨在能源議題上或有出入，但在確保能源供應安全一項則是目標一致。蔡政府能源政策本末倒置，環保民粹掛帥，置國家能源安全而不顧，這正是華爾街日報批判其能源政策的重點。

國有國運，清末民粹義和團口號：「拆鐵道，拔電桿，海中去翻大輪船。」其愚蠢無知不想重現於今日台灣之「反核電、反煤電」運動。

當年清政府支持義和團之首要目標為「保政權」，國家前途只好靠邊站，但清廷在義和團運動十年後，難逃覆亡命運。

今日蔡政府推動「新能源政策」也以落實反核競選諾言，「保政權」為首要考量，置台灣前途於不顧。如繼續蠻橫，硬推動搖國本之「新能源政策」，其政權固然未必保得住，只怕台灣也為其玩完了。

結語——能源配比建言

誰都可以談能源，許多人也喜歡談能源，對能源都有許多「看法」。但對能源的任何偏好終將落實於能源配比。

蔡政府能源政策配比目標為：2025年綠電，煤電，氣電各占20%，30%及50%。但十分不幸，此種配比中，可提供穩定及價廉的基載電力（核電及煤電）占比只有30%。表面上無碳的綠電及低碳的氣電占了70%，似乎是非常低碳環保的能源配比。

個人建議能源配比為：核電25%，煤電45%，氣電20%，綠電10%。依此配比，穩定價廉的基載電力（核電及煤電）佔比70%。許多人可能會十分訝異，此一配比碳排竟與蔡政府配比之碳排相同，但每年發電成本減少2500億元。

現有核電占比約20%，可延役20年。核四商轉可再加約5%的核電供應，總共25%。在林口及大林五部超超臨界機組完工後，煤電占比45%不成問題。以今日氣電供電能力，在2025年提供20%電力綽綽有餘。氣電發電量占比雖只有20%，但因基載機組健全，氣電將恢復為中尖載機組，其裝置容量仍達三成，足以應付夏日尖峰負載。綠電雖只暫10%，但因水力及生質能成長潛力有限，增加之綠能將由太陽能及風能補足，仍是極大的挑戰。

在此解釋為何兩種配比碳排相同：

綠電與核電均無碳排，氣電碳排為煤電之半。故蔡政府20%綠電加30%煤電總碳排相當於40%氣電及10%煤電碳排，加上原本規劃50%氣電，蔡政府能源配比總碳排相當於90%氣電碳排加10%煤電碳排。

個人建議核電25%及綠電10%配比相當於35%無碳電力，加上煤電45%，三者碳排相當於70%氣電碳排及10%煤電碳排，另加原規劃之20%氣電，本人建議之能源配比總碳排相當於90%氣電及10%煤電碳排，與蔡政府號稱減碳，多花3兆元建置綠電及氣電，顛覆現有電力結構之碳排完

全相同，但兩者每年發電成本相差 2500 億元。

　　兩種電力配比之最大不同在於是否廢核，如果繼續使用核能，因其提供巨大無碳電力，即使增加煤電，碳排也不增加。但以基載電力而言，個人建議配比為 70%，蔡政府配比為 30%，反映在電價就是每年 2500 億元。

　　非核家園政策應立即廢除。

參考書籍

一、英文參考書籍

1. H. Ambler, Don't Sell Your Coat Yet, 2011

2. S. Ansolabehere & D. M. Konisky, Cheap and Clean 2014

3. R. Bailey, The End of Doom, 2015

4. L. Bell, Scared Witless, 2015

5. R. Bryce, Gusher of Lies, 2008

6. R. Darwall, The Age of Global Warming, 2014

7. J. Delingpole, The Little Green Book of Eco-Fascism, 2013

8. P. H. Diamandis & S. Kother, Abundance, 2012

9. K. Dow & T. E. Downing, The Atlas of Climate Change 3rd Edition, 2011

10. K. Emanuel, What We Know about Climate Change, 2007

11. A. Epstein, The Moral Case for Fossil Fuel, 2014

12. A. Epstein, Fossil Fuels Improved the Planet, 2013

13. J. Goodell, How to Cool the Planet, 2010

14. C. Hamilton, Earth Masters, 2013

15. R. Heinberg & D. Lerch, The Post Carbon Reader, 2010

16. R. Heinberg, The End of Growth, 2011

17. D. Helms, The Carbon Crunch, 2013

18. D. Howell, Empires in Collision, 2016

19. M. Hulme, Can Science Fix Climate Change? 2014

20. IPCC WGI, Climate Change – The Physical Science Basis, 2013

21. IPCC WGIII, Mitigation of Climate Change, 2014

22. B. Johnson, Carbon Nation, 2014

23. D. Keith, A Case for Climate Engineering, 2013

24. N. Klein, This Changes Everything, 2014

25. D. Laframboise, The Delinquent Teenager, 2011

26. S. Levine, The Powerhouse, 2016

27. M. E. Mann & T. Toles, The Madhouse Effect, 2016

28. S. Moore & K. H. White, Fueling Freedom, 2016

29. A. Moran, Climate Change: The Fact, 2015

30. O. Morton, The Planet Remade, 2016

31. R. A. Muller, Energy for Future Presidents, 2012

32. W. Nordhaus, The Climate Casino, 2013

33. W. Nordhaus, A Question of Balance, 2008

34. D. E. Nye, Technology Matters, 2006

35. E. K. Peters, The Whole History of Climate, 2011

36. R. Pielke Jr., The Rightful Places for Science, 2014

37. V.Rao, Shale Gas, 2012

38. G. D. Robinson, Global Warming: Alarmist, Skeptics and Deniers

39. D. Sabin, The Bet, 2013

40. J. D. Sachs, The Age of Sustainable Development, 2015

41. V.Smil, Energy: Energy: Myth and Reality, 2010

42. R. C. J. Somerville, The Forgiving Air, 2nd Edition, 2008

43. W. L. Thompson, Living on the Grid, 2016

44. J. A. Throgmorton, Planning as Persuasive Storytelling, 1992

45. C. E. Tillad & Y. I. Chang, Plentiful energy, 2011

46. R. S. J. Tol, Climate Economics, 2014

47. US Congress. Senate. Committee on Energy and Natural resources, Carbon Capture and Storage Technology, 2008

48. USDOE, Carbon Capture and Storage: Research, Development and Demonstration Act of 2007, 2007

49. G. Wagner & M. L. Weitzman, Climate Shock, 2015

50. J. M. Wober, Television and Nuclear Power, 1992

二、中國大陸出版書籍

1. D. Mackay 著，張軍等譯，可持續能源—事實與真相，2013
2. P. O'keefe 等著，閆志敏，王建軍譯，能源的未來，2011
3. 周偉國，馬國彬編著，能源工程管理，2007
4. 陳凱，史紅亮主編，清潔能源發展研究，2009
5. D. Botkin & D. Perez，大國能源的未來，2010
6. 趙文明編著，能源戰爭，2013
7. 遲春潔著，中國能源安全監測與預警研究，2011
8. A. Gore 著，邵志軍譯，我們的選擇，2011
9. 曲雲主編，智慧能源，清潔城市，2015
10. 國家可再生能源中心編著，國際可再生能源發展報告，2014
11. 韓曉平著，美麗中國的能源之戰，2014
12. 張明等著，中國能源相關的二氧化碳減排策略研究，2013
13. 申險峰著，世界能源戰略與能源外交—亞洲篇，2011
14. 范英等著，中國能源安全研究，2013
15. 王金南等著，能源與環境—中國 2020，2004
16. 史丹主編，中國能源安全的國際環境，2012
17. 楊廣軍主編，低碳與新能源，2013
18. 中國科學院，工程院，可再生能源發電中美兩國面臨的機遇和挑戰，2012
19. 朱玲，周翠紅主編，能源環境與可持續發展，2013
20. 喜文華主編，節能減排與可再生能源知識手冊，2011
21. 樊網主編，世界低碳發展的中國主張，2010
22. 呂江著，氣候變化與能源轉型一種法律的語境範式，2011
23. 童乙青編著，環境保護與節能減排，2012
24. 金自寧，薛亮編著，環境與能源法學，2014
25. 張健華主編，低碳金融，2011
26. S. Labatt & R.R.White 著，王震譯，碳金融—碳減排良方還是金融騙局，2010

27. 唐方方主編，氣候變化與碳交易，2012

28. E.A.Posner & D. Weisbach 著，李智，張鍵譯，氣候變化的正義，2010

29. 李善同主編，環境經濟與政策（第一輯），2010

30. 包茂紅著，環境史學的起源和發展，2012

31. 電力的品格編委會，電力的品格，2012

32. J. Tabak 著，張軍等譯，煤炭和石油，2011

33. 楊嶸編著，石油產業經濟學，2010

34. 董秀成等著，天然氣儲備─體系建設和管理，2014

35. 朱啟酒，程曉仙主編，太陽能工，2012

36. 鄒原東著，太陽能利用技術速學快用，2011

37. S. A. Rackley，碳捕集與封存，2012

38. 王秀清編著，世界核電復興的里程碑，2008

39. 盛文林編著，人類歷史上的核災難，2011

40. 吳錦海，顧乃谷主編，核來不怕─正確對應核輻射，2011

41. 張家倍等編著，核電廠抗震安全評估，2013

42. 王偉光主編，應對氣候變化報告（2012），2012

43. 董志龍著，地球告急，2010

44. S.H.Schneider 著，諸大建，周祖翼譯，地球─我們輸不起的實驗室，2012

45. 葛朝霞，曹麗青主編，氣象學與氣候學教程，2009

46. 孫照渤等編著，短期氣候預測基礎，2010

三、台灣出版書籍

1. M. Ridley 著，李隆生，張逸安譯，世界沒你想的那麼糟，2012
2. J. Rifking 著，張體緯，孫豫寧譯，第三次工業革命，2013
3. 松井賢一著，方良吉譯註，百年能源大趨勢，2011
4. R.A.Muller 著，蔡承志譯，給未來總統的物理課，2011
5. 林聖忠著，看見中油，2014
6. 廖惠珠總策劃，頁岩革命，2015
7. 伊原賢著，莊雅琇譯，頁岩氣，2013
8. 兔束保之著，李錦楓等譯，生質能源利用科學，2011
9. 郭策編著，畫說 Smart Grid 智慧電網，2013
10. 許靖華著，甘錫安譯，氣候創造歷史，2012
11. 陳雲蘭著，全球與台灣的氣候變遷，2012
12. 翁春雄，許顯雄著，溫室效應之現象與原因深討，2012
13. 天達武史監修，簡中昊譯，如何看懂天氣預報，2012
14. M. Black & J.King 著，王惟芬譯，水資源地圖，2012
15. 葉欣誠著，抗暖化關鍵報告，2010
16. 林中斌著，大災變，2011
17. 歐洲華文作家協會著，歐洲綠生活，2013
18. 周桂田，林子倫主編，台灣能源轉型十四講，2016
19. R. Charke 著，國防部譯印，中共海軍與能源安全，2012
20. 譚麗玲編著，福島事件的真相，2011
21. 車諾比核災 30 週年紀實團隊著，半衰期，2016
22. 清華大學原子科學院策劃，黃鈞銘主編，原子能與清華，2011
23. 譚麗玲著，核四，核事，2014
24. 聯合報編輯部企劃採訪，明天的電、核去核從，2014
25. 王寶玲著，反核？擁核？公投？2014
26. 郭位著，核電關鍵報告，2013
27. W. Allison 著，林基興譯，正確的輻射觀，2012

28. 林基興著，為何害怕核能與輻射，2012
29. 廖彥朋著，怕輻射，不如先補腦，2016

本書彩圖

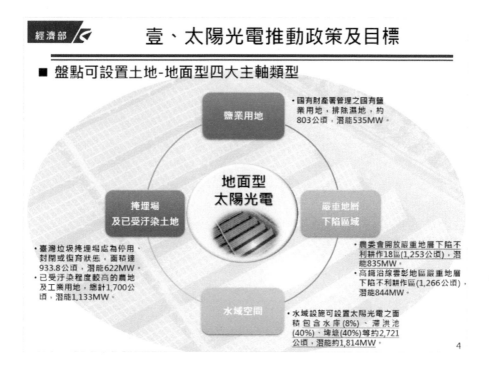

圖 1-2　可設置地面型太陽光電面積

資料來源：105 年 9 月 8 日行政院第 3514 次會議「太陽光電 2 年推動計畫」投影片

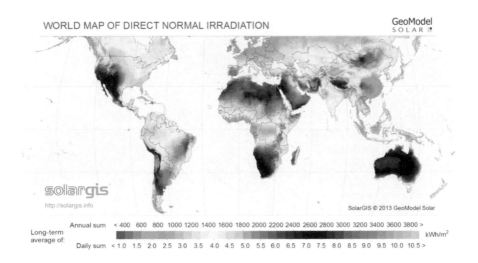

圖 1-3　全球太陽日照強度

資料來源：solargis

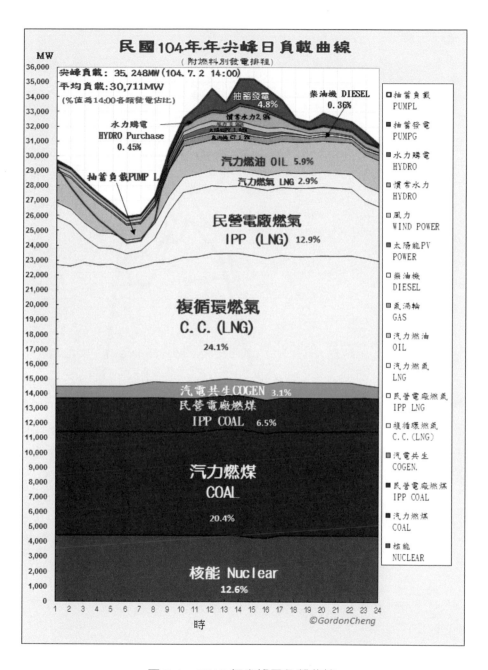

圖 2-1　2015 年尖峰日負載曲線

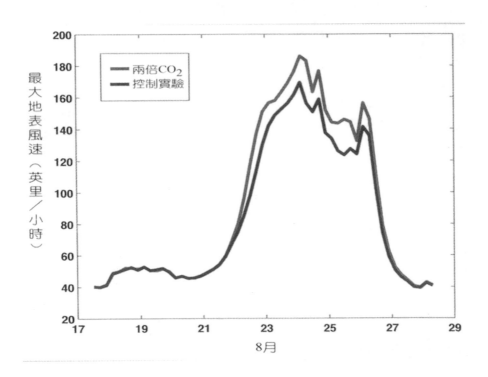

圖 5-12　二氧化碳倍增對颱風風速之影響

資料來源：K. Emanuel，吳俊傑譯，颱風（2007）

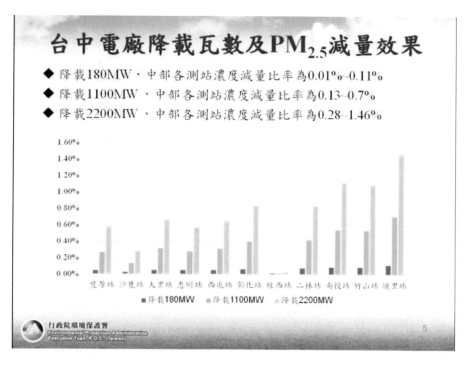

圖 6-5　環保署模擬 PM2.5

資料來源：行政院環保署

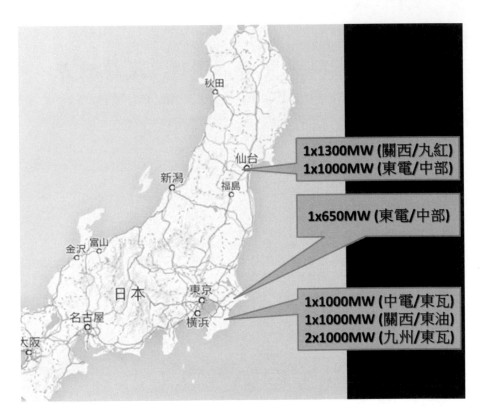

圖 6-6　東京市興建中燃煤機組

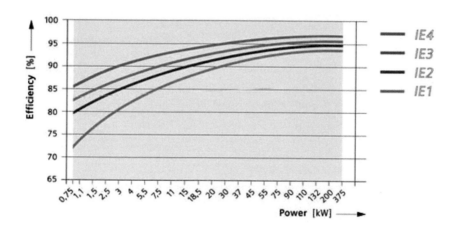

圖 8-2　馬達效率

作者簡介

陳 立 誠
所列為退休前職務與專業團體

| 職　　務 | 吉興工程顧問公司　董事長 |

| 學　　歷 | 哥倫比亞大學（Columbia）土木與力學系 P.C.E. |
克雷蒙遜大學（Clemson）土木系 M.S.
台灣大學土木系 B.S.

| 證　　照 | 中華民國土木技師 |
美國紐約州專業工程師
亞太工程師（APEC Engineer）

| 專業團體 | 中華民國工程技術顧問公會理事 |
中華民國汽電共生協會理事
台灣碳捕存再利用協會理事
台北市美國商會基礎建設委員會主席
中國工程師學會對外關係委員會主任委員
中國工程師學會環境與能源委員會副主任委員
台電核能安全委員會委員

| 部 落 格 | http://taiwanenergy.blogspot.tw |

| 臉　　書 | http://www.facebook.com/taiwanenergy |

| 著　　作 | 能源與氣候的迷思──2 兆元的政策失誤【修訂版】 |
沒人敢說的事實：核能、經濟、暖化、脫序的能源政策
反核謬論全破解──全面駁斥彭明輝、劉黎兒、綠盟反核書籍

| 電視演講 | 大愛二台人文講堂，20171210，能源問題攤開說 |

| 吉興公司 |

吉興公司為電力專業工程顧問公司，30 年來，吉興公司規劃設計近 8 成國內火力電廠（燃煤、油、氣），業務並擴及海外。

Do觀點57　PB0038

台灣的能源災難
——一本書讀懂能源謎團

作　　者／陳立誠
責任編輯／杜國維
圖文排版／楊家齊
封面設計／葉力安

出版策劃／獨立作家
發 行 人／宋政坤
法律顧問／毛國樑　律師
製作發行／秀威資訊科技股份有限公司
　　　　　地址：114 台北市內湖區瑞光路76巷65號1樓
　　　　　電話：+886-2-2796-3638　傳真：+886-2-2796-1377
　　　　　服務信箱：service@showwe.com.tw
展售門市／國家書店【松江門市】
　　　　　地址：104 台北市中山區松江路209號1樓
　　　　　電話：+886-2-2518-0207　傳真：+886-2-2518-0778
網路訂購／秀威網路書店：https://store.showwe.tw
　　　　　國家網路書店：https://www.govbooks.com.tw

出版日期／2018年2月　BOD一版　定價／450元
　　　　　2018年4月　BOD二版

|獨立|作家|
Independent Author

寫自己的故事，唱自己的歌

版權所有‧翻印必究　Printed in Taiwan　本書如有缺頁、破損或裝訂錯誤，請寄回更換
Copyright © 2018 by Showwe Information Co., Ltd.All Rights Reserved

台灣的能源災難：一本書讀懂能源謎團 / 陳立誠
著. -- 二版. -- 臺北市：獨立作家, 2018.02
　　面；　公分. -- (Do觀點；57)
BOD版
ISBN 978-986-92127-2-4(平裝)

1. 能源政策　2. 言論集

554.6807　　　　　　　　　　　　107000197

國家圖書館出版品預行編目

讀 者 回 函 卡

感謝您購買本書，為提升服務品質，請填妥以下資料，將讀者回函卡直接寄
回或傳真本公司，收到您的寶貴意見後，我們會收藏記錄及檢討，謝謝！
如您需要了解本公司最新出版書目、購書優惠或企劃活動，歡迎您上網查詢
或下載相關資料：http:// www.showwe.com.tw

您購買的書名：_____

出生日期：_____年_____月_____日

學歷：□高中 (含) 以下　　□大專　　□研究所 (含) 以上

職業：□製造業　□金融業　□資訊業　□軍警　□傳播業　□自由業
　　　□服務業　□公務員　□教職　　□學生　□家管　□其它_____

購書地點：□網路書店　□實體書店　□書展　□郵購　□贈閱　□其他

您從何得知本書的消息？

　　□網路書店　□實體書店　□網路搜尋　□電子報　□書訊　□雜誌

　　□傳播媒體　□親友推薦　□網站推薦　□部落格　□其他_____

您對本書的評價：(請填代號　1.非常滿意　2.滿意　3.尚可　4.再改進)

　　封面設計____　版面編排____　內容____　文／譯筆____　價格____

讀完書後您覺得：

　　□很有收穫　□有收穫　□收穫不多　□沒收穫

對我們的建議：_____

_____

_____

_____

請貼
郵票

11466
台北市內湖區瑞光路 76 巷 65 號 1 樓

秀威資訊科技股份有限公司　　　收

BOD 數位出版事業部

....

（請沿線對折寄回，謝謝！）

姓　　名：＿＿＿＿＿＿＿＿＿　年齡：＿＿＿＿＿　性別：□女　□男

郵遞區號：□□□□□

地　　址：＿＿＿＿＿＿＿＿＿＿＿＿＿＿＿＿＿＿＿＿＿＿＿

聯絡電話：(日)＿＿＿＿＿＿＿＿＿＿＿(夜)＿＿＿＿＿＿＿＿＿＿＿

E-mail：＿＿＿＿＿＿＿＿＿＿＿＿＿＿＿＿＿＿＿＿＿＿＿